高等学校教师岗前培训教材

U0828508

高等教育法规

GAODENG JIAOYU FAGUI

主　编：杨　挺
副主编：李璐钏

西南大学出版社
SWUP 国家一级出版社 全国百佳图书出版单位

图书在版编目(CIP)数据

高等教育法规 / 杨挺主编. — 重庆 ：西南师范大学出版社，2020.6(2024.10 重印)
ISBN 978-7-5697-0263-7

Ⅰ. ①高… Ⅱ. ①杨… Ⅲ. ①高等教育法—研究—中国 Ⅳ. ①D922.16

中国版本图书馆 CIP 数据核字(2020)第 083802 号

高等教育法规

主　编:杨　挺

责任编辑:翟腾飞
责任校对:曾　文
装帧设计:汤　立
排　　版:陈智慧
出版发行:西南大学出版社(原西南师范大学出版社)
地址:重庆市北碚区天生路 2 号
邮编:400715
市场营销部电话:023-68868624
印　　刷:重庆永驰印务有限公司
幅面尺寸:185mm×260mm
印　　张:15
字　　数:347 千字
版　　次:2020 年 6 月　第 1 版
印　　次:2024 年 10 月　第 10 次
书　　号:ISBN 978-7-5697-0263-7

定　　价:36.00 元

编委会

前言

党的二十大报告指出：引导全体人民做社会主义法治的忠实崇尚者、自觉遵守者、坚定捍卫者。提升教师法治意识和法律素养，是实现依法治教目标的重要内容，也是贯彻落实依法治国精神的重要要求。

“高等教育法规”是原国家教育委员会颁布的《高等学校教师岗前培训暂行细则》所规定的必修课程。为满足高校教师岗前培训的需要，在教育部西南高等学校师资培训中心的组织下，我们先后在2006年和2012年编写了《高等教育政策法规》，作为教师学习高等教育法规知识的教学用书。2012年以来，我国多部教育法律、法规、规章进行了修订，前两本教材中所援引的部分法律规定已经发生了明显变化。有鉴于此，我们从三个方面对2012年的《高等教育政策法规》进行了相应修订：（1）在依法治国的大背景下，必须讲清楚依法治国与依法治教的关系，同时要厘清高等教育法治的基本理论问题，因而新增了“依法治教与高等教育法治”的内容；（2）我国在2015、2016年对《中华人民共和国教育法》《中华人民共和国高等教育法》《中华人民共和国民办教育促进法》进行了修改，同时诸如《普通高等学校学生管理办法》等与高等教育关系非常密切的教育规章也做了较大修改，本书中与此相关联的内容均按照新规定进行了修订；（3）从实践看，教师、学生与高等学校的法律纠纷日渐增多，此次也相应增加了教育法律纠纷及法律救济的内容。

参训岗前培训的高校教师大多不具有法学背景，且岗前培训的时段较短，要系统掌握教育法学的基本理论存在一定难度。同时，高等教育和我国学制系统内的其他阶段教育存在一定的差异，两者所涉及的法律问题也存在一定的差异性。因此，我们在重新编写这本教材时，主要立足于高等教育领域法律知识的介绍和讲解，对于一般性的教育法律知识以及存在着一定理论分歧的内容基本没有涉及。

教师培训是一个长期、系统的工程，通过短期培训只能使广大教师初步了解高等教育的法律知识。要适应我国教育法治建设的需要，高校教师既要对教育法学理论有初步了解，同时还要把所学教育法律知识运用到具体的教育教学实践活动中去。我们希望，高校教师通过对这门课程的学习，树立法治观念，拓展法律知识，从而有力地推进我国教育法治的建设和实施工作。

本书由西南大学教育学部杨挺、陆军军医大学李璐钏共同组织编写。参与本书修订编写的人员具体分工如下：西南大学教育学部甘露丹、李淇渝承担新增绪论部分的编写工作；李孟承担第一章、第七章编写工作；杨挺承担第二章、第四章编写工作；李媛媛承担第六章编写工作；李璐钏、李伟承担新增第八章编写工作；西南民族教育与心理研究中心任芷若承担第三章编写工作；重庆青年职业技术学院熊宗艳承担第五章编写工作。在修订过程中，本书参考了部分国内同行的相关研究成果，同时西南大学出版社对本书的出版给予了大力支持，在此深表谢意！

由于编写时间有限，这本教材不足之处在所难免，我们希望且欢迎参加高校教师岗前培训的单位与学员在使用本书过程中提出宝贵的意见，以便于本书的进一步完善。

目录

绪论

依法治教与高等教育法治

当前，依法治国的理念深入人心，在该理念基础上，实施依法治教，深化高等教育改革，推动高等教育发展，是高等教育法治领域的一项重要内容。本章（绪论）从依法治国与依法治教的关系出发，阐述依法治教的重要性以及提出依法治教措施；然后介绍了高等教育法治的发展历程，将其具体划分为五个阶段并详细阐述各阶段的内容和特征；最后阐述了高等教育法治的六大基本原则。

第一节 依法治国与依法治教

一、依法治国

（一）依法治国的内涵

党的十五大明确提出：依法治国，就是广大人民群众在党的领导下，依照宪法和法律规定，通过各种途径和形式管理国家事务，管理经济文化事业，管理社会事务，保证国家各项工作都依法进行，逐步实现社会主义民主的制度化、法律化，使这种制度和法律不因领导人的改变而改变，不因领导人看法和注意力的改变而改变。党的十八大以来，以习近平同志为核心的党中央从党和国家长治久安的战略高度定位法治、布局法治、厉行法治，把全面依法治国提到“四个全面”战略布局的新高度，以前所未有的决心和力度推进全面依法治国，取得了重大理论创新、实践创新、制度创新成果。党的十九大把全面依法治国作为习近平新时代中国特色社会主义思想的核心内容之一纳入“八个明确”，把坚持依法治国确立为新时代坚持和发展中国特色社会主义的基本方略之一。

因此，依法治国的内涵，是实行法治。法治是相对于人治而言的，其核心是依法办事，依法治理国家。依法治国，是党领导人民治理国家的基本方略，是发展社会主义市场经济的需要，是社会文明进步的重要标志，是国家长治久安的重要保障。依法治国的总目标，就是要建设社会主义法治国家。

（二）依法治国的意义

法治，人类文明的重要成果，现代社会治理的智慧结晶。法治是推动经济社会发展的有效治理方式，也是我们党治国理政的基本方式。法治是大国治理不可或缺的重要法宝，法治体系是国家治理体系的骨干工程。全面依法治国，是坚持和发展中国特色社会主义的本质要求和重要保障，是实现国家治理体系和治理能力现代化的必然要求，事关我们党执政兴国，事关人民幸福安康，事关党和国家长治久安。

回望改革开放 40 多年的辉煌历程，我们党始终把依法治国确定为党领导人民治理国家的基本方略，把依法执政确定为党治国理政的基本方式，始终把法治放在党和

编辑说明：法律法规在根据实际情况不断进行修正，在未做特别说明的情况下，本书所引用的法律法规条文均采用当前（2022 年 4 月）最新修正且现行有效的版本，如《中华人民共和国教育法》采用的是 2015 年修正的版本。

国家工作大局中来考虑、谋划、推进,不断丰富和完善中国特色社会主义法治体系,充分体现了坚持和发展中国特色社会主义的内在要求。中国特色社会主义越深入发展,就越需要法治体系发挥更加重要的引领、规范和保障作用,不断为解决党和国家发展面临的突出问题提供制度化方案。

当前,我国正处于实现"两个一百年"奋斗目标的历史交汇期,世界百年未有之大变局和国内艰巨繁重的改革发展稳定任务交织叠加,依法治国在党和国家工作全局中的地位更加突出、作用更加重大。

党的十八大以来,法治成为以习近平同志为核心的党中央治国理政的基本方式,全面依法治国纳入"四个全面"战略布局,法治建设宏伟蓝图徐徐展开,激励着全党全国各族人民共同建设充满生机、成就辉煌的法治中国。党的十九届四中全会把"坚持和完善中国特色社会主义法治体系,提高党依法治国、依法执政能力"纳入中国特色社会主义制度建设的重要内容,清晰地描绘出新时代法治中国建设的路线图,为以制度建设开创全面依法治国新局面把航定向,体现了以习近平同志为核心的党中央对全面依法治国、建设法治中国的高度重视,彰显了中国共产党人为子孙万代计、为长远发展谋的使命担当。

这为进一步推进全面依法治国、建设法治中国,在法治轨道上坚持和完善中国特色社会主义制度、推进国家治理体系和治理能力现代化指明了方向和路径。也有利于更好发挥法治固根本、稳预期、利长远的保障作用,使"坚持全面依法治国,建设社会主义法治国家,切实保障社会公平正义和人民权利"的显著优势不断转化为治国理政的实际效能,为实现中华民族伟大复兴的中国梦奠定坚实基础。

(三)依法治国的价值目标

1.坚持宪法法律至上

在党的十九大报告中,以习近平同志为核心的党中央进一步明确了"树立宪法法律至上"的理念要求。坚持宪法法律至上,以良法促进发展,以良法保障善治,是新时代全面推进依法治国的重要价值目标之一。无论是从科学立法、民主立法的角度还是从依法立法的角度来看,宪法法律至上理念均深刻体现了党对立法的重视以及对立法工作的解读。社会主义法律本身就具备坚持宪法法律至上法治理念的基本特征,这同时也是党和国家以及人民的共同意志。

2.加强人权法治保障

当前我国已经步入了中国特色社会主义新时代,这意味着立法工作也步入了一个新的阶段。在此背景下,党中央进一步提高了对人权事业发展的重视。人权理论和观点是我们需要深刻研究和学习的内容,它既详细阐明了"应该坚持和发展怎样的人权事业",又详细解释了"应该怎样发展人权事业",为中国特色社会主义人权发展指明了方向。人民对于人权保障的要求是一项最基本的诉求,而这一点不但需要通过加强人权教育和人权政策来实现，更需要以法治手段来做有效保障。

3. 强化权力制约监督

在治国理政中，权力制约监督发挥着重要作用。领导干部要具有规矩意识。所谓“规矩意识”，具体体现在依法依规办事上面，即以规则思维来提高法治思维。权力应当要有制度来进行约束和监督，还应当在阳光下运行。权力是一把“双刃剑”，只有在法制的规制下权力才会充分发挥出权力的价值和作用；反之，便会出现以权谋私，给整个社会造成极大危害。这充分说明了强化权力制约监督的重要性。

4. 确保社会公平正义

新时代，人民群众对美好生活有了更高的追求，不仅追求物质生活的美好，还追求精神生活的美好。而公平和正义，正是美好精神生活的基本表现。公平正义是社会主义的本质要求，确保社会公平正义，即指确保各项社会利益分配制度的公平性与合理性，让人民群众充分享有公平正义。因此，应当充分发挥法律的作用，全面推进依法治国，以确保公平正义体现在社会各个层面。

（四）依法治国的基本要求

1. 要坚持加强党对依法治国的领导，确保全面依法治国正确方向

党的领导是中国特色社会主义法治之魂。离开了党的领导，中国特色社会主义法治体系、社会主义法治国家就建不起来。坚持党的领导，不是一句空的口号，要坚持党总揽全局、协调各方的领导核心作用，把党的领导贯彻到依法治国全过程和各方面，把依法治国基本方略同依法执政基本方式统一起来，不断提高党依法治国、依法执政的能力和水平，保证全面依法治国始终沿着正确的方向阔步前进。

2. 要坚持从中国国情出发，坚定不移走中国特色社会主义法治道路

“为国也，观俗立法则治，察国事本则宜。”中国特色社会主义法治道路，本质上是中国特色社会主义道路在法治领域的具体体现，是建设社会主义法治国家的唯一正确道路。我们要从中国国情和实际出发，既不能罔顾国情、超越阶段，也不能因循守旧、墨守成规，突出中国特色、实践特色、时代特色，针对中国法治发展中的现实问题，走适合自己的法治道路。

3. 要坚持系统思维，全面把握中国特色社会主义法治体系建设重点

建设中国特色社会主义法治体系是一个系统工程，必须统筹兼顾、把握重点、整体谋划，在共同推进上着力，在一体建设上用劲。在这一过程中，既要坚持依宪治国、依宪执政，加强宪法实施，坚决纠正一切违反宪法的行为，健全保证宪法全面实施的体制机制，还要紧紧围绕提高立法质量和立法效率，坚持科学立法、民主立法、依法立法，完善立法体制机制；既要坚持法治建设为了人民、依靠人民，健全社会公平正义法治保障制度，还要以规范和约束公权力为重点，构建党统一指挥、全面覆盖、权威高效的监督

体系，加强对法律实施的监督。

（五）全面推进依法治国的路径①

1.完善中国特色社会主义法律体系

法律乃是治国之重器，有了良法，才能实现善治。不断完善中国特色社会主义法律体系，可以促进全面依法治国目标的实现。正所谓“良法善治”，完善中国特色社会主义法律体系的关键在于充分遵循立法活动规律，科学立法。首先，切实保证立法程序的规范性，积极创新立法的方法、技术及手段，使立法过程不断规范与科学。其次，应始终遵循民主立法的原则。在立法之时充分考虑到最广大人民的意愿，不断扩大公民的参与途径，使所立之法得到公民的认同。最后，要坚持依法立法，严格按照宪法及法律所规定的程序来开展立法活动，加强立法合宪合法性的审查，并进一步完善立法备案审查和监督机制。

2.提升法治政府建设水平

建设法治政府是党在十九大报告中提出的要求，也是新时代全面推进依法治国的重要路径，所以必须不断提升法治政府建设水平。通过推进依法行政，可以更好地实现法治政府建设目标。依法行政中包含了许多内容，例如依法执法、依法定规、依法制定规范性文件等。依法行政要求执法人员在执法过程中，要做到严格、规范、公正以及文明执法。转变政府职能也是提升法治政府建设水平的重要途径。针对一些社会关注的热点问题，如简政放权、创新监管等，进一步加大改革力度，尽快理顺政府与市场之间的关系，政府与社会之间的关系，从而更加正确地行使政府职能，增强政府公信力及执行力。

3.深化司法体制综合配套改革

通过深化司法体制综合配套改革，不仅可以进一步实现司法公正，更可以全面推进依法治国。在深化司法体制综合配套改革的过程中，必须不畏险阻、不惧困难，努力破解在具体实践当中的各种阻力，应当要进一步明确司法职权配置，不断健全和完善司法为民机制，积极创新司法事务管理制度，以及制定科学合理的司法诉讼程序，真正使司法责任制落到实处。同时，还要深入基层了解一线司法情况，广泛听取人民群众的意见和建议，真正做到司法为民。

4.加强社会主义法治文化建设

法治文化建设也是一个关键内容，因为只有大力加强社会主义法治文化建设，才能为全面推进依法治国这一目标的实现提供更强大的动力。因此，应当加强培育人民群众的法治观念，开展多样化、多形式的法治宣传教育，丰富法治教育活动的内容，以此来不断增强人民群众的社会主义法治认识和理念。加强社会主义法治文化建设还

---

①陈旭.新时代全面推进依法治国的路径探究[J].现代交际，2019(22)：239－240.

需营造一个良好的法治环境，让法治贴近人民群众，引导人民群众将法治理念转化为自觉行动。

二、依法治教

（一）依法治教的含义①

依法治教，就是指既定法规政策的维护者和执行者必须严格按照法定职责行使职权、依法办事，其目的在于履行政府行政职责，不断提高管理效率、规范有关人员行为、保护公民的受教育权等合法权益，进而促进教育事业的发展。教育部部长陈宝生指出，全面推进依法治教是贯彻落实习近平总书记全面依法治国新理念新思想新战略的重大政治任务，是加快教育现代化、建设教育强国的迫切要求，也是长期以来教育事业改革发展的经验总结。

依法治教，是国家对教育进行管理的最有效的手段之一，是一个国家教育管理成熟与先进的标志之一。在今天的各国教育行政管理中，人治还是法治，已经被视为传统教育和现代教育的根本性区别。遵循法治精神，依法治教、依法行政、依法管理是现代教育运作和学校经营的核心问题，依法治教是现代教育发展的主要特征，也是现代文明建设的重要标志，更是教育自身发展的必然要求。

（二）依法治教的内容②

依法治教的内容主要包括教育立法、教育普法、教育执法、教育司法、教育守法、教育法律监督、教育法律救济等。其中依法行政、依法治校是依法治教的核心体现。

教育立法就是教育法的制定，是指一定的国家机关依照其法定职权制定（修改和废止）教育规范性文件的活动。根据我国宪法和有关法律的规定，全国人民代表大会及其常委会行使国家立法权，有权制定教育法律；国务院作为最高行政机关有权制定教育行政法规；国务院的各部、各委员会有权制定部门教育规章；省、自治区、直辖市的人民代表大会及其常务委员会和省、自治区人民政府所在地的市和经国务院批准的城市人民代表大会及其常委会，根据本地的具体情况和实际需要，在不同《中华人民共和国宪法》（以下简称《宪法》）、法律相抵触的前提下，有权制定地方性教育法规；省、自治区、直辖市以及省、自治区的人民政府所在地的市和经国务院批准的城市人民政府有权根据法律和行政法规，制定地方政府教育规章。

法律一经制定，就应付诸实施。教育执法是教育法实施的关键所在。国家有关机关应按照法定的职权和程序适用教育法律规范，依法行政。教育行政执法主要包括教

①吴殿朝，崔英楠，王子幕．国外高等教育法制[M]．北京：中国人民公安大学出版社，2005．

②黄才华．依法治教概论[M]．北京：国际文化出版公司，2002．

育行政措施、教育行政处罚、教育行政强制执行等形式。

教育司法是国家机关依照法定权限和程序运用法律处理教育违法案件和裁决教育纠纷的专门活动。这里所言的教育司法不仅包括国家司法机关处理教育案件的专门活动,还包括国家行政机关依法做出裁决的活动。我国的教育司法处于起步阶段,很多地方都在进行积极探索。

教育守法即教育法的遵守。一切国家机关及其公职人员、社会团体、企事业组织和全体公民应自觉按照教育法律规范行为,正确行使自己的权利,严格履行自己的法定义务。遵守法律是针对一切组织和个人而言的。促进教育守法建设的一个重要手段是教育普法。教育普法主要指教育法制的宣传与普及。自1986年起,我国有计划地在全民中开展了法制宣传教育工作,教育法制普及教育是全民法制宣传教育的重要组成部分,开展此项活动,对增强公民的教育法律意识,提高教育管理人员和教育工作者的法律素质,保证教育法律法规的贯彻实施,具有重要意义。

在加强教育立法、教育执法的同时,必须进行教育法律监督,以保证教育法律的有效实施。国家机关、社会组织和公民有权对教育法律、行政法规、规章、地方性法规的实施情况予以监督。我国目前教育法律监督的方式主要有权力机关监督、行政机关监督、司法机关监督、政党监督、社会组织监督、社会舆论监督、人民群众监督等。

当教育法律关系主体的合法权益受到侵犯并致损害时,可依法通过法律救济途径使得自己的合法权益获得恢复和补救。教育法律救济的根本目的就在于补救受损者的合法权益,为其合法权益提供法律保护。我国的教育法律救济制度主要包括教育申诉制度、教育行政复议、教育行政诉讼、教育民事诉讼、教育刑事诉讼、教育行政赔偿制度等。

(三)依法治教的主体①

(1)各级权力机关,即各级人民代表大会及其常务委员会,它们有权制定教育方面的法律法规,听取政府有关教育工作的报告,审议有关教育经费的预算和决算;对政府的教育工作提出质询;检查、监督教育法的实施情况。

(2)各级行政机关,即各级人民政府及其职能部门,各级教育行政部门及其他有关行政部门。它们在各自的职责范围内,行使自己的管理职权,履行自己的管理责任,依法行使教育管理职能。

(3)各级审判机关、检察机关,即各级人民法院和人民检察院。其中,人民法院依法审理有关教育的案件,人民检察院依法进行检察监督。

(4)各级各类学校及其他有关机构,学校及其他教育机构依法进行学校管理。

(5)企事业单位、社会团体、公民个人等。企事业单位、社会团体及公民,依法参与教育事业的管理和监督。

---

①黄才华.依法治教概论[M].北京:国际文化出版公司,2002.

（四）依法治教的措施

《依法治教实施纲要（2016—2020 年）》指出，到 2020 年，形成系统完备、层次合理、科学规范、运行有效的教育法律制度体系，形成政府依法行政、学校依法办学、教师依法执教、社会依法评价、支持和监督教育发展的教育法治实施机制和监督体系。青少年学生法治教育体系健全完备，教育部门领导干部、校长、教师法律素质与依法办事能力显著提升，在全社会遵法守法的进程中发挥表率和模范带头作用。

1. 构建完善的教育法律及制度体系

坚持教育立法和改革决策相衔接，做到重大改革于法有据，以法律规范引领和推动教育改革、促进和保障教育发展。坚持立、改、废、释并举，及时修订、完善教育法律法规和规章、规范性文件；恪守以人为本、立法为民理念，建立健全公开听证、公众参与、专家顾问咨询、委托第三方起草等制度，形成公开、民主、科学的立法程序和工作机制，着力提高教育法律法规和规章、规范性文件的制定质量。大力加强教育立法工作，到 2020 年，在国家层面，基本形成适应实践需要、内容完备的教育法律、行政法规。支持各地结合本地教育发展特点和实践需要，制定有针对性的地方性法规。设立地方教育立法改革试点项目，建立专家咨询和经费支持机制。全面提高规章及规范性文件质量，建立教育规章、重要规范性文件制定规划制度。建立规章和规范性文件清理长效机制。

2. 深入推进教育部门依法行政

按照职能科学、权责法定、执法严明、公开公正、廉洁高效、守法诚信的要求，遵循管办评分离的总体思路，加快形成法治化的教育行政管理体制，健全法律规范的实施与监督机制。依法全面履行教育行政管理职能，深入推进扩大省级政府教育统筹权改革，强化省级政府依法统筹推进区域内基本教育公共服务均等化职责，强化市县政府的执行职责。推进决策科学化、民主化、法治化，健全依法决策机制，在重大决策中，全面落实公众参与、专家论证、风险评估、合法性审查和集体讨论决定的程序要求，确保决策制度科学、程序正当、过程公开、责任明确。深化教育行政执法体制机制改革，适应教育管理需要，建立权责统一、权威高效的教育行政执法体制机制。全面推进教育领域信息公开，坚持以公开为常态、不公开为例外原则，严格落实《中华人民共和国政府信息公开条例》，积极推进教育行政部门、学校的决策、执行、管理、服务的信息公开，探索信息公开的新途径、新方式。构建多元参与的教育治理体制，进一步依法健全教育督导制度，切实发挥教育督导机构和督学的作用。加快国家教育标准体系建设，改革、完善教育标准起草与审查机制，到 2020 年形成系统、完善的国家教育标准体系。健全教育领域纠纷处理机制，积极探索建立在法治框架内的多元化矛盾纠纷解决机制，引导公民、法人和其他社会组织通过法治途径，合法合理表达诉求，妥善处理各类教育纠纷。

3. 大力增强教育系统法治观念

教育系统广大干部、师生特别是领导干部牢固树立社会主义法治观念，自觉办事依法、遇事找法、解决问题靠法，自觉守法、抵制违法，成为社会主义法治的忠实崇尚者、自觉遵守者、坚定捍卫者。实施教育系统法治观念提升工程。以多种形式，对教育系统全体干部、学校管理者、教师进行全员法治培训，着重增强法治观念，树立依法治教、依法执教的意识。全面加强学生法治教育。要把加强青少年学生法治教育、培养学生法治观念，放在教育工作的突出位置，强化规则意识，倡导契约精神，弘扬公序良俗，实践法治的育人功能。积极推进青少年法治教育实践基地建设。整合各种社会资源，争取财政专项支持，积极推动青少年法治教育实践基地建设。健全青少年法治教育支持体系。加大以教育部全国青少年普法网为核心的各级教育普法网建设，充分利用网络手段，促进优质法治教育资源的普及与推广，到2020年，做到全面覆盖。着力提升中小学法治教育教师专业素质。采取多种措施，提高中小学法治教育教师的法律素质和教学能力。

4. 深入推进各级各类学校依法治校

依法治校是依法治教的重要内容，也是推进法治社会建设，构建多层次、多形式法治创建活动的重要组成部分。大力推进学校依章程自主办学。全面完成高等学校章程制定与核准工作。在此基础上，健全章程核准后的执行和监督评价机制建设，督促学校以章程为统领，完善内部治理结构和规章制度。积极推进现代学校制度建设。按照法治原则和法律规范，加快建设依法办学、自主管理、民主监督、社会参与的现代学校制度，构建政府、学校、社会之间的新型关系。完善师生权益保护机制。研究制定加强学校安全风险防控机制的意见，健全学校安全风险防控机制，探索建立学校安全风险顾问制度，形成妥善预防和解决学校安全问题的法治化框架，完善学校保险机制，进一步提高学校应对安全问题的能力。全面启动依法治校示范校创建活动。教育部制定发布依法治校评价体系和考核办法，指导各地全面启动依法治校考核机制和各级依法治校示范校创建活动。

（五）依法治教的意义

1. 宏观意义

(1)依法治教是发扬社会主义民主，加强党的领导在教育领域的直接体现和必然要求。

教育事业是人民的事业，受教育的权利是宪法赋予我国公民的基本权利，教育同广大人民群众的切身利益息息相关，是实现社会主义民主广阔的、重要的领域。2018年，我国近14亿大陆总人口中，在校接受学历教育的学生有2.76亿，如把接受其他各种形式教育和培训的人数包括在内，数量就更大。广大人民群众密切关注着教育的发展，对接受高质量、多层次的教育，有着越来越强烈的需求。因此，依法保障人民群众在党的领导下，通过各种途径和形式参与管理教育事业，既是贯彻依法治国方略的必然要求，也是在教育领域发扬社会主义民主的具体体现。

（2）依法治教是在社会主义市场经济条件下，教育进一步改革与发展的客观需要。

我国社会主义市场经济体制的逐步建立与完善，使教育领域的社会关系与管理范畴发生了重大变化。过去与计划经济体制相适应，权力高度集中的教育行政管理体制，正在向分级管理、中央与地方共同负责的管理体制转变；学校与教育行政部门，正在由单纯的隶属关系转变为自主权与行政权相互协调、相互制约的关系；学校之间，学校与教师、学生以及其他社会组织之间，正在不断产生大量的民事关系和新型的权利义务关系。此外，社会力量办学的迅速发展、现代远程教育的发展和终身学习观念的形成、教育国际交流与合作的日益广泛等教育领域的新变化带来的新情况、新问题，已经不是单纯靠行政手段可以解决的，只能在法治的基础上，综合运用法律的、行政的、经济的手段，予以调整和解决。这也是建立与社会主义市场经济体制相适应的教育新体制要着力研究解决的一个关键问题。

纵观世界现代教育的发展历程，加强法制建设，也是各国为促进教育适应经济和社会变革的要求普遍采取的重要措施。第二次世界大战之后，日本通过制定一系列教育法律，保证了教育率先恢复和发展；20 世纪 50 年代末，美国通过制定《国防教育法》迅速增强了科技竞争的实力；20 世纪 80 年代至今，英国制定的《1988 年教育改革法》、法国制定的《教育指导法》、美国出台的《2000 年教育目标法》等，表明面对知识经济的挑战和日趋激烈的国际竞争，各国更加重视教育法制建设，以保证国家对教育事业管理与支持的力度。我们要借鉴发达国家发展教育的经验，从我国国情出发，深入研究市场经济条件下教育发展和教育内外关系的特点，依靠法治来调整教育活动中各方面的关系，保障教育在增强综合国力中的基础地位。

（3）依法治教是教育行政部门改变领导方式，依法行政，提高行政管理效率与水平的必然选择。

只有依据法律法规所确定的规范，统一行政行为，才能保证贯彻执行党和国家方针、政策的连续性和稳定性，切实提高行政效率和管理水平。推进依法治教对教育行政部门来讲最主要的要求就是要严格依法行政。当前，各级教育行政部门都在按照中央的要求，研究转变职能和简政放权问题。这当中，教育行政部门既要做到尊重和维护学校办学自主权，又要保证国家对教育的组织、协调和宏观管理，就不能再沿用计划经济体制下主要靠行政指示、行政命令的老办法，而必须靠法治。只有依据法律的规定，减少对学校直接、微观管理过程的干预，通过制定规章等立法手段确立教育活动的规则，通过执法和监督手段规范各有关各方面的教育行为，才能提高教育行政管理的效率与水平，使教育事业在微观上搞活，在宏观上健康、有序发展。

我们还应看到，随着法制的逐步健全和公民法律意识的日益提高，教育行政工作面临着新的形势。《中华人民共和国行政复议法》（以下简称《行政复议法》）及《中华人民共和国行政诉讼法》（以下简称《行政诉讼法》）《中华人民共和国行政处罚法》（以下简称《行政处罚法》)等行政法律,扩大了公民、社会组织监督行政机关行政行为的范围和力度,完善了行政复议管辖制度、证据规则和审理机制等。教育行政管理涉及的面非常广泛,热点难点问题很多,涉及学校、教师、学生和广大公民的切身利益。随着受教育权越来越受到公民的关注,教育领域的诉讼案件呈上升的趋势,教育行政部门不依法行政就要承担相应的法律责任。这是各级教育行政部门都必须认真对待的问题。

(4)依法治教是培养跨世纪一代新人,实施科教兴国战略的有力保证。

实施科教兴国战略,培养适应21世纪现代化建设需要的社会主义新人,要求以提高国民素质为宗旨,全面推进素质教育。它涉及教育思想、教育观念、教育体制、教育内容、教育方法、教育手段等多方面的改革。要保证教育方针和一系列改革决策的贯彻落实,需要全社会以及广大教育工作者共同努力,尽快形成依法治教的宏观环境,以法治手段巩固改革的成果,推进改革的进程,保障素质教育的实施。同时,现代的法律意识、法治观念及法律知识也是21世纪一代新人所必须具备的基本素质。在社会、学校中创造良好的法治环境,让广大青少年学生在日常学习、生活中,潜移默化地逐步培养法律意识、树立法治观念、养成守法习惯,提高依法保护自身权利、参与国家和社会事务的能力,既是实施素质教育的重要内容,也必将对提高国民素质、推进我国的民主法治进程,产生重大而深远的影响。

依法治国反映了党在新的历史条件下领导和执政方式的基本特征。作为依法治国方略的重要组成部分,依法治教,就是要紧紧围绕社会主义现代化建设的全局,通过教育法治建设,保证教育工作按照党和人民的意志全面依法进行,推动和保障教育改革与发展的健康有序进行,保障教育优先发展战略地位的落实保证教育的社会主义方向和国家教育方针的贯彻实施。我们必须从讲政治、坚持社会主义制度的本质的高度,从教育改革与发展的全局,从转变政府职能、提高为人民服务水平的角度,清醒地认识新形势下全面实行依法治教的重要性和紧迫性,统一思想,坚定不移地推进依法治教进程。

2.微观意义

(1)依法治教能够确保学校秩序稳定和财产安全。

教学秩序的维护,是学校管理工作中的重要组成部分,只有通过依法治教才能卓有成效地顺利进行。通常干扰学校秩序的因素主要来源于地方干部、校外群众、校内部分师生。干扰的形式大致为:行政干预、寻衅滋事和违规违纪等。为维护学校正常教学秩序,学校必须坚持依法治教,如遇到干扰教学秩序的人和事,可采用一劝解,二制止,三起诉等方法,为不损坏单位之间或人与人之间的关系,对影响学校秩序的人,学校可首先劝解、制止,在劝解和制止无效的情况下,学校可拿起法律武器进行自我保护。对侵占学校财产、挪用教育经费的必须按照法律,依法予以解决,以确保学校教育资源的安全,真正发挥依法治教的作用。

(2)依法治教能够保护在校学生的合法权益。

坚持依法治教要求教育与保护必须结合起来。对品行有缺点,学习有困难的学生应当耐心教育、帮助,不得歧视。学校在制定一系列规章制度时,要注意对在校学生合法权益的保护。要让教育教学工作人员清醒地认识到一定要在学校制度和法律规定下进行活动,任何违反法律的行为不应在学校发生,否则将受到相应的处罚。在校师生在法律、纪律的制约下,自觉或不自觉地规范自己的行为,即可充分保障在校学生的合法权益。

(3)依法治教有助于学校的师德建设。

个别教师无视法律,工作粗暴、简单,体罚、侮辱学生,不但做不好教育教学工作,反而会影响师生关系。坚持依法治教,要求教师应依法执教,关心爱护学生,应注重改善师生关系,这必然会提高教师的综合素质,包括教师的道德素质。

三、依法治国与依法治教

(一)依法治国与依法治教两者的关系

依法治国与依法治教是相辅相成的有机统一体,前者是后者的基础,后者是前者的有机组成。依法治教是依法治国的重要组成部分,是依法治国基本方略在教育领域中的具体体现,对维护教育过程中教育者与受教育主体的合法权益都有重要意义。依法治教是贯彻依法治国基本方略的必然要求,是加强教育法治建设的重要内容,是实现教育事业改革与发展的有效保障。

(二)从依法治国到依法治教的具体举措①

1. 加快教育法治建设

从依法治国到依法治教,必须加快教育法治建设。加快教育法治建设包括建立完备的教育法律规范体系、高效的教育法治实施体系、严密的教育法治监督体系、有力的教育法治保障体系等;包括各级教育部门转变职能,简政放权、依法决策、依法行政;包括各级各类学校依法办学、依法治校,把教育改革发展纳入法治轨道,使任何改革发展有法律依据,获得法律保障。

关于依法治教,《国家中长期教育改革和发展规划纲要(2010—2020年)》提出了明确的目标要求,强调完善中国特色社会主义教育法律法规,根据需要,修订教育法、职业教育法、高等教育法、教师法、民办教育促进法等,制定考试、学校、终身学习、学前教育、家庭教育等法律,这些目标要求正在逐步落实,为依法治教提供了坚实的基础和

①秦虹,张武升.从依法治国到依法治教——深入学习贯彻党的十八届四中全会精神的思考[N].中国教育报,2014-11-07(7).

有力的保障。

2. 深化教育综合改革

从依法治国到依法治教，必须深化教育综合改革。教育既是实现依法治国的有效途径和手段，又是依法治国建设的重要方面。教育改革发展的方方面面都涉及法律问题，例如教育公平问题、教育管理体制和办学体制问题、考试招生制度问题、人才培养模式问题以及教育与社会政治、经济、科技、文化的关系问题等，这些问题既涉及各种教育法律法规问题，需要用法治思维和方法解决，同时又制约着社会法治进程的全面推进。所以，教育必须全面加快推进综合改革，建立起完善的社会主义现代化法治教育体系，只有这样才能在依法治国中发挥重要的基础性、战略性作用。

近些年来，在贯彻落实教育规划纲要的过程中，教育综合改革不断拓展、推进，特别是考试招生制度改革、教育管理体制改革，包括学校内部管理体制改革，建立和完善学校章程等，取得了较大的进展。但是，毋庸置疑，与经济、社会发展的需要和人民群众的期盼相比，还存在着进展不快、成效不大的问题，例如义务教育不均衡，职业教育与经济社会发展对接不紧密，高等教育整体水平不高，继续教育体系不健全、不完备，办学体制开放性、多元性不足，尤其是民办教育数量不足、质量不高等，原因可能与教育综合改革进入深水区、攻坚阶段，不可急于冒进有关，更与对这些问题涉及的法治研究和实践不够直接相关。面对依法治国，建设社会主义法治国家的新形势、新要求，建设社会主义现代化法治教育的任务显得格外迫切。我们必须高度重视，加快推进教育综合改革，在建设社会主义现代化法治教育的过程中，为建设法治国家做出贡献。

3. 加强法治教育

从依法治国到依法治教，必须加强法治教育。加强法治教育，全社会有责，教育具有最直接、最集中、最系统、最有效的作用，在加强法治教育中扮演着无可比拟的重要角色。一方面是对教育工作者和学习者的法治教育，培养现代法治人才。教育工作者必须率先垂范，以身作则，做依法治国、依法治教的表率，这样才能肩负起培养合格法治人才的重任。坚持立德树人、德育为先导向，创新法治人才培养机制和模式，培养造就熟悉和坚持中国特色社会主义法治体系的法治人才及后备力量，建设通晓国际法律规则、善于处理涉外法律事务的涉外法治人才队伍。另一方面是对全体人民的法治教育，提高全体人民的法治素质。在这一方面，教育同样肩负重要职责。全体人民法治素质的提高，既能为建设法治国家奠定基础，更能为建设法治教育创造环境条件。

让法治成为人民的信仰、国家的信仰，是法治教育的核心。要实现从法治意识到法治思维再到法治信仰的法治教育目标，全面提高全体人民的法治素质，必须把法治教育纳入国民教育体系，从青少年抓起，在中小学设立法治知识课程，在职业教育、高等教育、继续教育中纳入法治教育的内容，构建完善的中国特色社会主义法学理论体系、学科体系、课程体系，形成以学校教育为主体，社会教育、家庭教育和社会法治机构共同参与的全面的法治教育体系。

第二节　高等教育法治

高等学校依法治校是依法治国的有机组成部分，是顺利实施科教兴国战略的必然要求。其主要在于对高等学校的治校权予以合理配置，对治校权的运作进行有效规范，对教师权、学生权的行使提供充分保障，并促进治校权与教师权良性互动，从而实现社会主义高等教育的预期目标。

一、"高等教育法治"的基本内涵

法治是现代国家普遍采用的治国方略，高等教育法治是法治理念在高等教育领域中的具体化，它既是高等教育发展的重要目标之一，又是实现该目标的最重要的手段和保障机制。

高等教育法治首先是法律意义上的，意味着通过立法、执法和司法等确认、保障和规范高等教育事业的顺利进行；同时，不能忽视其教育意义，在高等教育领域厉行法治有利于法治观念的传播和普及。具体到"高等教育法治"的含义，结合《中共中央关于全面推进依法治国若干重大问题的决定》关于法治体系的表述，叶强认为其应该由四个方面的内容构成：一是完备的高等教育法律规范体系，这对应于"高等教育法制"；二是高效的高等教育法治实施体系，这对应于"高校依法治校"或者狭义的大学治理，以及高等教育司法活动；三是严密的高等教育法治监督体系，其包括运用合宪性审查方式对高等教育法律进行监督、对高校依法治校活动进行行政监督、对高等教育司法活动进行诉讼监督，以及采用其他监督方式等；四是有力的高等教育法治保障体系，其包括党对高等教育的领导、中国特色高等教育法治文化、中国高等教育管理体制机制以及高等教育法治专门人才培养等。①

二、高等教育法治的背景

（一）宏观背景

我国高等教育法规建设起步较晚，直到20世纪才开始建设的步伐。我国陆续出台了《中华人民共和国学位条例》（以下简称《学位条例》）、《中华人民共和国教师法》

---

①叶强.改革开放四十年高等教育法治研究的梳理与前瞻[J].法学教育研究。2019,25:80—95.

（以下简称《教师法》）、《中华人民共和国教育法》（以下简称《教育法》）、《中华人民共和国职业教育法》（以下简称《职业教育法》）《中华人民共和国高等教育法》（以下简称《高等教育法》）等法律法规。所有这些法律法规构成了我国教育法律法规的基本框架，随着依法治国战略的逐步推进，我国的教育法律法规建设也取得了前所未有的成就，这些教育法律法规的制定及实施，不仅完善了我国社会主义法律体系，而且有效地推动了我国教育事业的发展。这些法律法规以及相应的部门规章，共同构成了我国的高等教育法律制度，使我国高等教育的改革和发展有了明确的法制保障，为我国高等教育健康发展做出了重要贡献。

（二）微观背景

中国的高等教育将进入一个快速发展的阶段，这种发展主要表现在以下几个方面：

(1)高等教育发展进入大众化。国际高等教育发展的历史经验表明：许多国家的工业化过程同时伴随着高等教育大众化的过程。我国正处在工业化和经济的社会化、市场化、现代化的历史时期，高等教育也正经历由精英教育向大众教育的转变过程。

(2)高等教育类型的多样化。社会的发展和变化，尤其是社会知识化、信息化的发展，生产过程和学习过程个别化的趋势，更加要求高等教育的多样化。现在有的学校教育模式应以适应社会多样化的需求而变革和创新，以满足社会现代化建设对各类人才的需求，全面开发具有不同禀赋和特长的受教育者的潜能。

(3)高等教育体系的社会化。高等教育同社会的关系经历了一个发展过程，随着科学技术的分化，科学技术与社会生产、生活日益紧密地结合与渗透，大学在社会生活中的作用不断增强，同社会的联系也越来越紧密，尤其是知识经济、知识社会的兴起，终身教育的推进，深刻地改变着高等教育同社会的关系。

三、高等教育法治的发展阶段

中国高等教育改革与发展中的一系列标志性的重大事件与活动，形成了高等教育法治建设阶段性的显著特征。我国的高等教育法治建设起步于中华人民共和国成立初期，改革开放之后伴随法治理念的确立而快速发展，至今已初步形成以《教育法》为基本法、以《高等教育法》和《学位条例》等专门法律为重点，辅之以多部教育行政法规、地方性法规及规章在内的法律规范体系，并在依法治国背景下加快建设包括实施、监督和保障体系等在内的高等教育法治体系。中华人民共和国成立70余年来，我国高等教育法治建设可以划分为起步探索、艰难维持、逐步恢复、快速推进、全面深化五个历史阶段。

拓展内容

高等教育法治的发展阶段总结

（一）1949—1957年：起步探索阶段

1949年9月29日，中国人民政治协商会议第一届全体会议通过了具有临时宪法作用的《中国人民政治协商会议共同纲领》，自此之后的七年间，社会主义革命在纲领的指导下在全国范围内各个领域展开。纲领第四十一条规定："人民政府的文化教育工作，应以提高人民文化水平，培养国家建设人才，肃清封建的、买办的、法西斯主义的思想，发展为人民服务的思想为主要任务。"因此，在高等教育领域内，社会主义革命的主要任务就是接管、改造和管理深受国民政府和美帝国主义影响的高等学校，将其转变为"新民主主义的，即民族的、科学的、大众的文化教育"。同时纲领还提出应当"有计划有步骤地实行普及教育、加强中等教育和高等教育"，在这个具有宪法地位的法律文件中对高等教育做出了"有计划有步骤"发展的规定，奠定了新中国高等教育发展基调和法律地位。

当时，全国共有高等学校227所，其中公立学校138所，私立学校65所，接受国外津贴的教会大学24所。而且这227所高校的205所是由国民政府建立，大多需要进行改造，少数甚至需要进行取缔。为此，在纲领的指导下，1950年，第一次全国高等教育会议通过了《高等学校暂行规程》《专科学校暂行规程》《私立高等学校管理暂行办法》《关于实施高等学校课程改革的决定》《关于高等学校领导关系的决定》等重要政策法律文件，明确了我国高等教育发展的方针和任务及高校组织运行规则，为处于起步阶段的高等教育发展奠定了坚实的法制基础，而我国高等教育立法也由此拉开序幕。

之后，国家又陆续颁布了《高等学校课程草案》(1950)、《关于照顾归国华侨学生(包括港澳学生)入学的暂行办法》(1951)、《关于改革学制的决定》(1951)等文件。其中，《关于改革学制的决定》强调"高等学校毕业生之工作由政府分配""大学和专门学院得设研究部""各种高等学校得附设先修班或补习班"，这一政策性文件对高等教育的学制、学生管理和分配制度做出了方向性的规定，为高等教育法制后续发展起到了指引性作用。

1953年，通过了《关于一九五三年全国高等学校院系调整的计划》《关于加强高等学校与中等技术学校学生生产实习工作的决定》《关于修订高等学校领导关系的决定》《高等学校培养研究生暂行办法(草案)》《关于改进和发展高等师范教育的指示》等重要政策法规，从政策层面明确了高等教育院系调整的方向，确立了高等教育领导体制，指明了高等师范教育的发展路线；从法律层面规定了高等学校研究生培养的重要事项，为进一步奠定我国高等教育的基本格局发挥了重要作用。

1954年9月，中华人民共和国第一部《宪法》颁布实施，虽然其在内容上并没有对高等教育进行直接规定，但是其颁布实施却全面加快了中国社会主义法律体系的建设，开启了高等教育法治建设新篇章。1956年5月颁布的《中华人民共和国高等学校章程草案》第一条规定："中华人民共和国高等学校的基本任务，是适应国家社会主义建设的需要，培养具有一定的马克思列宁主义水平，实际工作所必需的基本知识……”,我国高等教育体制初步形成。

以这些政策规章为依据,我国开始建立由中央人民政府教育部统一领导的,以“理论与实际一致”为教育方法、以“培养具有高级文化水平,掌握现代科学和技术的成就,全心全意为人民服务的高级建设人才”为宗旨,以“进行革命的政治及思想教育”“适应国家建设的需要,进行教学工作,培养通晓基本理论并能实际运用的专门人才”为基本任务,以“新民主主义的革命政治课程”为主要教学内容的高等学校。同时,人民政府以“培养工业建设人才和师资为重点,发展专门学院和专科学校,整顿和加强综合性大学”为方针,对全国高校的院系设置进行了大规模的调整。1957 年,院系调整基本结束,高等教育领域内的社会主义革命也基本完成,高校全部收归教育部和政务院有关部委直接管理,旧中国的半殖民地半封建的教育事业转变为社会主义教育事业。

(二)1958—1977 年:艰难维持阶段

1958 年掀起的“大跃进”浪潮导致法律虚无主义开始蔓延,“要人治不要法治”的论调使起步中的法制建设跌入低谷、徘徊不前。1958 年 5 月,党的八大二次会议通过的总路线及其基本点,正式拉开“大跃进”大幕。同年 9 月,中共中央、国务院《关于教育工作的指示》中提出“以十五年左右的时间来普及高等教育”的发展目标,“教育大革命”席卷全国。为改变“教育大革命”中出现的“重数量增长、轻质量提高”,“重生产劳动、轻教学科研”以及“重政治运动、轻科学管理”等方面的问题,同时在“调整、巩固、充实、提高”八字方针的指导下,在“全党大兴调查研究之风”的号召下,1961 年 3 月至 9 月,教育部、中宣部和中央书记处先后主持起草了《教育部直属高等学校暂行工作条例(草案)》(又称《高教六十条》),经数次易稿,最终于 9 月 15 日正式批准试行。《高教六十条》是中华人民共和国高等教育史上第一个规范化工作条例,它对规范高等教育的发展、整顿高校的教育秩序,以及促使高等教育摆脱“教育大革命”混乱局面而走上正常发展轨道起到了决定性的作用。

首先,为解决高校数量过多但教学质量低下的问题,《高教六十条》提出“高等学校必须以教学为主,努力提高教学质量”,强调了正确处理教学工作与生产劳动、科学研究、社会活动之间关系的重要性,并对高校教学时间和劳动时间做出了具体规定,切实确立教学工作在高校各项工作中的核心地位。其次,为重新确立教师和知识分子在教学和科研中的主导作用,在学术自由问题上,《高教六十条》重新强调“百花齐放、百家争鸣”的方针,以求能“积极发展各种学术问题的自由讨论”。从而促进教学质量的提高;在教师与学生的关系上,充分强调了教师的主导地位,“各种教学环节,都要在教师的指导下进行”,但同时也要注意听取学生的意见,以达到教学相长的目的;在教师培养问题上,要充分发挥老教师的作用,并有计划地培养和提高青年教师,以达成高校教师的根本任务——认真教好学生,完成教学任务。最后,为改善高校管理无序的状态,解决高校领导体系混乱等问题,《高教六十条》首次明确了高校的领导制度是“党委领导下的以校长为首的校务委员会负责制”,并第一次对党在高校的权力层级做出了明确规定，即“党的领导权力应该集中在学校党委员会一级，不应该分散”，不能“包办代替”学校行政组织和行政负责人的工作。

在调整“教育大革命”结果的同时，《高教六十条》同样在高等教育发展的一些重要方面做出了开创性的规定，比如我国研究生培养工作就起步于此。《高教六十条》提出：“高等学校应该重视培养研究生的工作，根据教师条件和科学研究的基础，招收研究生，培养科学研究人才和高等学校师资。”同时还对研究生的选拔标准、学习期限、培养计划等方面的内容首次做出了规定，为我国研究生培养制度的正式建立奠定了基础。至1963年初，《高教六十条》的试行范围已经从最初的26所教育部直属高等学校扩大到全国范围内的222所学校，它使大部分高校的教学秩序重新步入正轨，也使我国高等教育逐渐从“教育大革命”的混乱中解脱出来。

然而，随着1966年“文化大革命”的爆发，高等教育原有的管理规章制度几乎完全被废除，取而代之的是以“教育革命”为中心的各种违背教育规律的政策，正常的高等教育管理被破坏，教育法制建设几乎已无立足之地，高等教育法治建设长达十年处于停滞状态。

（三）1978—1998年：逐步恢复阶段

1978年党的十一届三中全会召开，是全国各领域发展历程中的划时代事件，教育领域开始了拨乱反正，在国家工作重心从“以阶级斗争为纲”转移到“以经济建设为中心”，并且我国在人治与法治的论争中最终确认了法治理念的背景下，因“文化大革命”导致的教育满目疮痍的局面逐渐改变，高等教育法制建设迎来转机，高等教育法治化进程步入正轨。

1978年10月，在教育部的主持下，《高教六十条》被重新修订为《全国重点高等学校暂行工作条例（试行草案）》（又称新《高教六十条》）。该条例在全国范围内的重点高等学校试行，在1980年《学位条例》颁布之前，一直是我国高等学校建设和发展在法律意义上的行为准则。1980年2月12日，第五届全国人大常委会第十三次会议正式通过了《学位条例》。《学位条例》不仅成为我国第一部由全国最高立法机关制定的高等教育法律，也是整个教育方面的第一部法律，正式开启了改革开放后的教育立法新进程。此后高等学校普遍设立学位评定委员会等机构，新《高教六十条》中学术委员会的职责被分化，甚至出现形同虚设的现象，其对高等教育的指导作用逐渐被新出台的法律法规所取代，我国高等教育立法开始向着体系化、规范化以及科学化的方向发展。

除此之外，这一时期高等教育法制建设还主要围绕恢复高等教育的基本制度、基本秩序，规范管理制度，加快教育体制改革，推动研究生教育发展等主要内容展开。为此，国家颁布了《高等学校研究生工作暂行条例（草案）》（1978）、《中共中央关于教育体制改革的决定》（1985）、《高等教育管理职责暂行规定》（1986）、《普通高等学校招收保送生的暂行规定》（1988）、《普通高等学校学生管理规定》（1990）、《普通高等学校教育评估暂行规定》（1990）等一系列政策法律文件，其规范的内容不断扩展、丰富、具体，特别是中共中央关于教育体制改革的决定》等重磅文件的出台，为恢复高等教育发展及推动教育体制改革奠定了坚实法制基础。

1992年党的十四大提出建立社会主义市场经济体制，需要高等教育体制和结构随之做出重大调整，因此，要加快高等教育法治建设，以服务于这一重大的变革。因此，在《中国教育改革和发展纲要》(1993)中第一次明确，要加强教育法制建设，进一步完善执法监督体系，加快步入依法治教轨道。教育法制向教育法治阶段迈进的步伐加快，具有改革特点的重要法规与政策陆续出台，如《关于加快改革和积极发展普通高等教育的意见》(1993)、《关于学位与研究生教育改革和发展的若干意见》(1993)、《关于中央部门所属普通高等学校深化领导管理体制改革的若干意见》(1993)、《关于重点建设一批高等学校和重点学科点的若干意见》(1993)、《关于进一步改革和发展成人高等教育的意见》(1993)、《关于进一步改革普通高等学校招生和毕业生就业制度的试点意见》(1994)、《国务院关于〈中国教育改革和发展纲要〉的实施意见》(1994)、《关于高校合作办学中有关问题的意见》(1996)等政策法规文件，巩固了高等教育改革的成果，又为深化改革提供了重要的法治保障，确保了高等教育发展的稳步推进。

另外，《中国教育改革和发展纲要》提出要"加快法制建设"，走"依法治教"道路，而其中重要一环便是制定基本的和亟须的教育法律，力求在20世纪末完成初步的法制建设工作。在纲要指示下，高等教育立法被纳入议事日程。《高等教育法》从起草到最后通过经过了13年，于1998年8月29日由第九届全国人大常委会第四次会议审议通过，审议次数之多在新中国教育法制史上是空前的。至此，我国拥有了第一部系统规范高等教育内外部社会关系和自身组织活动的专门法律。而且在起草和审议的过程中，针对一些长期具有争议性的议题各方代表展开了深入讨论甚至是激烈的争论，以达成最大程度上的共识，如在高等学校内部领导体制问题上规定"中国共产党高等学校基层委员会领导下的校长负责制"为高校的领导体制，并确定双方的职责；在教育方针上，"为社会主义现代化建设服务"成为新的教育方针，同时增加受教育者"德、智、体"等方面发展的表述；在办学自主权上，明确高校的法律地位和办学自主权，规定"高等学校自批准设立之日起取得法人资格"；高校在招生、教学、科学研究、组织机构设置等七个方面享有办学自主权。而对于未能达成共识的问题，委员们对不同的观点以及方案进行反复推敲、对比以及权衡，并最终按照多数委员的意见加以确定。如果将初审稿与通过稿加以对比，可以明确感受到该法在制定过程中所体现的改革精神。这些立法经验为之后的教育立法提供了重要参考。它是对中华人民共和国成立近50年来，尤其是改革开放20年来高等教育经验的历史性总结，也是高等教育法治建设与实践的顶层成果，第一次从法律层面对高等教育的基本制度、管理体制、投入体制、学校的组织及各类活动、教师和学生的权利与义务等方面进行了全面的规范，为高等教育依法治教、高等教育事业的改革与发展提供了重要法律依据。

（四）1999—2015年：快速推进阶段

1999年《高等教育法》正式实施，"依法治国"被写入《宪法》及《关于全面推进依法行政的决定》颁布，高等教育法制建设迎来重要机遇期，高等教育法治化进程快速推进。

这一时期，围绕着《高等教育法》的实施，中央和省级政府依法管理高等教育，促进高等学校依法规范办学，推动高等教育的高质量健康发展，国务院和教育部相继颁布了《关于加强教育法制建设的意见》(1999)、《关于深化教育改革全面推进素质教育的决定》(1999)、《“985工程”建设管理办法》(2004)、《普通高等学校学生管理规定》(2005)、《高等学校学生行为准则》(2005)、《“211工程”建设实施管理办法》(2003)、《关于做好普通高等学校本科学科专业结构调整工作的若干意见》(2001)、《教育部关于加强国家重点学科建设的意见》(2006)、《国家重点学科建设与管理暂行办法》(2006)、《高等学校信息公开办法》(2010)、《全面推进依法治校实施纲要》(2012)、《高等学校章程制定暂行办法》(2012)、《学校教职工代表大会规定》(2012)、《高等学校学术委员会规程》(2014)《普通高等学校理事会规程(试行)》(2014)、《关于坚持和完善普通高等学校党委领导下的校长负责制的实施意见》(2014)等一系列关于高等教育法制建设、高等教育布局发展、高校制度建设等重要问题的政策、制度及法律性文件，特别是2010年中共中央国务院发布了《国家中长期教育改革和发展规划纲要(2010—2020年)》，就高等教育发展进行科学谋划，并对提高高等教育质量、提升科学研究水平、增强社会服务能力、优化结构办出特色明确了具体要求和路径。以为纲要指引，密集颁布了系列规章与政策，全面深化高等教育领域综合改革，全面推进依法治教，高等教育法治建设持续、快速推进。随后，高等教育领域行政审批制度改革取得重要进展。

(五)2016年至今：全面深化阶段

2015年12月27日，全国人大常委会通过《关于修改〈高等教育法〉的决定》，这是《高等教育法》实施17年后第一次修改，修改后的《高等教育法》于2016年颁布实施。伴随着《高等教育法》(2015年修正)的全面实施和“全面依法治国”战略的深入实施，高等教育法治建设步入全面深化阶段。《高等教育法》(2015年修正)根据高等教育的现状和问题，结合当前的形势与任务，对高等教育办学方针、人才培养、高校设立、管理体制改革、学术委员会职责、评价与监督制度、经费筹措等内容进行修订。具体措施包括在高等教育的方针中增加了“为人民服务”“与社会实践相合”以及人才培养规格中“美”的要求，体现新时代的发展理念；将专科学校的审批放至省一级人民政府，增强省级政府的高等教育管理权；增加高校学术委员会的职责，明晰其具体行为准则；改革高等教育评估体系，增加“第三方评估”和“向社会公开”的内容；将教育经费筹措机制明确以“举办者投入为主、受教育者合理分担培养成本、高等学校多种渠道筹措经费的机制”，同时删去“设立高等学校，不得以营利为目的”的内容等，与《教育法》和《中华人民共和国民办教育促进法》(以下简称《民办教育促进法》)进行了有效衔接。可见此次修订对提高高等教育质量等具有重要意义，推动全面深化高等教育改革进入新阶段。同时《高等教育法》(2015年修正)推动了系列落实新高等教育法的规范性文件陆续出台,如国家发布了《依法治教实施纲要(2016—2020年)》(2016),《关于深化高等教育领域简政放权放管结合优化服务改革的若干意见》(2017)、《关于引导部分地方普通本科高校向应用型转变的指导意见》(2015)、《国务院办公厅关于深化高校教师考核评价制度改革的指导意见》(2016)、《高等学校预防与处理学术不端行为办法》(2016)、《中央高校基本科研业务费管理办法》(2016)、《教育部直属高校基本建设管理办法》(2017)、《普通高等学校辅导员队伍建设规定》(2017)、《关于深化产教融合的若干意见》(2017)、《普通高等学校学生管理规定》(2017)、《高校思想政治工作专项资金管理暂行办法》(2018)、《关于全面加强基础科学研究的若干意见》(2018)、《学生资助资金管理办法》(2019)等政策法规,全力破除制约高等教育改革发展的体制机制障碍,进一步扩大和落实高校办学自主权,为新时期高等教育改革发展提供了坚强的法制保障。《高等教育法》(2015年修正)的实施开启了高等教育法治建设的新征程,正在进一步全面、系统、深入推进中国特色现代大学制度建设,为高等教育治理、保障高校改革发展创造了良好的制度环境,高等教育法治体系进一步完善,推动高等教育法治建设走深走实。2018年12月29日,全国人大常委会再次对《高等教育法》进行了修正。

四、高等教育法治的基本原则

(一)社会主义方向原则

习近平总书记在2018年全国教育大会上发表重要讲话,强调"加快推进教育现代化、建设教育强国、办好人民满意的教育","坚持社会主义办学方向"。这一重要论断指出了新时代教育事业必须坚持的政治方向,为我国教育事业发展指明了前进方向。只有政治方向正确,我们的教育才能培养出更多德智体美劳全面发展的社会主义建设者和接班人。

党的十八大以来,以习近平同志为核心的党中央,坚持中国特色社会主义教育发展道路,坚持社会主义办学方向,不断推进教育领域综合改革向纵深发展,教育体系更趋完备,教育对经济社会发展贡献度不断提高。实践表明,我国教育已经站在新的起点,只有坚持社会主义办学方向,打造特色鲜明的中国教育事业,才能实现从教育大国向教育强国的跨越。

坚持社会主义办学方向,就必须坚持马克思主义指导地位。伟大的事业需要伟大的思想来指引。社会主义办学方向,既坚持了马克思主义教育理论,又体现了中国国情;既继承了我国教育优良传统,又具有鲜明的时代特征,更是习近平总书记提出教育改革发展"九个坚持"的重要组成部分,是我们全面贯彻党的教育方针,立足基本国情,遵循教育规律,办好人民满意的教育的根本原则。

坚持社会主义办学方向,就要准确把握立德树人这一根本任务。习近平总书记指出,培养什么人,是教育的首要问题。立德树人,要做到"六个下功夫",把立德树人的成效作为检验学校一切工作的根本标准。“国无德不兴，人无德不立。”立德树人，就是我们的教育必须把培养社会主义建设者和接班人作为根本任务，培养一代又一代拥护中国共产党领导和我国社会主义制度、立志为中国特色社会主义事业奋斗终身的有用人才。“才者，德之资也；德者，才之帅也。”我们必须将立德树人融入思想道德教育、文化知识教育、社会实践教育各环节，教育引导学生树立共产主义远大理想和中国特色社会主义共同理想，肩负时代重任，立志扎根人民、奉献国家。

坚持社会主义办学方向，必须加强党对教育工作的全面领导。“党政军民学，东西南北中，党是领导一切的”，这一要求必须实实在在地落实到办学的全过程，这是办好教育的根本保证。党的十九大报告提出了“八个明确”，其中之一是明确“中国特色社会主义最本质的特征是中国共产党领导，中国特色社会主义制度的最大优势是中国共产党领导，党是最高政治领导力量”。因此，我们要切实落实总书记的要求，遵循中国特色社会主义办学方向，增强“四个意识”、坚定“四个自信”，落实好“四个服务”，把教育改革纳入各级党委的议事日程，抓好学校党建工作和思想政治工作，精心培养和组织一支会做思想政治工作的政工队伍。

因此，坚持以马克思列宁主义、毛泽东思想和邓小平建设有中国特色社会主义理论为指导，坚持由中国共产党掌握教育领导权，坚持把培养社会主义事业的建设者和接班人作为学校的根本任务。

（二）权利平等原则①

《高等教育法》第九条规定“公民依法享有接受高等教育的权利”。高等教育阶段受教育权是指与高等学校形成事实上的法律关系的学生为了确保人格与健康生活，符合社会生活及社会发展的需要，社会承认为正当而受到国家保护的享有教育资源的权利。具有以下特点：第一，法定性。第二，非基本性。第三，平等性。平等是法律追求的价值目标，也是权利的一个基本特征。平等首先要求起点平等，就是要使每个人不受任何歧视，都具有开始其学习生活的机会；平等还要求教育过程中用不同的方式来平等地对待每一个人；平等还是一个总目标，教育面前机会平等可视为一个总的原则。第四，权义一致性，即权利与义务相对。受教育权是宪法权利，其义务承担者理应是国家，因此教育已逐渐地成为国家的积极义务。

权利平等原则包含两大具体原则，即基本权利绝对平等原则与非基本权利相对平等原则。基本权利是为宪法认可、肯定与保障的人权体系的基本的、核心的人权，基本权利必须绝对平等。非基本权利主要是指单个的社会成员之间设定法律关系时所彼此承认的个别化的权利，这种权利是人生存和发展的更高的权利。如果说基本权利是使人成为人的权利，那么，非基本权利则是使人成为有价值的人的权利。在高等教育领域中平等权为一项非基本权利，并不能实行完全的平等。尽管人们所享有的高等教

---

①苟人民.高等教育平等权初探[N].光明日报.2006—05—24.

育权利是不平等的，但国家在分配高等教育受教育权时按照个人具备的学业能力和可能贡献分配受教育权利，即高等教育权利比例平等原则，每个人所享有的权利的大小之比例与每个人所做出的贡献的大小之比例是完全平等的，因此是公平的。接受高等教育权利的获得虽通过竞争的方式获得，但对于已经在一个位阶上的个人来说他们享有的教育权又是具有平等性的。

除此之外，高等教育平等权还表现为：平等入学权，平等的受教育身份权，平等的教育选择权，平等的教育教学活动参与权，获得公正评价权、平等获得毕业、学位证书权。

（三）公益性原则

公益性即公共社会利益，是指为社会公众谋取利益，与之相对应的是为个人或机构谋取利益。我国《教育法》第八条规定："教育活动必须符合国家和社会公共利益。"根据这一规定，凡依法举办的教育，无论何种形式、类型，都应该符合公共社会利益，即都应当具有公益性。教育是一项社会公益事业，促进教育公平和保证教育公益性，在我党领导人民全面建成小康社会、构建社会主义和谐社会进程中，是一项具有全局性、战略性的任务。高等教育作为教育的重要组成部分，也具有社会公益性。高等教育既是公民提高个人智识与能力，促进自我发展的途径，也是推动社会发展，实现国家富强的前提。每个公民智识与能力的提高，对于整个社会的进步亦具有普遍促进作用。世界各国无论教育体制如何，无论是以私立高校为主，还是以公立高校为主，均确认高等教育是具有公共性质的事业。政府都在不同程度上以直接投资或者财政补贴、税收优惠等形式给予扶持。2016 年修改后的《高等教育法》第二十四条规定："设立高等学校，应当符合国家高等教育发展规划，符合国家利益和社会公共利益。"删除了原法律条款中"不得以营利为目的"的表述。这说明教育的公益性并不意味着绝对不能以营利为目的，公益性质的教育事业发展与办学机构的营利性并不冲突，未来我国的学校及其他教育机构将分为营利性和非营利性两大类，民办院校既可以是营利的，也可以是非营利性的，体现了国家进一步引导市场和社会力量参与办学的导向。

因此，高等教育的公益性主要体现在高等教育应该符合国家和社会公共利益。中国的现实国情与高等教育的功能体系决定必须把公益性作为中国高等教育的出发点和落脚点。为确保高等教育的公益性，政府必须加强宏观调控和政策引导，大学自身必须彰显本色和强化责任，高校应辩证地看待公益性与产业性的关系，同时也亟待社会的积极支持和主动参与。

（四）大学自治原则（外部治理）

大学自治源于中世纪欧洲。那时，大学是获得教皇或世俗统治者特许的学者行会，大学事务都由教师或学生自己决定。大学的自治地位使其能够免受外界的干预控制，而专注于自身的学术目标。在本质上，大学自治、学术自由能够促进科学、技术、文艺的创新和发展。而发达国家都在其法律中明文规定大学自治原则，如法国，1968 年《高等教育指导法》确立了大学的三项原则：自治、参与和多学科。同样，1984 年法国的《高等教育法》（又称《萨瓦里法案》）则进一步重申了大学自治；在美国，《美国联邦宪法第一修正案》，就规定了言论自由、出版自由，实际上赋予了高等学校自治的权利；在德国，《高等学校总法》在第四章中，规定了"大学的自治和国家管理"；在日本，作为"教育宪法"的《教育基本法》确立了日本教育的政治中立性、宗教中立性和行政中立性，实质上就是大学自治。我国在 1998 年的《高等教育法》中确立的"高等学校应当面向社会，依法自主办学"是在教育行政职能转变的过程中基于大学自治衍生出来的新事物，强调的是大学自治在"办学"方面之于各级各类国家机关干预乃至社会发展重要的不受非法干预性、自主性，是大学自治外在要求的体现。

因此，大学自治，作为高等教育法的一项重要原则，体现的是"自主办学"和"民主管理"的有机结合，根据我国《高等教育法》第十一条规定，"面向社会"，首先确立了我国大学自治的前提和基础；"依法自主办学"，既明确了大学自治的边际界限，即必须符合法的要求，又突出了大学自治的外在要求，即办学自主性；"实行民主管理"，既体现了大学自治的核心内涵，即大学的自我管理属性，又突出了大学自治的内在要求，即民主基础上的大学自治。"自主办学"和"民主管理"的有机结合，共同构成了我国大学自治这一高等教育法重要原则的基本内涵。

（五）权力平衡原则（内部治理）

高校作为以实施社会公共教育为目的的公团体，在职务上享有的自主管理权是法律、法规明确赋予高校的公权力。从高校自主管理权产生的过程和性质来看，高校的自主管理权不是一项民事权利，而是政府下放给学校独立行使的行政权，它是一种必须根据公认的合理性原则行使的公权力。在正常社会状况下，权力同权利一样，其性质也是"善"的，只是在权力的扩张打破了权利—权力平衡、挤压并侵害了权利之后，它在特定的方面和相对应的程度上才具有了"恶"的性质。

学校治理应当是一种善治，其基本要求是法治。首先，法的制定是法运行的前提和基础。法律法规是高校行使自主管理权的基本依据，也是国家对高校行使管理权的规范与监督。国家层面的立法应进一步明确国家对高校管理的具体要求，特别是要明确哪些相应的权力可以授权给高校行使，从而使高校的管理权具有合法来源。同时，高校内部要建立完善的管理制度体系。根据法律法规的授权和大学自治的要求，学校有权制定相应的规章制度以管理学生和维持正常的教学秩序，但是学校制定规章制度要遵守法律保留原则，符合理性与常识，不得超越法定权限和教育需要设定义务。学校要依据法律的原则与要求，制定并完善教学、科研、学生、人事、资产与财务、后勤、安全、对外合作等方面的管理制度，建立健全各种办事程序、内部机构组织规则、议事规则等，形成健全、规范、统一的制度体系。学校制定章程或者关系师生权益的重要规章制度，要遵循民主、公开的程序，广泛征求校内外利益相关方的意见，保证师生的意见得到充分表达，合理诉求和合法利益得到充分体现。其次，程序是法治的核心，是法治从法律形态到现实形态必不可少的环节，是实体性权利的保障。依法治校理念要求高校建立正当的管理程序，没有正当程序就难以在管理工作过程中实现公开和公平，学生与高校的冲突与矛盾也会不可避免地产生。因此，高校还应设立一系列相应的程序制度。

（六）权利救济原则

各国高等教育立法，实际上都是以权利为核心的。但是，宪法和教育法律上所规定的权利如果没有变成现实，那就没有任何意义。而要从纸面变成现实，除了依法行政外，更重要的是一套救济体系。“有权利就必须有救济，没有救济的权利不是真正的权利”。救济作为一种寻求权利保障的行为或过程，对于任何的权利实现都是必不可少的。权利救济也是法的适用环节。当受教育权、平等权、言论自由权等宪法基本权利受到公权力或他人的侵害时，能得到公正、有效的救济，这正是权利的核心与题中之义，也是权利的本质体现。因此世界各国都建立了一套比较完整的保障体系，包括行政救济和司法救济。

行政救济是指在教育行政权力侵犯公民的权利时，应有一套完善的解决纠纷的行政机制。在英美，在做出任何使他人遭受不利影响的决定前，应当听取当事人的意见，这就是英美法系古老而常青的原则——正当程序原则。从我国现行的法律、法规来看，行政救济途径主要包括信访、行政申诉、行政复议、行政诉讼和行政赔偿等，其中行政复议、行政诉讼和行政赔偿是我国行政救济制度的主体。

司法救济，作为解决纠纷的最后一道屏障，各国都有一套完善的司法体制、诉讼程序，包括两层含义：一是指司法直接救济，即对某些适合直接使用司法救济途径的行政行为应设置有司法救济途径；二是指司法间接救济，即对某些不适合直接使用司法救济的行政行为所设置的其他救济途径应有相应的司法救济和监督途径。而无论是大陆法系还是英美法系的国家，都确立了公立学校（大学）的行政主体地位。当学生或教职员工的合法权益受到大学行政权力侵犯时，他们可提起行政诉讼，乃至宪法诉讼。

第一章

高等学校法律制度

本章主要从高等学校的类型及分类管理、高等学校的权利与义务、高等学校的设立、变更与终止、高等学校的管理体制这四部分来为读者呈现高等学校的法律制度这一内容。

第一节　高等学校的类型及分类管理

目前，关于高等学校分类的方法，有美国卡内基高等教育机构分类标准、日本的高等教育机构分类方法、“中国大学评价”大学分类方法和“国际教育评价标准分类法”等，这些分类各有特点，有的突出了学科优势，有的体现了科研水平上的层次差异，由于分类的角度不同，因而分类的标准也就不止一个。从我国高等教育发展的实际来看，高等学校的分类发展不仅是社会经济发展对高等教育自身提出的内在要求，而且是对高等学校管理者提出的挑战和必须做出的理性选择。本章主要从法律角度讨论高等教育的分类，因而更多的不是从高等学校的内部特征进行分类，而是基于其外部特征进行分类。从法律的角度看，高等学校分类的标准主要有三种：举办主体、办学形式和办学层次。

一、按举办主体划分

根据举办主体划分，我国高等教育学校划分为公立高等学校和民办高等学校。

（一）公立高等学校

公立高等学校即隶属于中央或地方政府的高等学校，这类高等学校是由中央或地方政府举办并由公共财政经费维持发展，区别于以社会力量而非用国家公共财政经费办学的民办或私立高等学校。

我国的公立高等学校是由政府投资或政府举办并由政府作为行政管理者的高等学校。《高等教育法》第十一条规定：“高等学校应当面向社会，依法自主办学，实行民主管理。”这为我国高等教育在体制上逐步建立起政府宏观管理，高校自主办学，主动适应经济建设和社会发展需要的自我发展、自我约束的高校运行机制奠定了法律基础。面向社会自主办学，改变了公立高等学校的外部环境，要求高校的管理者变革传统的管理理念和方法，把管理科学的理论与自主办学的具体实践相结合，完成理论与实践相结合的创新。

（二）民办高等学校

民办高等学校管理从本质上与一般教育管理并无二致，只是管理活动聚焦到了民办高等学校这一特定对象。因此我们可以由一般教育管理推演开来，从两个层次、三个要素去理解和分析民办高等学校的管理活动。民办高等学校管理从层次上可以分为学校外部的教育行政机构对民办高等学校的管理和民办高等学校内部的自我管理，并且这两个管理系统都是通过一定的组织机构、依据一定的行为规范对被管理对象进行有计划管理。民办高等学校外部的教育行政管理是指政府有关部门中的民办高等教育管理机构,依据各种民办高等教育的政策、法规,通过指令、指导、服务、监督、评估等行为对民办高等学校进行的管理活动。民办高等学校内部的自我管理是指学校相关管理组织,依据各种机构、人员和工作的规程、制度,对学校的教学、财务、人事等方面进行的管理活动,其中学校的管理组织机构包括:①学校的决策组织机构,指的是我国以校长或董事会为首的领导组织;②学校的执行组织机构,指的是各职能部门、各院(系、所)等;③学校的咨询组织机构,指的是校务委员会;④学校的监督反馈组织机构,指的是监事会或工会。

但是,民办高等学校管理在实践中又应与公办高等学校有所区别。这种区别,源于民办高等学校的特殊性质及其运行的特殊状况:一是办学主体的非官方性,即办学主体为非政府的企事业组织、社会团体及其他社会组织和个人;二是办学经费的自筹性,即学校经费来自非国家财政性经费,而来自社会教育服务的收费、社会捐赠、政府资助和学校的经营性收入等;三是法人地位的特殊性,即民办高等学校法人地位既不是单纯的公司法人,又不是纯粹的事业单位法人,而是两者兼而有之;四是管理决策的自主性,即民办高等学校是相对独立的办学实体,享有较大的办学自主权;五是人员聘任的灵活性,即民办高等学校普遍采用聘任制,人员流动性大,管理办法灵活;六是办学目的的多样性,民办高等学校既追求培养人才的公益性,又追求投资效益的回报性。在客观上具有人才培养的社会效益,在主观上追求投资的经济效益。学校性质的特殊性决定了民办高等学校管理的特殊性。一方面,教育行政部门要处理好规范管理和引导扶持的关系,不能过多使用在公办高校管理上惯用的指令性行政管理手段,应该充分尊重民办高等学校的办学自主权,综合运用政策引导、信息服务、督导评估、表彰奖励等方式进行管理和引导。另一方面,民办高等学校的自我管理意识和责任显得尤为重要。民办高等学校应该明确自己的办学方向,自觉坚持教育的公益性,建立精干高效的内部治理结构和更为灵活的内部运行机制,科学管理办学资源,提高包括育人在内的综合效益。

二、按办学形式划分

根据办学形式可以将我国高等教育分为普通高等教育和成人高等教育,履行这两类高等教育任务的学校则被称为普通高等学校和成人高等学校。

(一)普通高等学校

普通高等教育是在完全中等教育的基础上进行的专业教育,是培养高级专门人才的主要社会活动。根据《普通高等学校设置暂行条例》规定,普通高等学校指按照国家规定的设置标准和审批程序批准举办的,通过全国普通高等学校统一招生考试(统招生），招收普通高中毕业生为主要培养对象，实施高等教育的全日制大学、独立学院、高等职业学校和高等专科学校。普通高等教育类别主要包括全日制普通博士学位研究生、全日制普通硕士学位研究生（包括学术型硕士和专业硕士）、全日制普通第二学士学位、全日制普通本科、全日制普通专科（高职）。

（二）成人高等学校

成人高等教育是我国高等教育的重要组成部分。经过多年的实践和探索，形成了成人高等教育改革和发展的总体目标，即动员社会各方面的力量大力支持、积极兴办多种形式、多种规格的成人高等教育，进一步增强和拓宽社会成员接受高中后教育的机会和渠道，使成人高等教育为经济和社会发展提供更加广泛的服务。高等层次岗位培训、大学后继续教育是成人高等教育的重点，学历教育是成人高等教育的重要组成部分。

我国成人高等学校属于高等教育的一个组成部分，因此，它的管理必须坚定不移地遵循党的教育方针，按照高等教育的发展规律实行正规化管理。但是由于成人高等教育具有明确的定向性、对象的广泛性以及内容的综合性等特征，它承担着从青年到老年训练和教育的任务，接受教育的对象十分广泛，主要包括工人、农民、专业技术人员、管理人员以及机关干部等社会各阶层从事社会劳动的人员。所以相对于普通高等学校的管理，成人高等学校在管理方面除了具有普通高校的特点外，还应该有自身的特征。

成人高等学校和普通高等学校同属高等教育系列，它们具有共同的本质，但由于二者构成要素的差异和运作机制的不同，又各自具有不同的特殊本质和特殊的发展规律。因此，成人高等学校管理的基本特征，既要反映高等教育管理的一般规律，又要反映成人高等教育管理的特殊规律，是一般和个别、普遍和特殊、统一性和差异性的辩证统一。

三、按办学层次划分

在按照办学形式分类的基础上，我们将普通高等学校根据实施学历教育的层次分为本科层次院校和专科层次院校。

（一）本科层次院校

根据《高等教育法》的规定，本科层次院校是指实施本科及本科以上教育的大学、独立设置的学院等，学生毕业时成绩合格应该颁发相应的毕业证书以及学位证书，学位证书包括学士、硕士、博士学位证书。

拓展内容

本科层次院校和专科层次院校设置的有关规定

（二）专科层次院校

根据《高等教育法》的规定，专科层次院校则是指实施专科教育的学校，包括高等职业学校和高等专科学校，学生毕业时成绩合格颁发相应的毕业证书。

第二节　高等学校的权利与义务

一、高等学校的权利

权利是指法律关系主体可以这样行为或者不这样行为，或者要求其他人这样行为或不这样行为。学校作为依法成立的实施教育教学活动的专门机构，为完成其基本职能，必须拥有相应的权利。学校的权利在不同的法律关系中有所不同。从民法的角度看，学校作为法人从其登记之日起就享有民事权利能力。学校法人的民事权利能力指法人能够享有民事权利、承担民事义务的资格。学校法人的民事权利能力始于学校法人依法设立或进行法人登记的法律事实，终于学校法人依法被撤销或解散的法律事实。学校法人同时具有权利能力和行为能力。学校法人的行为能力或权利能力的实施是由学校法人机关进行的。学校法人机关是实施教育教学活动的学校机构和个人。根据《中国人民共和国民法典》（以下简称“民法典”）第六十一条“依照法律或者法人章程的规定，代表法人从事民事活动的负责人，为法人的法定代表人”的规定，学校校长是法人代表。法人的法定代表人在其职权范围内，代表法人进行的各种行为就是法人的行为。根据我国教育法律的规定，我国学校及其他教育机构享有的具体的权利可以概括为如下几个方面。

（一）自主管理权

学校章程是指为保证学校工作正常进行，就办学宗旨、内部管理体制及各项重大原则制定的全面的规范性文件。

高等学校依法制定章程，确立其办学宗旨、管理体制及各项重大原则，制定具体的管理规章和发展规划，自主地做出管理决策，并建立、完善自己的管理系统，组织实施管理活动，这是建立现代学校管理体制的重要前提。主管部门或举办者对学校制定的符合其章程规定的管理行为无权干涉。自主管理权有助于学校自主办学，自我约束。

高等学校一经批准设立或登记注册，则按照自己的章程自主管理机构内部活动的权利即为法律所确认。《教育法》与此相关的规定是基于学校作为法人在依法批准设立时，必须具有符合国家规定的组织章程。法人本身是一个组织机构，组织机构的运转活动必须有自身内部的管理章程，这是设立学校及其他教育机构所必须具备的四个基本条件中的第一个。学校一经依法设立，即意味着具备得以设立的全部条件，也就是说其章程得到确认，因此学校按照被确认的章程管理自身内部的活动即为学校行使法定权利。依据各级各类学校的任务不同，章程的内容各有不同，但其共同点应主要包括办学宗旨、教育教学活动管理规则、校内管理体制、财务管理制度、安全保卫制度、民主管理与监督制度、修改章程的程序等。

（二）教育教学权

组织实施教育教学活动是学校的职责和权利。教育教学活动是学校的中心工作，学校有权根据国家有关教学计划、教学大纲和课程标准等方面的规定，根据学校的章程自主组织学校教育教学活动。教育教学活动分课堂教学和课外活动，其组织实施工作可以分为多个方面，主要包括教学管理、教师教学、学生学习和课外活动的组织等。

教育教学是学校最基本也是最主要的活动。教育教学活动是由众多环节构成的复杂过程，不是可以任意为之的行为。同时教育教学活动有统一的标准，其结果对社会及个人都会产生确定的影响。因此，全面组织实施教育教学活动必须有法律的确认。学校及其他教育机构根据自己的办学宗旨和任务，依据国家主管部门有关教育计划、课程、专业设置等方面的规定，依据本校的具体情况，因地制宜，决定和实施自己的教学计划，决定具体课程、专业发展，决定选用何种教材，决定具体课时和教学进度，组织教学评比、教学研究，对学生进行考试、考核等，这样有利于提高教育质量，有利于排除学校以外的其他社会因素对学校的正常教育教学活动的干扰。

（三）招生权

学校是为受教育者提供教育服务的机构，这种服务必须通过招收学生或受教育者来实现。学校根据自己的办学宗旨、培养目标、办学条件、办学能力和学校类型，根据国家有关的招生法律、规章和制度或政策，决定招生人数，制定本校的招生办法，本着合理、公开、公平、科学的原则，进行招生工作。

> **拓展内容**
>
> 行使招生权应遵循的原则

（四）学籍管理权

学校有权根据有关法律、法规制定具体的学籍管理办法，并根据国家有关学生奖励、处分的规定制定奖励和处分办法。学校根据这些办法对受教育者进行具体的学籍管理。学籍管理的基本内容有学生的政治思想、成绩与考核、升级、留级、降级、转学、休学、复学、退学、报到与注册、考勤、奖励与处分等。学籍管理的目的是通过规范化的方法对学生进行严格管理，以培养德、智、体、美全面发展的人才。

> **拓展内容**
>
> 行使处分权应遵循的原则

学籍管理权与奖励、处分权是紧密联系的，尤其是与处分权关系更加密切，严重的处分(如开除)直接影响学生的学籍。学生奖励是指学校对受教育者在德、智、体等方面的优良表现,给予精神或物质上的表彰,比如颁发奖学金、给予“优秀共产党员”称号等。学生处分,又称学校纪律处分,是指学校依据教育法律或其内部管理制度对违反学校纪律的学生的一种校内惩戒或制裁。

(五)颁发证书权

学业证书是学校按照国家有关规定颁发的证明学生文化程度和学历水平的证件,是学生经过学习并通过考试达到国家规定标准后获得的学业资格证明,受国家法律保护和认可。给受教育者颁发相应的学业证书,这是学校的权利也是学校的义务。通常,学生在学校里学习一定时间,达到规定的标准,就能够获得毕业证书或者学位证书。学校有权根据国家有关学业问题管理的规定,给经考核成绩合格的受教育者,按照其类别颁发证书。如果学校在招生、考试、录取或者教学环节中不严格要求,降低对学生的要求,属于违法行为。

颁发学业证书是一种行政确认行为。学校在决定是否向学生颁发学业证书之前,需要对学生的学业成绩和品行进行评价。受教育者享有在学业成绩和品行上获得公正评价,完成规定的学业后获得相应的学业证书、学位证书的权利。学校对学生进行评价的权力和颁发学业证书的权力是紧密衔接的。评价权是学校决定是否向学生颁发学业证书的前提,学业证书是学校评价结果的外在表现。这种学业证书的颁发行为属于行政确认行为,是对于某种能力或法律上特定地位、身份存在的认定,只在于宣示某种法律状态。

(六)聘任权

我国学校及其他教育机构根据国家有关法规,可以从本校的办学条件、办学能力和编制实际情况出发,制定本校教职工聘任、解聘、奖励、处分办法,有权对教师和职工实行聘任和解聘。《教师法》第十七条规定:“教师的聘任应当遵循双方地位平等的原则,由学校和教师签订聘任合同,明确规定双方的权利、义务和责任。”实施教师聘任制,学校和教师的关系以共同的意愿为前提,以平等为原则,双方的权利和义务是对等的,没有行政隶属关系。同时,教职工在接受聘任之后,学校有权对其工作成绩进行奖励,对其不良表现进行惩罚。《教师法》第三十三条规定:“教师在教育教学、培养人才、科学研究、教学改革、学校建设、社会服务、勤工俭学等方面成绩优异的,由所在学校予以表彰、奖励。”学校实行聘任制以及奖惩制度可以极大地促进教师工作积极性,并有利于提高教育教学质量。

(七)管理财产权

这是学校法人设立的基本条件之一。我国《民法典》第二百四十条规定:“所有权人对自己的不动产或者动产,依法享有占有、使用、收益和处分的权利。”根据这一规定，学校对学校的场地、校舍、教学仪器设备、办学经费以及其他财产享有管理权和使用权。不过，学校对本单位的设施和经费的管理和使用要遵守国家有关法律、法规的规定，符合国家和公众的利益，不得侵害国家或举办者的财产权利。同时，学校的财产受国家的法律保护。我国《宪法》第十二条规定："社会主义的公共财产神圣不可侵犯。国家保护社会主义的公共财产。禁止任何组织或者个人用任何手段侵占或者破坏国家的和集体的财产。"侵犯学校校舍、场地及其他财产的行为是法律明确禁止的行为，是一种违法行为。我国《教育法》第七十二条规定："……破坏校舍、场地及其他财产的，由公安机关给予治安管理处罚；构成犯罪的，依法追究刑事责任。侵占学校及其他教育机构的校舍、场地及其他财产的，依法承担民事责任。"

（八）拒绝干涉权

为了维护学校及其他教育机构的正常教育教学秩序，学校有权拒绝来自任何方面的非法干涉。这些干涉是多种多样的，如对校舍和场地的非法强占，对师生的人身安全的侵犯，向学校摊派，对教学秩序的干扰，等等。如果学校不能制止其他机构或个人对学校的侵害行为，可以诉诸公安机关或司法部门。我国《教育法》第七十二条规定："结伙斗殴、寻衅滋事，扰乱学校及其他教育机构教育教学秩序或者破坏校舍、场地及其他财产的，由公安机关给予治安管理处罚；构成犯罪的，依法追究刑事责任。"

（九）其他权利

除上述权利外，高等学校及其他教育机构还享有现行法律、行政法规以及地方性法规赋予的其他权利。法律的这些规定有利于学校及其他机构办学自主权的进一步完善和保障学校及其他教育机构合法权益的神圣不可侵犯。

二、高等学校的义务

权利和义务是统一的，享有权利一定要承担一定的义务，有义务就必须有权利。高等学校有一系列的权利，同时也要承担相应的义务。我国《教育法》第三十条规定学校及其他教育机构应当履行下列义务。

（一）遵纪守法义务

遵守法律、法规是法律要求自然人和法人必须履行的基本义务。《宪法》第五条第四款规定："一切国家机关和武装力量、各政党和各社会团体、各企业事业组织都必须遵守宪法和法律。一切违反宪法和法律的行为，必须予以追究。"学校作为实施教育教学活动，培养人才的事业组织，同样也不例外。这里说的法律、法规，主要是指宪法、国家权力机关制定的法律、国务院制定的行政法规、地方性法规以及根据法律、法规制定的规章。作为义务的履行主体，学校不仅要履行一般社会组织所应承担的法律义务，还应特别履行教育法律、法规、规章中为学校确立的与实施教育教学活动、实现办学宗旨密切相关的特别意义上的义务。

（二）贯彻方针义务

学校在实施教育教学活动过程中，要坚持社会主义办学方向，贯彻国家教育方针，坚持教育与生产劳动和社会实践相结合，积极推进素质教育，培养德、智、体、美等方面全面发展的学生；同时，还要执行国家教育教学标准，努力改善办学条件，加强育人环节，保证教育教学活动和培养学生的质量达到国家的教育教学质量要求，并不断提高教育教学质量。对于那些同国家教育方针背道而驰的行为，应从法律的层面进行认识。

（三）维护权益义务

招收学生或其他受教育者，聘任教师及其他职工是《教育法》赋予学校的权利，但学校在享有此项权利的同时，也要求履行相应的义务。这项义务包括两方面的含义：一是要求学校不得侵犯受教育者、教师及其他职工的合法权益，如不得克扣教师工资、不得拒绝符合入学条件的受教育者入学等；二是当学校以外其他社会组织和个人侵犯受教育者、教师及其他职工的合法权益时，学校有义务以合法的方式，积极协助有关单位查处违法行为人，维护受教育者、教师及其他职工的合法权益。

（四）提供情况义务

学校的这一义务是受教育者及其监护人实现对受教育者学业成绩及其他有关情况知情权的前提条件。学校不得拒绝受教育者及其监护人行使这项权利，同时还应为这项权利的实现提供便利条件，比如可以通过家长接待日、家长会议、教师家访或找个别学生谈心等适当的方式来进行。在此需要指出的是，学校在提供受教育者的学业成绩及其他有关情况时，不得侵犯受教育者的隐私权、名誉权等合法权益，不得伤害受教育者的身心健康。

（五）合理收费义务

公民在依法实现受教育权利的同时，也应按照所入学校的不同性质依照有关规定缴纳一定的费用。根据我国现行关于学校收费的法规、政策文件的基本精神，国家举办的实施义务教育的学校，不得收取学费，但可酌情收取杂费，杂费取之于学生，用之于学生；非义务教育的学校可以适当收取学费。中小学的收费项目和标准，一般由省一级教育、物价主管部门根据本地实际情况确定；高等学校以及一部分部属、省属中等专业学校，一般由各中央主管部门或省一级教育、物价主管部门具体确定。幼儿园一般由县、市级教育、物价主管部门确定收费标准。学校应按照公平、合理的原则，严格依照中央和地方各级政府及其有关部门的收费规定，确定具体收费标准。

（六）接受监督义务

学校还应自觉地把教育教学工作和管理活动置于主管部门和社会的监督之下，对于各级权力机关、行政机关依照法律、法规进行的检查、监督等职权行为，以及社会各界、本校师生员工依法进行的监督，应当积极予以配合，不得拒绝，更不得妨碍检查、监督工作的正常进行。

第三节　高等学校的设立、变更与终止

一、高等学校的设立

（一）高等学校设立的原则

1986 年 12 月国务院发布的《普通高等学校设置暂行条例》对高等学校设立的设置标准、学校名称、审批验收和检查处理等进行了明确。由此可见，设立高等学校必须要符合一定的基本要求。《高等教育法》第二十四条规定："设立高等学校，应当符合国家高等教育发展规划，符合国家利益和社会公共利益。"根据这一规定，设立高等学校必须符合下列基本原则。

1. 符合国家高等教育发展规划

高等学校是实施高等教育的主要机构，承担着培养具有创新精神和实践能力的高级专门人才，发展科学技术文化，促进社会主义现代化建设的重要任务。因而国家有关部门应根据经济和社会发展对人才的需要和办学条件的实际可能性，制订高等教育发展规划。设立的高等学校，首先必须根据国家的高等教育发展规划，制订自身的发展目标，为国家多出人才，出好人才，为国家经济建设和社会发展服务。

2. 符合国家利益和社会公共利益

高等学校的主要任务是贯彻国家教育方针，进行教育教学活动，培养人才。高等学校作为我国社会主义教育体系的重要组成部分，对国家的发展、民族的振兴、社会的进步有着举足轻重的作用。维护国家利益和社会公共利益是全体公民和组织的义务，对于培养高级专门人才的高等学校而言，更是义不容辞的责任。因此，高等学校的设立必须符合国家利益和社会公共利益，对国家、人民和社会负责，不损害国家的安全和尊严，不违背社会优良的文化和道德传统，不侵犯国家和人民的利益。

（二）高等学校设立的基本条件

为了保证高等教育的质量，《高等教育法》规定了设立高等学校的基本条件。

1.教育法规定的基本条件

《高等教育法》第二十五条规定："设立高等学校，应当具备教育法规定的基本条件。"根据《教育法》第二十七条的规定，设立学校及其他教育机构，必须具备下列基本条件：

第一，有组织机构和章程。组织机构和章程是高等学校存在的必要前提。组织机构是指学校及其他教育机构内部的各部门、各岗位和各成员之间形成的权责分工和相互关系结构，即实现学校办学目的的有机统一体。组织机构是高等学校得以运行的组织基础，包括高等学校的决策机构、执行机构、监督机构等管理机构和它们的组成人员。章程是指学校及其他教育机构的组织机构的自律和协调内部关系的运行规则，即体现组织机构活动性质和内部分工合作关系，保证其办学目标实现的具体规则。章程是学校存在和活动的基本依据和准则，也是学校自主管理的基本依据和准则。根据《高等教育法》第二十八条的规定，高等学校的章程应当规定以下事项：①学校名称、校址；②办学宗旨；③办学规模；④学科门类的设置；⑤教育形式；⑥内部管理体制；⑦经费来源、财产和财务制度；⑧举办者与学校之间的权利、义务；⑨章程修改程序；⑩其他必须由章程规定的事项。

第二，有合格的教师。高等学校的教师是履行教育教学职责的专业人员，承担着培养高级专门人才、传递和创造科学文化的历史使命。高等学校教师的素质直接关系到教育质量的高低，在一定程度上决定高等学校的教学、科研水准，对于高等学校的生存和发展有着举足轻重的影响。

《普通高等学校设置暂行条例》第七条规定，设置普通高等学校，须按下列配备与学校的专业设置、学生人数相适应的合格教师。①大学及学院在建校招生时，各门公共必修课程和专业基础必修课程，至少应当分别配备具有讲师职务以上的专任教师二人；各门专业必修课程，至少应当分别配备具有讲师职务以上的专任教师一人。具有副教授职务以上的专任教师人数，应当不低于本校（院）专任教师总数的10%。②高等专科学校及高等职业学校在建校招生时，各门公共必修课程和专业基础必修课程，至少应当分别配备具有讲师职务以上的专任教师二人；各门主要专业课程至少应当分别配备具有讲师职务以上的专任教师一人。具有副教授职务以上的专任教师人数，应当不低于本校专任教师总数的5%。③大学及学院的兼任教师人数，应当不超过本校（院）专任教师人数的四分之一；高等专科学校的兼任教师人数，应当不超过本校专任教师的三分之一；高等职业学校的兼任教师人数，应当不超过本校专任教师的二分之一。少数地区或特殊科类的普通高等学校建校招生，具有副教授职务以上的专任教师达不到①②项要求的，需经国家教育委员会批准。

我国为此专门建立了教师资格制度，根据《教师法》第十一条的规定，取得高等学校教师资格，应当具备研究生或者大学本科毕业学历。教师资格制度是国家对准备从事学校教育教学工作的人员的基本要求。我国实行的教师资格制度，是国家对教师实行的一项法定的职业许可制度。

第三，有符合规定标准的教学场所及设施、设备等。举办学校及其他教育机构必须要具备一定的物质条件，设立高等学校也需要一定的物质条件，它们主要包括校舍、场地、教学仪器、设备、图书资料等，这些是从事教育教学活动的物质基础，否则教育教学活动就无法进行。符合规定标准是指学校校舍规划面积定额、教室和课桌椅的具体要求、每班学生的最高名额限制、学生活动场地、住宿生的食宿条件、厕所等必要的生活设施的具体要求，教学仪器设备、体育设施、图书资料的配备等要符合国家规定的相应标准。

根据《普通高等学校设置暂行条例》第八条和第九条的规定，设置普通高等学校，须有与学校的学科门类和规模相适应的土地和校舍，保证教学、生活、体育锻炼及学校长远发展的需要。普通高等学校的占地面积及校舍建筑面积，参照国家规定的一般高等学校校舍规划面积的定额核算。普通高等学校的校舍可分期建设，但其可供使用的校舍面积，应当保证各年度招生的需要。普通高等学校在建校招生时，大学及学院的适用图书，文科、政法、财经院校应当不少于八万册；理、工、农、医院校应当不少于六万册。高等专科学校及高等职业学校的适用图书，文科、政法、财经学校应当不少于五万册；理、工、农、医院校应当不少于四万册。并应当按照专业性质、学生人数分别配置必需的仪器、设备、标本、模型。理、工、农院校应当有必需的教学实习工厂或农（林）场和固定的生产实习基地；师范院校应当有附属的实验学校或固定的实习学校；医学院校至少应当有一所附属医院和适应需要的教学医院。

第四，有必备的办学资金和稳定的经费来源。学校及其他教育机构是非营利性单位，开展正常的教育和教学活动必须要有必要的活动经费，因此，学校及其他教育机构设置时，举办者根据所办机构的要求搞好办学经费的收支预算，并保证通过财政拨款或自有资金，以及社会捐赠等合法渠道筹集到设置学校及其他教育机构所必需的最低启动资金，同时确保学校及其他教育机构设置之后，有稳定的经费来源。

高等学校办学不仅要具备一定的物质条件，而且还要定期投入一定数额的办学资金。这就需要高等学校的举办者在设立高等学校时保证有稳定、合法的经费来源渠道，这是保证高等学校存续的基本要求。

这四项条件是设立高等学校必须具备的基本条件。

2. 其他基本条件

基于高等教育的特点和需要，《高等教育法》第二十五条又进一步规定，大学或者独立设置的学院还应当具有较强的教学、科学研究力量，较高的教学、科学研究水平和相应规模，能够实施本科及本科以上教育。大学还必须设有三个以上国家规定的学科门类为主要学科。设立高等学校的具体标准由国务院制定。设立其他高等教育机构的具体标准，由国务院授权的有关部门或者省、自治区、直辖市人民政府根据国务院规定的原则制定。

（三）高等学校设立的程序

根据《高等教育法》的规定，设立高等学校必须经过两个步骤：申请和审批。

1. 申请

《高等教育法》第二十七条规定："申请设立高等学校的，应当向审批机关提交下列材料：（一）申办报告；（二）可行性论证材料；（三）章程；（四）审批机关依照本法规定要求提供的其他材料。"

拓展内容

高等学校设立申请材料说明

2. 审批

根据《高等教育法》第二十九条的规定，设立实施本科及以上教育的高等学校由国务院教育行政部门审批；设立实施专科教育的高等学校，经省、自治区、直辖市人民政府审批，报国务院教育行政部门备案。对不符合规定条件审批设立的高等学校和其他高等教育机构，国务院教育行政部门有权予以撤销。

《普通高等学校设置暂行条例》第十七条规定，设置普通高等学校的审批程序，一般分为审批筹建和审批正式建校招生两个阶段。完全具备建校招生条件的，也可以直接申请正式建校招生。

根据《普通高等学校设置暂行条例》第十八条的规定，设置普通高等学校，应当由学校的主管部门邀请教育、计划、人才需求预测、劳动人事、财政、基本建设等有关部门和专家进行论证，并提供论证报告，论证报告应当包括下列内容：①拟建学校的名称、层次、校址、学科门类、专业设置、人才培养目标、规模、领导体制、招生及分配面向地区；②人才需求预测、办学效益和高等教育的布局；③拟建学校的师资来源、经费来源和基建计划。凡经过论证，确需设普通高等学校的，按学校隶属关系，由省、自治区、直辖市人民政府或国务院有关部门向国家教育委员会提出筹建普通高等学校申请书，并附交论证报告。《普通高等学校设置暂行条例》第二十二条规定："国家教育委员会在接到筹建普通高等学校申请书，或正式建校招生申请书后，应进行审查，并做出是否准予筹建或正式建校招生的决定。"

二、高等学校的变更

根据我国民法理论，民事主体主要包括自然人、法人和其他组织[《中华人民共和国民事诉讼法》（以下简称《民事诉讼法》）、《行政诉讼法》和《中华人民共和国合同法》（以下简称《合同法》）等法律规定的主体类型之一，即非法人组织]，非自然人主体有发生变更的可能。所谓高等学校的变更是指已经设立的高等学校的举办者、名称、层次、类别等发生改变,或者出现分立、合并等情况。

为规范高等学校变更的管理,《高等教育法》第二十九条规定,高等学校和其他高等教育机构分立、合并、终止,变更名称、类别和其他重要事项,由原审批机关审批;章程的修改,应当报原审批机关核准。

(一)高等学校变更的基本形式

高等学校变更的基本形式有如下几种:

第一种是学校的分立与合并。高等学校的分立,是指把一所高等学校分成两个或两个以上的相互独立的高等学校。按照分立后原高等学校存在与否,分立有存续式分立和创设式分立两种模式。存续式分立指原有的高等学校将其一部分财产和师资力量分出去,成立一个或几个新的学校的行为。新的学校取得法人资格,原高等学校也继续保留法人资格。创设式分立指高等学校以其全部财产依法分别成立两个或两个以上学校,并解散原高等学校的行为。创设分立时,以原有高等学校法人资格消灭为前提,成立新学校。但是高等学校分立不同于举办分校。很多成功学校在不同地区,甚至在不同国家举办分校,借以推广自己成功办学经验和模式,同时提高自己知名度,争取生源。分校一般不具有独立的法人资格,仅作为总校的分支机构而存在,分校与总校之间具有很强的隶属关系,分校对总校也具有较强的依赖性。与设立分校不同,分立后新成立的学校与原学校之间是相互独立的主体关系,是两个平等的民事主体,各自独立自主地开展教育教学活动。

高等学校的合并是两个或两个以上的高等学校结合为一所高等学校。按照合并后原高等学校存在与否,合并有吸收式合并和新设立式合并两种。吸收式合并指原高等学校与其他高等学校合并,其他高等学校归并到原高等学校中去,其他高等学校不存在了,原高等学校继续存在的合并模式,即通常说的"兼并"或者"吞并"。新设立式合并指两所以上的高等学校合并为一所新的高等学校,原有高等学校全部因此而消灭,新的高等学校产生的合并模式。

第二种是学校举办者的变更。是指在办学过程中,出资人收回出资,不再做举办者,这条规定实际上是为民办高等学校举办者设计的一个退出机制。

第三种是学校名称、层次、类别的变更。高等学校变更名称、层次、类别情形,是对法人重要事项的变更。这些变更有的涉及高等学校设立条件、设置标准和审批机关、审批层次的不同。

除名称、层次、类别的变更外,还包括高等学校改变校址、修改章程、经费筹措方式发生重要变化、变更印章式样、变更经常办学经费中用于各类人员工资福利开支比例以及其他对办学活动产生或可能产生行政权影响的事项。

(二)变更的审批

和高等学校的设立一样,我国《高等教育法》规定,学校的变更应当由原审批机关审批。此条规定主要考虑两个原因:第一,学校的变更和终止可能引起学校活动全体参与者的利益变化;第二,便于教育行政部门对学校办学活动的监督,学校不同的变更所引起的法律后果有所差异。

根据1993年的《国家教委关于成人高等学校调整、更名审批权限的意见》的规定,“对现有成人高等学校调整、更名的审批权限,由省、自治区、直辖市以及计划单列市人民政府和国务院有关部门负责,但不得层层下放。”“成人高等学校的调整、更名按隶属关系由省、自治区、直辖市、计划单列市和国务院有关部门的教育主管部门依据本‘意见’提出的原则和要求,经科学论证后提出方案,报同级人民政府或国务院有关部门审核批准。批准文件同时抄报国家教育委员会备案。”

根据1993年的《国家教委关于普通高等学校更名问题的通知》的规定,普通高等学校名称的变更是高等教育事业发展中的重要政策问题,必须在国家政策的宏观指导下统一进行。普通高等学校的名称确需更改的,须按隶属关系由学校主管部门提出申请,报国家教育委员会审批。普通高等学校名称应保持基本稳定,一般不要更改。同时,也可依据1993年的《普通高等学校申请更改名称问题的规定》的规定。

值得注意的是,对于民办高等学校的变更,根据《民办教育促进法》的规定,民办学校的分立、合并,在进行财务清算后,由学校理事会或者董事会报审批机关批准。民办学校举办者的变更,须由举办者提出,在进行财务清算后,经学校理事会或者董事会同意,报审批机关核准。民办学校名称、层次、类别的变更,由学校理事会或者董事会报审批机关批准。由此可见,民办高等学校的变更在审批之前,包括变更和消灭都要进行清算,财务清算是变更的前提条件,不经过清算程序,不能发生预算中的变更,预算包括自行清算和他人清算,学校的预算主要是自行清算,即清算主体自己组织的清算活动。

(三)变更的核准

对学校的设立应从严审批,而对于学校的变更,如果是实质性变更则应采取和设立一样的审批程序,而对于非实质性变更,则应采取核准或备案的方式。章程的修改,应当报原审批机关核准;学校的名称、住址发生变更的或学校主要负责人发生变更的,应报主管机关备案。

三、高等学校的终止

(一)学校终止的情形

近年来,随着民办教育的快速发展,民办学校之间的竞争越来越激烈,强者胜出弱者退,因种种情况,一些民办学校被迫终止办学。对于民办高等学校的终止,根据《民办教育促进法》五十六条的规定,民办高等学校有下列情形之一的,应当终止:

(1)根据学校章程规定要求终止,并经审批机关批准的。在民办高等学校的章程中应包括学校终止条件。比如有些民办高等学校的设立就是为了特定的目的、任务,当这些任务完成后,学校就没有存续的必要了。再比如有的民办高等学校在章程中设定了办学期限,当期限已满,举办者不再申请办学。必须强调的是,民办高等学校的终止不同于企业的终止,企业终止只要向登记机关办理注销登记并公告就可以了。而民办高等学校的终止,不能简单地由举办者决定。民办教育是社会公益事业,民办学校的活动涉及社会公共利益和学生的利益。民办学校的设立需要严格审批,对其终止也要经过审批部门的审批。

(2)被吊销办学许可证的。这是民办高等学校因违反法律、法规的规定而被终止的情况。民办高等学校被依法吊销办学许可证,当然就不能再从事教育教学活动。因此,该民办高等学校应当终止。依照《民办教育促进法》法律责任的规定,当民办学校出现:①擅自分立、合并的;②擅自改变民办学校名称、层次、类别和举办者的;③发布虚假招生简章或者广告,骗取钱财的;④非法颁发或者伪造学历证书、结业证书、培训证书、职业资格证书的;⑤管理混乱严重影响教育教学,产生恶劣社会影响的;⑥提交虚假证明文件或者采取其他欺诈手段隐瞒重要事实骗取办学许可证的;⑦伪造、变造、买卖、出租、出借办学许可证的;⑧恶意终止办学、抽逃资金或者挪用办学经费的等八种情况,情节严重的,可以被吊销办学许可证。

(3)因资不抵债无法继续办学的。当民办高等学校出现客观上没有足够的资产来清偿债务,致使学校无法维持正常运转时,人民法院可根据债权人或债务人的申请,依法宣告其终止。民办高等学校经人民法院宣告终止后,学校应当停止教育教学活动。

(二)终止的审批

和高等学校的设立一样,我国《高等教育法》规定,学校的终止应当由原审批机关审批。

对于民办高等学校的终止,必须进行清算,终止的民办学校的财产清算应遵循一定的顺序:

首先,应退受教育者学费、杂费和其他费用。《民办教育促进法》规定民办学校依法保障受教育者的合法权益,在终止时,应当妥善安置在校学生,所以法律将所欠受教育者学费、杂费和其他费用列为清偿的第一顺序。

其次,应发放给教职工的工资及应缴纳的社会保险费用。教职工工资和社会保险费用直接关系到教职工的生活和养老、医疗、失业等保障问题,涉及教职工的切身利益。按照国家规定,为教职工缴纳一定比例的社会保险费,是民办学校应尽的义务。民办学校在终止时,对民办学校在终止前未按规定缴纳的教职工社会保险费用,应当从学校的财产中优先支付。

最后,应当偿还其他债务。这是保护债权人的合法权益。作为要终止的高等学校,清算结束了,债务清偿了,剩余财产也处理完了,还要进行的一个程序就是由审批机关收回办学许可证,并注销登记。这些程序完成后,就表明这个高等学校已不再具备办学的民事主体资格,不得再以该高等学校名义从事任何教育教学活动。

另外,值得说明的是:非营利性民办学校清偿上述债务后的剩余财产继续用于其他非营利性学校办学;营利性民办学校清偿上述债务后的剩余财产,依照公司法的有关规定处理。

第四节 高等学校的管理体制

一、高等学校章程

(一)章程的含义

《现代汉语词典》(第七版)解释为:“章程,书面写定的组织规程或办事条例。”根据《辞海》,章程的含义如下:①历数和度量衡的推算法式。②制度,法规;程式,规定。③用书面形式规定的关于一定的组织及其他重要事项的文件。国家机关颁发的章程,是法规的一种,具有法律效力。政党、社会团体制定的章程,是规定本组织内部关系的规范性文件。企事业单位根据业务需要制定的章程,是具有组织规程或办事条例等性质的规定。

显然从高等学校章程是高等学校依法自主管理的根本依据来看,高等学校章程属于章程的第三种解释,是高等学校这一社会团体规定本组织内部事务的一种共同遵守的文件,内容一般包括本组织的性质、纲领、任务、组织原则和机构、成员权利和义务等,是高等学校内部管理的制度安排、组织规程。以此为基础,我们应当把高等学校章程与其他两种章程区别开来。

首先,高等学校章程并不是政府部门制定的具有法律法规性质的“章程”,如清末制定的《钦定学堂章程》,中华人民共和国成立后政务院1950年批准发布的《高等学校暂行规程》《专科学校暂行规程》等。它们的制定主体是政府或政府教育主管部门,带有法律法规的性质,具有强制性,制定的目的是实现政府对学校的全面管理,而不是高等学校的自主管理,内容比较全面,涉及学校工作的主要方面,但对具体工作的规定又很简略和概括。

其次,高等学校章程不是业务性质的具体的规章制度。业务性质的具体的规章制度是一种办事条例,规定针对具体事项如何办理,十分具体而繁杂,而且因时因事制定和修改,变更比较频繁。

所以,通过以上区分,高等学校章程自然就是一种特指,仅仅指高等学校自主制定的关于学校性质、宗旨和内部管理体制的文件，它是高等学校内部管理的根本依据，是高等学校的“基本法”，并非泛指所有与高等学校管理有关的规章制度。高等学校以自己的章程管理自身，全面把握学校的发展。

总而言之，高等学校章程是指为保证学校教育教学活动的正常运行，主要就办学宗旨、学校内部管理体制、财产管理与处置等重大的、基本的问题做出全面规范而形成的自律性的基本文件。1999 年，教育部在《关于加强教育法制建设的意见》中指出：“各级各类学校特别是高等学校要提高依法管理的法律意识，依据法律、法规的规定，尽快制定、完善学校章程，经主管教育行政部门审核后，按章程依法自主办学。”

根据 2011 年 11 月 28 日以教育部第 31 号令的形式颁发的《高等学校章程制定暂行办法》第三条，章程是高等学校依法自主办学、实施管理和履行公共职能的基本准则。高等学校应当以章程为依据，制定内部管理制度及规范性文件、实施办学和管理活动、开展社会合作。所以，高等学校的章程要严格按照“办法”来制定，制定后并严格按照章程推进学校的各项工作进行。

“办法”规定，高等学校应当公开章程，接受举办者、教育主管部门、其他有关机关以及教师、学生、社会公众依据章程实施的监督、评估。

（二）高等学校章程的地位

1. 从大学章程设立的法理依据来看

(1)高等学校章程的设立已经得到我国《教育法》的确认。

教育法是章程制定的根本法律依据。教育法实质上是由国家制定或认可并由国家强制力保证实施的调整和规定教育活动或教育关系的系统的行为规则。《教育法》是我国教育活动的根本法，是约束、调整教育活动的基础性规范。该法第二十七条规定，“设立学校及其他教育机构，必须具备下列基本条件——有组织机构和章程”。这明确地确立了章程作为学校成立基本条件的法律地位。与此规定相一致，作为专门调整高等教育领域的专门法《高等教育法》第二十七条规定，“申请设立高等学校的，应当向审批机关提交下列材料……(三)章程”。从法律位阶上看，高等教育法规和章程是“上位法”和“下位法”的关系。这既说明了章程的合法来源，同时决定了学校章程和《高等教育法》是从属关系、一般和特殊的关系。其分别体现在内容、调整对象两个方面。从内容上看，章程的内容不能违背《高等教育法》，否则，将失去效力。其次，章程的具体内容受制于教育法。章程的内容分为绝对必要记载事项、相对必要记载事项和任意记载事项。大学章程的这一法律地位，也是世界上许多国家立法的通例。《俄罗斯联邦教育法》规定，创办人创办教育机构，应提交“教育机构章程”等文件。日本《学校教育法施行规则》也规定，学校设置者在申请时，其申请书或申报书必须附加记载“校章”等事项的文件。一些西方国家的大学章程都是根据中世纪大学的特许状而建立的，法国《高等教育方向指导法》规定，公立科学文化性机构及其所属教育与科研单位，依据本法及其实施法令的规定，确定各自的章程。另外，教育行政关系是由行政法调整的教育行政机关在行使其教育行政管理职能的过程中发生的各种社会关系的总称。在这种关系中，双方的地位不对等，教育行政部门是行政人，高校是行政相对人。它们之间是隶属关系，高校处于被管理的角色。但是，一旦出现纠纷，高校在诉讼中处于主动地位，可以依照《行政诉讼法》提起诉讼。因此，行政法也是学校章程制定依据之一。

(2)大学章程不是一般的管理制度，在高校拥有“宪法”般的效力。

高校内部管理制度是由大学章程和其他制度构成的多层次体系，大学章程在这一体系中居于统领地位，是制定其他具体规章制度的依据和准则。在学校管理体系中，处于“母法”的位置，一般规章制度是“下位法”，处于“子法”的地位。章程是一般规章制度制定的依据，一般规章制度是章程的具体化。一般规章制度的内容，不能与章程相违背，否则，归于无效。

(3)学校章程是连接国家法律法规和学校内部管理规则的桥梁。

《教育法》第二十九条规定，“学校及其他教育机构行使下列权利……按照章程自主管理”。这从法律上确认了章程是学校管理的唯一依据，而不再像以前那样，依照国家的政策、有关政府部门的条例等。章程一旦获得教育行政部门的核准和审批，章程中规定的内容，不仅对学校内部人员和机关产生约束力，对学校外部有关的行政机关及社会团体都具有约束力。关于违背章程、而不违背法律的事件，学校可以根据章程的规定自行处理。当然，一旦违背法律，自然会导致司法的介入。

2. 从章程在高校自身管理中的作用看

(1)大学章程是依法治校的基础，是学校成立的要件。

依法治校是依法治国的重要组成部分，是大学管理现代化的一个重要标志和必然趋势，制定大学章程是依法治校的重要环节，是大学自主管理、依法治校的法律基础。依法治校就是按照法的模式、法的精神、法律条规来治理学校。大学章程作为大学精神的集中体现和大学行为的总的规范，实际是法的治理模式、法的精神和法律条规在一所大学的进一步延伸和具体化、个性化。大学章程要对学校制度、学校结构和学校机构做出规定，这些规定不仅是学校具体管理制度的根据，也是衡量学校是否依法办学的主要基础。只有使学校的决策和工作方式转变到以大学章程为依托的轨道上来，才能避免以言代法和以罚代法的现象，使大学在法律、法规、规章赋予的权力范围内履行法定的责任和义务。随着我国法治化进程的加快以及个体权利意识的增强，高校管理过程中不可避免地出现新旧价值的碰撞和权力的冲突，所以如何划分学校内部权益，满足各自的价值取向将成为我国高校发展必须解决的问题，而章程就是明确学校内、外部权利义务的规章制度。我国的管理者也意识到了这一点，在《教育法》《职业教育法》《高等教育法》《民办教育促进法》等法律中都明确规定了章程是学校成立的基本要件，并在《国家教委关于实施〈中华人民共和国教育法〉若干问题的意见》中指出，“各级各类学校及其他教育机构，原则上应实行‘一校一章程’，《中华人民共和国教育法》施行前依法设立的学校及其他教育机构，凡未制定章程的，应当逐步制定和完善学校的章程，报主管教育行政部门核准”。

（2）大学章程是民主管理的条件，是学校运行的必要规范。

大学章程是大学中的“宪法”，统领着大学中各类规章制度，是实现大学民主管理的条件。民主管理既是我国民主政治的内在要求又是大学管理决策的价值取向。只有民主的管理才能保障管理主体和管理对象、学校与教师、学生间的权利和义务，确保校园内不同的人群、不同的利益主体的合法权益得到尊重和关注，从而调动他们的积极性和创造性，提高办学效率和效益，促进学校的发展。同时，学校的运行，首先应遵守法律、法规和行政规章等外部规范。外部规范规定了学校这一主体必须做什么、可以做什么和禁止做什么。学校本身是一个法律“拟制”主体，它的行为必须落实到组织内的具体人员身上才有意义。国家法律只决定社团、法人可以干什么事，而社团和法人章程所调整的独特内容是决定由哪些人去干这些事，学校章程不仅是一个“责任到人”的细化过程，更是一个从学校立法共性到学校个性的确认。

（3）大学章程是学校内部各项规章的基础，是自主办学的条件。

任何的管理都离不开规章制度，大学更是如此。大学规章制度是大学决策机构依据法律、法规的规定，在其办学自主权范围内制定的管理规范。其中，大学章程是大学根据法律法规制定的，是关于大学的办学宗旨、内部管理体制等重大问题的规范性文件，而其他的各项规章制度是大学根据法律法规和大学章程规定的权限和范围，制定的大学内部具体管理文件。大学章程具有很强的原则性、可操作性和指导性，是对学校重大的、基本问题做出的明确规定，对一般问题做出的原则规定。大学章程为其他各项内部规章制度提供基本的法律依据，规定大学内一般规章制度建设的方向和价值选择。其他规章制度只就大学的局部问题或局部问题的某一方面做出规范，一般只是具有针对性，对象明确，如校园管理制度、学籍管理制度、学校卫生管理制度等。大学章程是大学的“宪法”，比大学的一般规章制度更具有权威性和约束力，是学校内部各项规章制度的基础。发达国家的大学几乎都有自己的章程，大学章程是他们成立的基础，决定了他们依法治校的权力范围，是他们自主办学的依据，直接体现大学法人的意志。我国的大学章程是在我国法律、法规及相关规章制度的前提下，由教育行政部门监督，并在教育部门备案，虽然还没有通过国家立法程序上升为法律，但也具有推定的效力。不但对学校内部，还对教育行政主管部门、家长以及其他社会各界具有一定的约束力，是学校自主办学、学术自治的基本保证。

3.从大学章程对大学外部关系的作用看

（1）正确调整国家、大学与社会的需要。

要正确和合理地对公立大学内、外部教育主体的利益关系加以调整和分配，只有通过大学章程的形式予以规范。在规范内部关系方面，明确投资者、管理者和举办者之间的权利(力)、责任和义务,确认、保护和形成有效的学校领导体制及运行机制,从而使公立大学的章程不仅成为调整政府与学校关系的有效制度途径,而且也确保公立大学根据其自身的发展以确立其“自治”的办学性质;在外部关系方面,明确公立大学与社会其他经济主体之间的权利与义务,从而使公立大学作为法人独立承担法律义务和责任。因此,在上述各种法律关系中,大学必须按照章程实施管理,依法治校。

(2)大学章程是举办者、投资人对学校进行监控、监督的手段。

对于民办大学来讲,举办者一旦把自己的财产投入学校,就不再有处置权,民办大学作为独立的法律主体,可以在法律规定的范围内自主地行使法人财产权,对此,《民办教育促进法》有明确规定。那么,学校的举办者通过什么途径来监控学校的办学者,以保证自己的利益不受损害呢? 这个途径就是学校章程。

(三)高等学校章程的内容

根据《高等学校章程制定暂行办法》规定,我国高等学校的章程应当载明以下内容:

(1)学校的登记名称、简称、英文译名等,学校办学地点、住所地;

(2)学校的机构性质、发展定位,培养目标、办学方向;

(3)经审批机关核定的办学层次、规模;

(4)学校的主要学科门类,以及设置和调整的原则、程序;

(5)学校实施的全日制与非全日制、学历教育与非学历教育、远程教育、中外合作办学等不同教育形式的性质、目的、要求;

(6)学校的领导体制、法定代表人,组织结构、决策机制、民主管理和监督机制,内设机构的组成、职责、管理体制;

(7)学校经费的来源渠道、财产属性、使用原则和管理制度,接受捐赠的规则与办法;

(8)学校的举办者,举办者对学校进行管理或考核的方式、标准等,学校负责人的产生与任命机制,举办者的投入与保障义务;

(9)章程修改的启动、审议程序,以及章程解释权的归属;

(10)学校的分立、合并及终止事由,校徽、校歌等学校标志物、学校与相关社会组织关系等学校认为必要的事项,以及本办法规定的需要在章程中规定的重大事项。

(四)高等学校章程的制定和修改

1.学校章程的制定

学校章程的制定涉及制定依据、制定原则、制定的主体和程序三个问题。

学校章程的制定依据包括法律依据和现实依据。法律是由国家制定或认可、由国家强制力保障实施的国家意志,是各社会主体行为的基本规范,也是制定学校章程的直接依据。此处的法律指《教育法》《高等教育法》等。现实依据是指学校所处的客观实际，依照学校的实际情况来制定学校章程。

依据《高等学校章程制定暂行办法》第四条，高等学校制定章程应当以中国特色社会主义理论体系为指导，以宪法、法律法规为依据，坚持社会主义办学方向，遵循高等教育规律，推进高等学校科学发展；应当促进改革创新，围绕人才培养、科学研究、服务社会、推进文化传承创新的任务，依法完善内部法人治理结构，体现和保护学校改革创新的成功经验与制度成果；应当着重完善学校自主管理、自我约束的体制、机制，反映学校的办学特色。

(1)起草章程。根据《高等学校章程制定暂行办法》第十六条，高等学校应当按照民主、公开的原则，成立专门起草组织开展章程起草工作。

章程起草组织应当由学校党政领导、学术组织负责人、教师代表、学生代表、相关专家，以及学校举办者或者主管部门的代表组成，可以邀请社会相关方面的代表、社会知名人士、退休教职工代表、校友代表等参加。根据《高等学校章程制定暂行办法》第十七条、十八条的规定，高等学校起草章程，应当深入研究、分析学校的特色与需求，总结实践经验，广泛听取政府有关部门、学校内部组织、师生员工的意见，充分反映学校举办者、管理者、办学者，以及教职员工、学生的要求与意愿，使章程起草成为学校凝聚共识、促进管理、增进和谐的过程。章程起草过程中，应当在校内公开听取意见；涉及关系学校发展定位、办学方向、培养目标、管理体制，以及与教职工、学生切身利益相关的重大问题，应当采取多种方式，征求意见、充分论证。

根据《高等学校章程制定暂行办法》第十九条，起草章程，涉及与举办者权利关系的内容，高等学校应当与举办者、主管教育行政部门及其他相关部门充分沟通、协商。第二十条、二十一条、二十二条规定，章程草案应提交教职工代表大会讨论，学校章程起草组织负责人，应当就章程起草情况与主要问题，向教职工代表大会做出说明；章程草案征求意见结束后，起草组织应当将章程草案及其起草说明，以及征求意见的情况、主要问题的不同意见等，提交校长办公会议审议；章程草案经校长办公会议讨论通过后，由学校党委会讨论审定；章程草案经讨论审定后，应当形成章程核准稿和说明，由学校法定代表人签发，报核准机关。

(2)章程核准与监督。《高等学校章程制定暂行办法》第二十三条规定，地方政府举办的高等学校的章程由省级教育行政部门核准，其中本科以上高等学校的章程核准后，应当报教育部备案；教育部直属高等学校的章程由教育部核准；其他中央部门所属高校的章程，经主管部门同意，报教育部核准。

章程报送核准应当提交以下材料：①核准申请书；②章程核准稿；③对章程制定程序和主要内容的说明。

核准机关应当指定专门机构依照本办法的要求，对章程核准稿的合法性、适当性、规范性以及制定程序进行初步审查。审查通过的，提交核准机关组织的章程核准委员会评议。

章程核准委员会由核准机关、有关主管部门推荐代表，高校、社会代表以及相关领域的专家组成。

2. 章程的修改

核准机关应当自收到核准申请2个月内完成初步审查。涉及对核准稿条款、文字进行修改的，核准机关应当及时与学校进行沟通，提出修改意见。

有下列情形之一的，核准机关可以提出时限，要求学校修改后，重新申请核准：①违反法律、法规的；②超越高等学校职权的；③章程核准委员会未予通过或者提出重大修改意见的；④违反本办法相关规定的；⑤核准期间发现学校内部存在重大分歧的；⑥有其他不宜核准情形的。

学校章程的修改，涉及修改的主体和程序两方面的问题，其中修改的主体又涉及修改建议提出主体和修改建议表决主体。

根据学校章程的性质和我国学校教育的实际情况，提出修改章程的建议主体应该包括所有受学校章程规范或影响的主体，具体包括学生、教职员工、学校的办学者和其他社会公众。修改章程的表决主体如同章程的制定主体一样，理论上讲应该是学校举办者，或是举办授权的主体，或者是能够代表举办者利益和意志的其他主体。另外，表决还存在一个表决生效的问题，需要在章程制定时予以明确。

学校章程的修改必须遵守社会的秩序和道德，学校章程的修改程序不得违背法律的禁止性规定，不能规避法律规定的强制性义务，不能损害捐资人和受教育者的利益。

学校章程的修改程序包括：提出修改章程的提议；将提议修改的内容提前通知有权主体；有权主体讨论表决；及时报送审批。原章程修改后，学校就将原章程和修改本一并报审批机关批准，经核准机关核准的章程文本为正式文本，批准之日为修改后章程的生效之日。高等学校应当以学校名义发布章程的正式文本，并向本校和社会公开。

高等学校发生分立、合并、终止，或者名称、类别层次、办学宗旨、发展目标、举办与管理体制变化等重大事项的，可以依据章程规定的程序，对章程进行修订。高等学校章程的修订案，应当依法报原核准机关核准。章程修订案经核准后，高等学校应当重新发布章程。

二、高等学校管理体制的类型

高等学校的管理体制是指高等学校内部的领导管理制度、组织机构设置及其职责范围和相互关系的根本组织制度。《高等教育法》第三十九条规定，国家举办的高等学校实行中国共产党高等学校基层委员会领导下的校长负责制。中国共产党高等学校基层委员会按照中国共产党章程和有关规定，统一领导学校工作，支持校长独立负责地行使职权，其领导职责主要是：执行中国共产党的路线、方针、政策，坚持社会主义办学方向，领导学校的思想政治工作和德育工作，讨论决定学校内部组织机构的设置和内部组织机构负责人的人选，讨论决定学校的改革、发展和基本管理制度等重大事项，保证以培养人才为中心的各项任务的完成。社会力量举办的高等学校的内部管理体制按照国家有关社会力量办学的规定确定。而根据《民办教育促进法》的规定，民办高校实行董事会领导下的校长负责制。

（一）党委领导下的校长负责制

1. 国家举办的高等学校内部管理体制的历史沿革

我国的高校内部管理体制，自中华人民共和国成立以来，经历了几次变更。1950年到1956年实行校长负责制，1956年到1966年实行党委领导下的以校长为首的校务委员会负责制，1971年到1976年实行党委“一元化”领导体制，1978年到1985年实行党委领导下的校长分工负责制，1985年开始试行校长负责制，1989年以后主要实行党委领导下的校长负责制。尽管在不同时期高等学校实行过不同形式的内部管理体制，但它们的共同点是在不断加强和改善党对高等学校的领导。

2. 高等学校党委的职责

> **拓展内容**
> 高等学校党委的主要职责

《中国共产党普通高等学校基层组织工作条例》规定：“高校实行党委领导下的校长负责制。高校党的委员会全面领导学校工作，支持校长按照《中华人民共和国高等教育法》的规定积极主动、独立负责地开展工作，保证教学、科研、行政管理等各项任务的完成。”高等学校设立党的基层委员会（以下简称党的委员会）。党的委员会由党员大会或党员代表大会选举产生，任期四年。党的委员会对党员大会或党员代表大会负责并报告工作。

3. 高等学校校长的法律地位

《高等教育法》第三十条规定：“高等学校自批准设立之日起取得法人资格。高等学校的校长为高等学校的法定代表人。”应该说，这个对高等学校及学校校长法律地位的规定对高等学校的发展具有重要意义。

《民法典》第六十一条规定：“依照法律或者法人章程的规定，代表法人从事民事活动的负责人，为法人的法定代表人。”也就是说，法定代表人是指法人的主要行政负责人。通俗地讲，企业的厂长、经理、国家行政机关的行政一把手就是法定代表人。

总之，高等学校校长作为学校的法定代表人，是学校最高行政负责人，符合相关的法律规定及相关条件。但我们对此的理解不能仅仅停留于法律层面上，高等学校校长法律地位的规定无论是对高等学校的管理，还是推动高等学校发展，无疑都具有重要意义，对推进依法治校和现代学校制度建设具有积极作用。如果仅仅把高等学校校长理解为学校的法人代表，就会在无形中大大削弱校长在高等学校发展中的作用。

4. 高等学校校长的职责

依照《高等教育法》第四十一条的规定，高等学校的校长全面负责本学校的教学、科学研究和其他行政管理工作，行使下列职权。

(1)拟订发展规划，制订具体规章制度和年度工作计划并组织实施；

(2)组织教学活动、科学研究和思想品德教育；

(3)拟订内部组织机构的设置方案，推荐副校长人选，任免内部组织机构的负责人；

(4)聘任与解聘教师以及内部其他工作人员，对学生进行学籍管理并实施奖励或者处分；

(5)拟订和执行年度经费预算方案，保护和管理校产，维护学校的合法权益；

(6)章程规定的其他职权。

从本质上讲，“党委领导下的校长负责制”的内涵是一个“集体领导”与“个人负责”的关系。贯彻落实这个领导体制核心是要处理好“党委集体领导”与“校长个人负责”二者的关系，使二者既协调融洽，又职责明确。校长负责是落实党委领导的关键，“党委领导”要靠“校长负责”来落实。所以从权限功能上划分，党委享有“决策权”，负有重大问题、重大事项的决策责任和学校全局工作的领导责任；校长享有“执行权”，对党委的决议负有实施责任，对党委领导负有行政落实责任。

（二）董事会领导下的校长负责制

根据《民办教育促进法》第二十条规定，民办学校应当设立学校理事会、董事会或者其他形式的决策机构，并建立相应的监督机制。

学校理事会或者董事会由举办者或者其代表、校长、教职工代表等人员组成。其中三分之一以上的理事或者董事应当具有五年以上教育教学经验。学校理事会或者董事会由五人以上组成，设理事长或者董事长一人。理事长、理事或者董事长、董事名单报审批机关备案。

学校理事会或者董事会行使下列职权：①聘任和解聘校长；②修改学校章程和制定学校的规章制度；③制订发展规划，批准年度工作计划；④筹集办学经费，审核预算、决算；⑤决定教职工的编制定额和工资标准；⑥决定学校的分立、合并、终止；⑦决定其他重大事项。其他形式决策机构的职权参照本条规定执行。

依照《民办教育促进法》的规定，民办学校校长负责学校的教育教学和行政管理工作，行使下列职权：①执行学校理事会、董事会或者其他形式决策机构的决定；②实施发展规划，拟订年度工作计划、财务预算和学校规章制度；③聘任和解聘学校工作人员，实施奖惩；④组织教育教学、科学研究活动，保证教育教学质量；⑤负责学校日常管理工作；⑥学校理事会、董事会或者其他形式决策机构的其他授权。

董事会领导下的校长负责制既确立了董事会在民办高校“举办者”的领导地位，也确立了校长在民办高校"管理者"的法律地位。董事会是学校的决策机构，它的领导地位通过授权体现，既具有权威性，又具有超脱性，举办者既可以选择亲自或委派代表参加学校决策机构，直接参加学校的管理活动，也可以不直接参与学校的管理，而是通过学校章程确定自己的利益。校长执行董事会决定并全面负责学校的教学、财务及其他行政管理工作，校长是学校内部全面管理工作的设计者和操作者，"董事会领导下的校长负责制"的真实含义应为"董事会授权下的校长负责制"。董事长、理事长、校长谁担任法定代表人应由民办学校的章程确定，董事会与校长应当依据学校章程规定的权限与程序，参与学校的办学与管理活动。

三、高等学校的学术委员会

《高等教育法》第四十二条规定，高等学校设立学术委员会，审议学科建设、专业设置，教学、科学研究计划方案；评定教学、科学研究成果等有关学术事项。

高等学校学术委员会是学校中最高的审理机构，学术权威是通过学术委员会来发挥作用的。所有的大学在形式上都建立了学术委员会，以促进全校学术水平的提高为宗旨。

> **拓展内容**
>
> 高等学校学术委员会的主要职责

高等学校学术委员会一般由高等学校各有关学科、专业的资深专家、教授组成，是由校长根据任职条件和学术委员会组成人选名额，从学校各学科学术带头人及相关职能部门负责人中提名，经校党委会议通过，并由校长聘任。

四、高等学校的教职工代表大会

《学校教职工代表大会规定》第一条规定："为依法保障教职工参与学校民主管理和监督，完善现代学校制度，促进学校依法治校，依据教育法、教师法、工会法等法律，制定本规定。"《高等教育法》第十一条规定，高等学校应当面向社会，依法自主办学，实行民主管理。以教师为代表的高等学校教职工代表大会是教职工行使民主权利、参与民主管理的一种重要形式。《高等教育法》第四十三条规定，高等学校通过以教师为主体的教职工代表大会等组织形式，依法保障教职工参与民主管理和监督，维护教职工合法权益。

教职工代表大会是学校实行民主管理和民主监督的基本形式，它不仅仅是教职工切身利益的代表，要维护教职工的合法权益，它更重要的责任是全力支持校长依法行使职权，并团结全体教职工在校长的领导下，积极投入教育改革和教育实践。同时，教职工代表大会对学校工作、校长及各级领导实行民主监督，也是保障学校发展的必不可少的职责。教职工代表大会还要主动引导教职工正确处理国家、集体、个人三者之间的利益关系。教职工代表大会的组织原则是民主集中制。

第二章

高等学校教师法律制度

教师是教育教学活动的直接实施者，也是国家教育责任的具体承担者，在高等教育中，维护高等教育教师的合法权益非常重要。本章主要讲述了高等教育学校教师的法律地位和职业特征、教师的权利和义务。另外还介绍了教师管理制度中的三项重要制度：教师资格制度、教师职称制度和教师聘任制度。

第一节　高等学校教师的法律地位与职业特征

教师的法律地位，是指以法律形式规定的教师在各种社会关系中的位置。这主要涉及教师的法定身份、教师法律关系的特征以及法律规定的教师权利、义务等问题。教师的法律地位也是教师社会地位的具体体现。要加强教师队伍建设，提高教师的社会地位，就要依法保护教师的法律地位。

一、高等学校教师的法律地位

（一）高等学校教师法律地位的历史演变

中华人民共和国成立以来，随着我国教育体制的形成和变化，教师法律地位的演变大致分为以下几个阶段：

中华人民共和国成立后，我国初步确立了自上而下的教育行政管理体系，制定了一系列教育管理制度，建立了高度集中统一的教育行政体制。在与计划经济相适应的教育国家高度一体化的体制下，高等学校作为事业单位，是政府的延伸，教师与学校间的关系实质是教师与国家的关系，是一种以权利服从为特点的行政隶属关系。教师享有国家公务员享有的一般权利，并履行公务员必须履行的一般义务。(1)教师的职务实行单方面的行政任命，其职务的确认和提升须报行政机关审批；(2)教师调动纳入国家干部人事计划，需经过行政机关审批；(3)教师的工资待遇根据其职务级别所对应的干部级别标准对待；(4)教师作为国家工作人员，无法定事由，学校不能单方面辞退，与此同时，教师人事关系的转移和调动，须经学校批准。在这种人事制度下教师职业并不是一个专门的社会职业，而是与其他社会职业一起并称为“国家工作人员”或“干部”，是一个以国家编制为标准、依法从事国家公务的群体。教师的工作接受国家的指导和监督，由国家保障其权利和利益，享有职业和教师身份的保证。

20世纪80年代以来我国开始实行新的国家公务员制度，对国家机关中行使国家权力、执行国家公务的人员依法进行科学管理。新的国家公务员制度把原先的“国家工作人员”中的一部分，即“国家机关中行使国家权力、执行国家公务”的这一部分人员分离出来。《国家公务员暂行条例》(2006年废止)规定，公务员是“各级国家行政中除公勤人员以外的工作人员”。在这种情况下，如何确定教师的身份和法律地位，如何设置教师的权利和义务，以及如何处理政府、学校与教师三者之间的关系就成了法律直接面对的一个问题。

由于教师承担教书育人、培养社会主义事业建设者和接班人、提高民族素质的使命,因此,全社会都应当尊重教师。教师的平均工资应不低于或者高于国家公务员的平均工资水平,并逐步提高。这就在法律上确立了教师作为一个专业人员所具有的政治地位、经济地位、职业声望,从而在一定程度上确立了教师的法律地位。

(二)我国高等学校教师的现实法律地位

1. 关于教师身份的法律规定

我国《教师法》第三条明确规定了教师的身份:"教师是履行教育教学职责的专业人员。"教师是专业人员,就是说教师必须具备专门的资格,符合特定的要求。教师要成为专门的职业必须符合以下几条标准:第一,经过长期的训练(通常为4~5年),掌握系统的理论知识和教育教学的基本技能和技术;第二,具有专业自主权,即教师在教育教学活动中对其业务领域内问题的处理是根据其高度的专业素养而做出的明智判断和选择;第三,为社会提供重要服务,即教师对全民教育目标的实现、国民素质的提高、缓解人类生存和发展中面临的问题具有举足轻重的作用;第四,以献身精神为核心的教师职业伦理规范;第五,实行教师资格制度;第六,有完善系统的在职进修制度;第七,有教师自己的专业自治组织。根据现代教师的职业特性,我们可以说,教师是一门专门职业,高校教师是从事高等教育事业的专业人员。

2. 关于教师法律关系特征

教师要履行教书育人的职责,为社会培养人才,不仅要和学生发生关系,也要和其他方面发生关系。要确保教师履行职责、促进教育事业的协调发展,就要运用包括法律规范在内的各种社会规范来对教师的社会关系加以调整。以法律规范调整的关系称其为教师法律关系。从这些具有不同特征的法律关系中,可以进一步认识教师的法律地位。

(1)教师与政府的关系。教师与政府这一法律关系的主体一方是履行教育教学职责的专业人员,另一方是行使国家行政权的政府部门。从我国现行的法律规定来看,教师与政府的关系是由教育行政法律规范调整的教育行政关系。政府部门作为关系的一方占据着主导地位,教师则处于服从地位。政府部门与教师发生关系时以国家名义出现并行使广泛的职权。如对教师资格的认定权、分配调动权、教育教学评估监督权、培训权、职务评审权和工资待遇决定权等。当然在这一关系中,教师也依法享有批评、建议、申诉和控告等监督权。由于政府部门有法定的管理教师的职权,在教师不履行义务时,可以强制其履行。而政府部门不履行职责时,教师只能请求其履行或通过向有关国家机关提出申诉或诉讼的方式解决。因此说,教师与政府的关系具有不对等性,是具有纵向隶属性特征的法律关系。政府部门所采取的与教师有关的行政行为,都不可避免地对教师产生直接或间接的促进或制约作用。

(2)教师与高校的关系。教师与高校的关系也是教师法律关系的一种主要关系。在教师和高校的关系中有两种法律关系是并存的:一是在某种意义上说,教师与高校具有一定成分的教育行政法律关系；二是基于双方地位平等的聘任合同的教育民事法律关系。也就是说，教师与高校的关系既有纵向性的关系，也有横向性的关系。

教师与学校的教育行政法律关系的主体一方学校，虽然不是国家的行政机关，但由于法律的某种授权，教师与学校的关系也构成为带有教育行政性质的特点。这一法律关系主要表现在：学校要完成教育工作任务，必须对教师进行有效的管理，对教师的教育教学活动进行有效的指挥和协调。学校对教师有权进行考核、表彰、奖励和惩罚。当然学校的主要工作是教学活动，教师所进行的教学活动有自己的专业性。教学工作需要教师的主动性和创造性。由于学生存在个性差异，这不是学校的行政领导所能确定得了的。教师为了搞好教学工作还需要搞好科学研究。教学和科研活动都需要一个宽松和谐而且心情舒畅的环境。所以，作为这一关系主体一方的学校要尊重知识、重视人才，在实际工作中不能用简单的行政命令的方式管理教师。与此同时，对作为另一方主体的教师来讲，不仅有依法服从学校管理、依法履行义务的责任，而且还有通过各种途径和方式对学校的教育教学、管理工作提出意见和建议的民主管理监督的权利。学校必须依法接受监督。教师对学校侵犯其合法权益的行为有申诉、控告和检举的权利。

教师与学校的教育民事法律关系主要是双方主体基于平等地位而发生的横向关系。从目前来看，我国逐步实行聘任制。聘任制是聘任双方在平等自愿的基础上，由学校根据教育教学设置的工作岗位聘请具有教师资格的公民担任相应的教师职务的一项制度。聘任制体现出明显的教育民事法律关系的特征。按照《教师法》第三条规定："教师是履行教育教学职责的专业人员。"教师聘任制的本质就是学校与教师建立劳动合同关系，劳动合同关系是教师与学校法律关系的基础。《中华人民共和国劳动法》(以下简称《劳动法》)第二条规定："在中华人民共和国境内的企业、个体经济组织和与之形成劳动关系的劳动者，适用本法。国家机关、事业单位、社会团体和与之建立劳动合同关系的劳动者，依照本法执行。"应该指出，有关教育法律、法规条文规定，教师与学校具有平等的民事关系。《教育法》明确规定："学校和其他教育机构应当逐步实行教师聘任制。教师的聘任应当遵循双方地位平等的原则，由学校和教师签订聘任合同，明确规定双方的权利、义务和责任。"由此看来，教师和学校的法律关系具有平等的民事关系。

(3)教师与学生的关系。教师与学生的关系是以教师为一方主体的教育法律关系中最常见的关系。严格意义上说，教师与学生的关系是教育和受教育、管理和被管理的某种纵向性的法律关系。在这一关系中作为一方主体的教师有开展和组织教育教学，向学生提问、测验和布置作业，指导学生的学习和发展，评定学生的学业成绩等教育教学和指导管理权。同时，教师遵守宪法、法律和职业道德，对学生进行思想政治教育，关心爱护学生，对学生一视同仁。尊重学生的人格，不得体罚、变相体罚，不得侮辱、漫骂学生，不得泄露学生隐私。教师要尊重学生的个性发展，促进学生在品德、智力、体质等方面全面发展。作为这一法律关系另一方主体的学生不仅有受教育的权利还有受教育的义务。学生要接受教师依法进行的教育和管理，并且要遵守法律、法规，遵守学校行为规范，尊敬师长，努力完成规定的学习任务。同时，学生也有在学业成绩和品行上得到教师公平评价的权利。对教师侵犯其人身权、财产权等合法权益的，学生有提出申诉或依法提起诉讼的权利。

我国教师和学生的关系，长期以来主要靠教师的职业道德规范、学生的行为规范等非法律规范来调整。随着教育法制建设的不断完善，调整这一关系的行为规范已经上升为法律规范。用法律手段来调节教师与学生的关系，规范教师与学生的行为，对依法治教，促进教育的发展是非常必要的。

(4)教师与社会的关系。这里所说的社会主要指社会组织和个人，包括社会上的企事业组织、机关团体以及学生家长和其他公民。教师与社会的法律关系就是指教师在履行职责的过程中，由法律规范所调整的教师与社会组织和个人形成的关系。

根据有关法律的规定，任何社会组织和个人都要尊重教师，维护教师的合法地位，支持教师教书育人的工作。任何人不许公然贬低教师的人格，破坏教师名誉，不许用暴力方法侮辱教师或故意非法伤害教师人身健康。

教师要履行教书育人的职责，为国家和社会培养人才，制止有害于学生的行为或者其他侵犯学生合法权益的行为，批评与抵制有害于学生健康成长的现象。

二、高等学校教师的职业特征

教师的职业特征是指教师区别于其他职业的特殊所在，总体来看，教师的职业特征主要体现在三个方面，即公共性、专业性、教育性。

(一)教师职业的公共性

学校有公立和私立的区分，但无论是公立学校还是私立学校，都具有公共性的特征。教师也是如此，无论教师从教于公立或私立学校，从教于高等学校或中小学，都具有公共性特征，都服从和服务于国家的公共利益诉求。

习近平总书记在全国教育大会上指出培养人是教育的首要问题，是教育工作的根本任务。《中共中央国务院关于全面深化新时代教师队伍建设改革的意见》强调要“突显教师职业的公共属性，强化教师承担的国家使命和公共教育服务的职责”。我国《教师法》第三条规定，教师“承担教书育人，培养社会主义事业建设者和接班人、提高民族素质的使命”。这一规定事实上是对教师所承担的对年轻一代公共教育责任的法律确认。从法理上来看，为实现国家教育利益和教育目的，学校通过法律规定获得了部分国家授予的公权力，但学校本身并不能行使所有的公权力，其中很大一部分要通过教师来代为行使。这也就意味着，国家教育权的行使最终必然延伸到教师的职务行为上，作为学校代理人的教师在履行教育教学职责时，其拥有的法定权利义务和一般从业者的权利义务存在较大差异，其代表的不是私人利益，而是国家公共利益，其所承担的职责并不是教师个体的行为,而是代表国家来履职的公务行为,也就是代表国家来承担对年轻一代公共教育的责任。

同时,教师能否贯彻国家教育方针,执行国家教育教学标准,保障教育教学质量,决定着教育能否培养出国家所需要的人,决定着国家的教育利益能否实现。教师作为教育责任的具体承担者,所开展的教育教学活动中的相当一部分内容都是由国家通过法律、政策予以规定,而不是在学校和教师的合意性基础上协议产生的,其所实施的教育教学活动具有典型的国家性、连续性和稳定性特征。这在我国《教师法》规定的关于教师遵守法律法规,贯彻国家教育方针、完成教育教学工作任务的义务等都深刻体现出来。由此可见,归属于公法的教育法律体系,体现国家公共利益的教育政策法律,是教师开展教育教学活动的基本依据。

(二)专业性

从教师职业属性来看,虽然教师职业具有公共性特征,但不能否认的是,其职业还要求教师必须具备专业的素养,掌握专业的知识和技能,具有相应的职业道德。因此,早在1966年,国际劳工组织和联合国教科文组织发布的《关于教师地位的建议》,就提出了"教育工作应被视为专门职业"。1999年,我国首次颁布的《中华人民共和国职业分类大典》将教师归为第二大类"专业技术人员"之列。我国《教师法》第三条规定,"教师是履行教育教学职责的专业人员"。这就意味着,教师职业具备公务性与专业性双重特点,且两者不能相互割离,公务性是从主体权利公共性角度而言的,专业性则是从主体权利自主性角度来讲的。因此,这就要求遵从教师职业专业性与教师专业发展的规律,从法律上赋予教师应享有的专业自主权与专业发展权。

从教育教学活动的特点来看,虽然教师开展的教育教学活动需要受到教育法律政策、行政命令的规范与约束,需要严格遵循相应的教育目标和教学标准,但教师教育教学的对象是人,教育教学活动的顺利开展依赖于受教育主体即学生的直接充分参与,需要教师与学生在相互配合之下才可完成,就需要教师灵活运用不同的教育教学策略,也就是我们通常所说的"因材施教"。因此,无论知识的传递还是学科性知识的传递,都不是机械性的讲授,而是一种精神领域中具有高度创造性和个体性的活动,在很多情况下要由教师个人独立判断和行动。就要求遵从教育教学活动的特点和规律,在法律上赋予教师相应的组织教学活动、实施教学行为、开展学生评价等权利,而不宜通过规范性标准来整齐划一地要求。

(三)教育性

教师的职责履行,不仅体现在教育还体现在育人,即教书育人是教师的基本职责。而育人既包括主动性施教,也包括通过良好的示范作用潜移默化地影响学生的成长,因而在教育过程中教师不仅仅是一个教育者,同时也作为一种教育工具而存在。如同教育家孔子所言:"其身正,不令而行,其身不正,虽令不从。"因此,教师职业具有明显的教育性特征，即教师职业承担着更为明显的道德示范义务。

一方面，从教师承担责任义务的内容来看，教师承担的职业使命决定了教师须突出承担道德性责任义务。习近平总书记强调，全国广大教师要做“有理想信念、有道德情操、有扎实知识、有仁爱之心”的好老师。我国教育的根本任务是立德树人，教师担负着教书育人，促进学生全面发展的任务，从事着以心育心、以德育德、以人格育人格的事业，这与其他一般的服务性职业有质的不同，更突出要求教师需具备高尚的教师职业道德和良好的个人品德修养，必须遵守基本职业道德准则。与此同时，教师面对的对象是尚未成熟的学生，教师的行为举止对学生具有强烈的影响力，使得教师极容易成为学生模仿参照的对象，这就要求教师必须发挥好示范性作用，要用自己的知识和言行去正确引导学生，也就是“为人师表，以身作则”。再者，教师在育人和传递文化知识的过程中，是采取照本宣科、随便应付、“填鸭式”教学的方式，还是采取教师引导、点拨、指导，学生质疑、探究、调查、实践的方式来调动学生学习的兴趣与参与的积极性，在一定程度上与教师的意愿有很强的关系，取决于教师自身对教师道德义务的自我认同和履行程度。这也就是说，道德性责任义务对教师职业有更强的影响力和更高的驱动性。

另一方面，从教师承担义务责任的边界来看，存在超出教师职业道德的社会道德附加和期望现象。社会以自己的关注塑造着教师的行为，也以自己的评断掌控着教师的职业声誉。对于教师而言，由于教师承担职业使命的特殊性，社会期望和社会公众认知赋予了教师职业的特殊道德期待，教师往往被附加了许多超越教师职业道德之外的社会伦理道德，如“舍己为生”“奉己献身”“职业神圣”“甘为人梯”“灵魂的工程师”“蜡烛”等等。这就意味着，教师承担的道德性责任义务、教师的道德形象已经远远走出校园之门，泛化在社会道德伦理体系中，使教师完全成为道德标准的“代言人”和“化身”，使得教师一旦出现“失德”的行为便成为社会广为非议与批判的对象。这种超出教师职业道德的社会道德附加和期望现象，既可能使得教师以职业生活中的高道德标准来严格要求自己，也可能因社会中的底线伦理运用于教育，降低了教师的自我道德期许，给教师戴上了沉重的道德枷锁。因此，我们既要突出师德师风建设，强调师德建设是教师队伍建设的第一要务，也要具体界定师德禁止性行为，明确处理教师违反师德行为的标准，防范假借师德之名干涉教师的日常生活。

第二节　高等学校教师的权利和义务

一、高等学校教师的权利和义务概述

教师既是社会的普通公民，又是履行教育教学职责的专业人员，这种双重身份决定了教师的权利有其特定的含义：一是教师有作为普通公民所享有的各种权利；二是有作为教师所特有的权利。但是，作为一个专业人员，完成教育教学任务是教师的主要职责。因此，从教师作为一个从事教育教学活动的专业人员来看，所谓教师的权利是指教师在教育教学过程中，有相关法律对其进行保护的自由和利益。

教师的义务是指教师依法应当承担的各种责任，同样包括作为公民应承担的义务和作为教师应承担的义务。为了更好地理解教师义务的含义，我们从法律上义务的三种表现形式来把握：一是积极义务，就是义务人按照权利人的要求可以做出某种行为，如《教师法》规定教师在教育教学活动中必须贯彻教育方针，遵守规章制度，执行学校教学计划，履行教师聘约，完成教育教学工作任务；二是禁止性法律义务，就是义务人按照权利人的要求不做出某种行为，如教师不得侵害法律所保护的任何公民的基本权利；三是义务人侵犯他人的权利和利益时，接受国家强制力保障其履行，如《教师法》规定，教师"体罚学生，经教育不改的"，由所在学校和教育行政部门给予其必要的行政处分或者解聘。

教师的权利和义务是统一、不可分割的。法律在赋予法律关系主体权利的同时，必须要规定其应履行的义务。例如《教师法》第七条规定，教师有"进行教育活动，开展教育教学改革和实验"的权利。与此同时第九条就相应规定了各级人民政府、教育行政部门、有关部门、学校和其他教育机构的义务，即提供符合国家安全标准的教育教学设施和设备，提供必需的图书、资料及其他教育教学用品。在不同场合，教师的权利和义务是互相交叉的，并可以相互转化。例如《教师法》规定教师有"指导学生学习和发展，评定学生的品行和学业成绩"的权利。这一项权利，实际上也是教师的义务。教师如果没有认真地指导学生的学习和发展，没有认真地评定学生的品行和学业成绩，则说明他没有很好地履行自己的法律义务，就是他的失职。

二、我国高等学校教师的权利

1. 教育教学权

进行教育教学活动，开展教育教学改革和实验，这是教师最基本的权利，任何组织和个人都不得非法剥夺在聘教师从事教育教学活动、开展教育教学改革和实验的这一基本权利。它主要指教师可以在国家允许的范围内选择教材；可以依据其所在学校的教学计划、教学工作量等具体要求，结合自身教学特点自主地组织课堂教学；按照教学大纲的要求确定其教学内容和进度，并不断完善教学内容；针对不同的教育教学对象，在教育教学的形式、方法、具体内容等方面进行改革、实验和完善。高等教育和基础教育完全不同，它要求教师有引导性的教学方法，教师不能拘泥于教学大纲和某本教材的内容，一方面可以在课堂上展示自己研究成果，更重要的是引导学生自己去学习、去思考、去批判。教师在行使这项权利时，应以有益于学生身心的健康发展为准则，把学生培养成社会主义事业建设者和接班人。

2. 学术研究权

从事科学研究、学术交流、参加专业的学术团体，在学术活动中发表意见，这是教师作为专业技术人员的一项基本权利。这是指教师在完成规定的教育教学任务的前提下，有权进行科学研究，有权将教育教学中的成功经验或专业领域中的研究成果撰写成学术论文、著书立说。教师有在学术研究中发表个人观点开展学术争鸣的权利。高等学校是进行高深学问研究的场所，高校教师作为一名学者，要有打破常规、敢于创新的精神和能力。教师有参加依法成立的学术团体的权利，这是教师的基本权利之一，也是将宪法中规定的公民基本权利根据教师的职业特点具体化。

3. 学生管理权

指导学生的学习和发展，评定学生的品行和学业成绩，这是与教师在教育教学过程中的主导地位相适应的一项特定的教师基本权利，是学校教育教学活动中业务性很强的专门工作。教师有权根据学生身心发展状况和特点，因材施教，指导学生的学习和发展；教师有权对学生的品德、学习、社会活动、劳动、文体活动、师生及同学关系等方面的表现做出公正的评价，并通过平时考查，以及学期、学年、毕业考试及其他方式对学生的学业成绩做出客观的评价。任何组织和个人不得非法干预教师这项权利的行使。

4. 报酬待遇权

按时获取工资报酬，享受国家规定的福利待遇以及寒暑假期的带薪休假，这是教师应享有的一项维持自身及家庭生存与发展的不可剥夺的基本物质利益权利，是宪法赋予公民的劳动的权利和劳动者有休息权利的具体化。工资报酬包括：基础工资、职务工资、课时报酬、奖金及教龄津贴、班主任津贴及其他各种津贴在内的工资性收入。福利待遇一般包括医疗、住房、退休等方面依法享有的各种待遇和优惠。教师属于工薪阶层，又是专业性较强、脑力和体力消耗较大的职业。教师的这项基本权利，是教师维持个人及家庭生活、保持其工作体能的基本保障。各级人民政府及有关部门、学校及其他教育机构，应当依照本法的规定，采取有效措施，尽最大努力，切实保障教师福利待遇的落实。

此外，在下列情况下，允许扣除教师的工资：①学校可以依照人民法院的判决，从应负法律责任的教师工资中，扣除其应负担的抚养费、赡养费及损害赔偿等款项。②教师违反劳动纪律、受到留用察看处分者，留用察看期间停发工资；受到撤职处分者，必要时可以同时降低其一级或两级工资级别；对于玩忽职守，造成事故，使人民生命、财产遭损失者，或者工作不负责任，造成经济损失者，应责令其赔偿损失，可从教师本人的工资中扣除，但每月扣除的金额最多不得超过其月工资的20%。③教师在劳动教养期间，停发原工资，发给生活费。其家属生活确有困难者，原单位在其工资剩余部分中酌情给予补助。

5. 参与管理权

对学校教育教学、管理工作和教育行政部门的工作提出意见和建议，通过教职工代表大会或者其他形式，参与学校的民主管理，这是教师参与教育管理的民主权利。规定教师对学校及其他教育行政部门工作有批评权和建议权，有利于调动教师对教育工作的主动性和积极性，有利于对学校、教育行政部门的工作进行监督，及时发现问题和改进工作。学校及其他教育部门的负责人和教育行政部门的工作人员不得压制教师的批评和建议，更不允许对教师进行打击报复。教师还可以通过工会以及其他合适的方式，对学校的管理、发展战略、改革、工作效率的提高，以及自身的民主权利和利益等重大事项进行决策和监督，推进学校的民主建设进程。

6. 进修培训权

参加进修或其他方式的培训，这是教师享有继续教育的权利，它体现了终身教育的理念。现代社会和科学技术的不断发展，要求教师及时更新知识，调整知识结构，不断提高思想和业务水平。它主要包括的内容是：教师有权参加进修和接受其他多种形式的培训；教育行政部门和学校及其他教育机构应当采取各种形式、多渠道保证教师培训进修权的实现；教师培训进修权的行使必须是在完成自己的本职工作的前提下，有组织有计划地进行，不得影响正常的教育教学工作。

《高等教育法》在此基础上，进一步对高等学校教师的权利保障做出了规定，其中第五十条规定："国家保护高等学校教师及其他教育工作者的合法权益，采取措施改善高等学校教师及其他教育工作者的工作条件和生活条件。"第五十一条规定："高等学校应当为教师参加培训、开展科学研究和进行学术交流提供便利条件。高等学校应当对教师、管理人员和教学辅助人员及其他专业技术人员的思想政治表现、职业道德、业务水平和工作实绩进行考核，考核结果作为聘任或者解聘、晋升、奖励或者处分的依据。"

三、我国高等学校教师的义务

1.遵纪守法义务

宪法和法律，是国家、社会组织和公民一切活动的基本行为准则，任何组织和公民都必须遵守宪法和法律。教师承担着教书育人，为社会主义现代化建设培养合格人才的使命，更应当模范地遵守宪法和法律，这对培养社会主义的建设者或接班人具有十分重要的意义。

教师职业道德是教师在教育教学过程中必须遵守的道德规范，其内容主要包括对教师的道德品质、思想信念、对教育事业的态度、对学生的情感、自身的行为习惯等方面的基本要求。它不仅是教师自身行为的规范，而且影响着学生思想品德的形成，因此对教师职业道德的要求，比其他方面职业道德要求更高、更全面。

2.教育教学义务

教育教学工作是教师的本职工作。教师在教育教学活动中，应当全面贯彻国家关于教育必须为社会主义现代化建设服务，必须与生产劳动相结合，培养品德、智力、体质等全面发展的建设者和接班人的方针；遵守教育行政部门和学校及其他教育机构制定的教育教学管理的各项规章制度；执行学校依据国家规定的教学大纲、教学计划或教学基本要求而制订的具体的计划；履行教师聘任合同中约定的教育教学职责，完成职责范围内的教育教学任务，保证教育质量。

3.政治思想品德教育义务

教师的职责不仅是教书，更重要的是育人，对学生进行政治思想品德教育，不仅仅是政治思想品德课教师的职责，也是每一位教师的基本义务，教师应当结合自己的教育教学业务的特点，把政治思想品德教育贯穿在教育教学工作之中。

在对学生进行思想品德教育的内容上，《教育法》强调了要进行宪法所确定的基本原则的教育、爱国主义教育、民族团结教育和法制教育。在对学生进行政治思想品德教育的过程中，要注意适应学生身心发展的特点，采用生动活泼的多种形式进行，讲究实效，反对政治思想品德教育中的形式主义。

4.尊重学生人格义务

关心、爱护全体学生，尊重学生人格，促进学生在品德、智力、体质等方面的全面发展，是教师的天职和美德。人格尊严是公民的一项基本权益。由于学生在教育教学活动中处于受教育者的地位，他们的人格尊严往往容易被忽视。特别是有缺点、错误的后进学生，更容易被歧视，甚至受到侮辱体罚或变相体罚，因此要求教师树立尊重学生人格尊严的观念，关心、爱护每一个学生，促进学生在品德、智力、体质等方面全面发展。对于有缺点、错误的学生，要满腔热情地帮助他们，尊重他们的人格尊严，鼓励他们积极上进，改正缺点错误。对极个别屡教不改，错误性质严重，需要给予纪律处分的学生，也要以理服人，不能采用简单粗暴的压服方法，更不能体罚或变相体罚学生。教师违反《教育法》，侮辱、体罚学生，经教育不改的，依法追究其相应的法律责任。

5. 保护学生权益义务

保护学生的合法权益和身心健康成长，是全社会的共同责任，作为教师自然更负有保护学生的合法权益和身心健康成长的义务。教师所保护的对象是学生，而不是一般的未成年人，因此，教师履行本项义务是有特定范围的。教师应当制止有害于学生的行为或者其他侵犯学生合法权益的行为，主要是指在学校工作中或与教育教学工作相关的活动中侵犯其所负责教育管理的学生合法权益的违法行为。至于批评和抵制有害于学生健康成长的现象，主要是指社会上出现的有害于学生身心健康成长的不良现象。

6. 提高自身思想业务水平义务

教育教学工作是一项专业性很强的工作。这要求教师具有较高的思想政治觉悟和教育教学业务水平。社会的进步、科学技术的发展、知识的更新，要求教师不断学习，加强自身的思想品德修养、提高自己的政治觉悟、把握知识更新的脉搏、调整自身的知识结构、提高自身的教育教学业务水平，以适应教育教学工作的需要。因此，要把不断提高思想政治觉悟和教育教学业务水平作为教师的一项基本义务，要求教师按照学校的培训计划，采取各种方式学习进修，努力提高自身的思想政治觉悟和业务工作水平。

除此之外，《高等教育法》还对教师及其他教育工作者规定了一项基本义务，即高等学校的教师、管理人员和教学辅助人员及其他专业技术人员，应当以教学和培养人才为中心做好本职工作。这表明，任何一所高等学校，无论其职能是以教学为主抑或教学与科学研究兼具，还是偏重社会服务，最基本的职能——培养高级专门人才都是不能忽略的。任何高等学校的教师及其他工作者，都应首先以教学和培养人才为中心做好本职工作，然后才可以从事其他方面的研究和工作。

拓展内容

有关高等学校教师的法律责任

第三节　高等学校教师资格制度

教师资格制度是国家对教师实行的一种特定的职业许可制度。《教师法》以及1995年12月国务院颁布的《教师资格条例》，规定了教师资格的基本条件、教师资格分类与适用、教师资格考试、教师资格认定、罚则及其他有关内容。教师资格一经取得，即不受地域、时间的限制而具有在全国范围内普遍适用的效力，非依法律规定不得撤销和丧失。《高等教育法》规定了高等学校实行教师资格制度。

一、实施教师资格制度的意义

世界上一些建立国家法定职业资格制度的历史过程证明,任何一项国家资格制度的建立,都具有重大的意义和作用,都会对这项国家资格制度所涉及的职业产生重大的社会影响,吸引人们去申请相应的国家资格,争取从事相应的职业。教师资格制度作为一种国家职业资格制度,对教师队伍建设、对教育事业发展、对提高人的素质等的作用是多方面的,主要体现在以下三个方面。

(1)实施教师资格制度,有利于政府有关部门依法管理教师队伍,严把教师队伍的"入口关",从根本上提高教师队伍整体素质。

教师资格制度为教师队伍的法制化、规范化管理奠定了基础。通过实行教师资格制度,严格教师资格条件和法律规定的认定程序,保障教师素质,提高教育质量。实行教师资格制度后,只有依法取得教师资格的人员,才能在教育行政部门依法批准举办的各级各类学校和其他教育机构中从事教育教学工作,不具备教师资格者,将被调整出教师队伍。

(2)实施教师资格制度是形成多渠道培养和聘任教师的重要环节和制度保障,有利于吸引优秀人才从教,为社会人员从教开辟一条渠道;有利于形成高质量的教师储备队伍,为真正实施教师聘任制、优化教师队伍奠定基础。

随着教育事业的发展特别是普及九年义务教育的普及,今后教师需求将会大大增加,尤其是在一些农村、边远落后地区的中小学,教师比较缺乏。国家实行教师资格制度后,无论是师范教育类毕业生还是非师范教育类毕业生,应届毕业生还是已经工作的其他人员,凡是有志于从事教师工作的人,都可以通过申请认定教师资格,再按照法定的教师聘任办法进入教师队伍。教师资格制度为面向社会招聘教师奠定了基础。实施教师资格制度,有利于根据教师队伍建设的各种需要择优选聘教师。随着《教育法》《教师法》的贯彻实施,教师地位的提高、待遇的逐步改善,社会上愿意从教而且符合教师资格条件的人比过去大大增加。

(3)实施教师资格制度,是推动教育人事改革、调整优化教师队伍的制度性措施,是使教师的任用走上科学化、规范化和法制化轨道的重要保证,有利于解决不合格教师问题,优化教师队伍。

长期以来,由于我国没有国家法定的教师资格制度,在相当长的时期甚至没有明确的教师资格条件,形成了至今仍然存在的教师队伍成分复杂、素质参差不齐的局面,给教师队伍管理、提高教师素质、改善教师待遇等增加了难度。教师资格制度实施后,那些不能取得相应教师资格的在职教师,或者已经取得教师资格又丧失教师资格或被撤销教师资格的在职教师将调整出教师队伍,进而达到优化教师队伍的目的。

二、教师资格的条件

高等学校教师资格的条件，根据《高等教育法》第四十六条的规定，包括以下几个方面。

（一）必须是中国公民，遵守宪法和法律

具有中华人民共和国国籍是取得我国教师资格的先决条件。《宪法》规定，中国公民“享有宪法和法律规定的权利，同时必须履行宪法和法律规定的义务。”因此，遵守宪法和法律既是对我国公民的基本要求，也自然应是公民取得教师资格的基本条件。

（二）热爱教育事业，具有良好的思想品德

热爱教育事业才可能把教师工作做好，这是作为教师必备的素质。教师的政治思想水平与道德品质修养也是取得教师资格的一个重要条件。教师的思想品德对学生有潜移默化的影响，高尚的思想品德对学生的作用超过任何规章制度和口头宣传教育，而且这种影响会广泛而深刻地、持久地保持着。

（三）具有法律规定的学历或经国家教师资格考试合格

学历是衡量受教育程度、知识水平的量化标准。具有法定学历是取得教师资格的基本条件。根据《高等教育法》第四十六条的规定，高等学校教师必须“具备研究生或者大学本科毕业学历”，“不具备研究生或者大学本科毕业学历的公民，学有所长，通过国家教师资格考试，经认定合格，也可以取得高等学校教师资格”。

根据国务院 1995 年发布的《教师资格条例》，高等学校教师资格考试根据需要举行，考试的科目、标准和考试大纲由国务院教育行政部门审定，由国务院教育行政部门或者省、自治区、直辖市人民政府教育行政部门委托的高等学校组织实施。申请参加高等学校教师资格考试的，应当学有专长，并有两名相关专业的教授或者副教授推荐。通过国家教师资格考试，依同样程序经有关部门认定，也可以取得高等学校教师资格。

（四）有教育教学能力

教育教学能力是教师有效参与教育教学活动，传授知识、技能，促进学生全面发展的本领，是教师完成教育教学任务所必备的条件，包括语言表达能力、课堂管理能力、实际操作能力以及指导学生自学的能力等。教育教学能力并不一定与其学历同步，具有合格学历并不一定具有应有的教育教学能力。教育教学是教师的具体工作任务，只有有教育教学能力的人才能胜任教师工作。

三、教师资格的认定

高校教师资格的认定是指法定机构对符合《高等教育法》规定的国籍、品德、业务、学历四项教师资格实质条件的确认。认定教师资格的法定机构是指依据法律规定的负责认定教师资格的行政机构或依法委托的教育机构。其他机构认定的教师资格无效。《教师法》第十三条规定："普通高等学校的教师资格由国务院或者省、自治区、直辖市教育行政部门或者由其委托的学校认定。"

教师资格的认定要经过申请、审批和颁发证书等操作程序。首先，申请人按规定时限向认定机构提交教师资格认定申请表及有关证明材料。其次，教育行政部门或者受委托的高等学校在接到公民的教师资格认定申请后，应当对申请人的条件进行审查，对符合认定条件的在受理期限终止之日起 30 日内颁发相应的教师资格证书，对不符合认定条件的，应当在受理期限终止之日起 30 日内将认定结论通知本人。最后，依照《教师法》《高等教育法》和《教师资格条例》的规定，经认定合格后，由教育行政部门或者受委托的高等学校颁发国务院教育行政部门统一印制的教师资格证书。

四、教师资格的限制与丧失

教师资格的限制与丧失是指法律对部分公民取得教师资格的禁止和撤销。《教师法》第十四条规定："受到剥夺政治权利或者故意犯罪受到有期徒刑以上刑事处罚的，不能取得教师资格；已经取得教师资格的，丧失教师资格。"《教师资格条例》第十九条还规定，有弄虚作假、骗取教师资格的或品行不良、侮辱学生，影响恶劣的，由县级以上人民政府教育行政部门撤销其教师资格。被撤销教师资格的，自撤销之日起 5 年内不得重新申请认定教师资格，其教师资格证书由县级以上人民政府教育行政部门收缴。这些禁止性、限制性的规定都反映了国家对教师素质的严格要求。

拓展内容

教师资格与教师职业的关系

第四节　高等学校教师职务制度

我国《高等教育法》规定："高等学校实行教师职务制度。"职称是指一定工作岗位的名称和应担负的任务。教师职称制度是指国家对教师岗位设置及各岗位任职条件和取得该岗位职称的程序等各项规定的总称。

一、教师职务制度的特征

教师职务制度是我国高校教师任用的重要制度。高等学校教师职务设四级：助教、讲师、副教授、教授，具有以下特征：(1)教师职务根据岗位设立，即教师职务是根据学校教学和科研等实际工作需要设置的有明确职责、任职条件和任期，并需要具备专门的业务知识和相应的学术、技术水平才能担任的专业技术工作岗位，职务依附于岗位而存在。(2)教师职务与工资待遇挂钩，并有数额限制，即教师达不到任职要求或不能履行职务职责，完不成工作任务，就要被解聘、低聘或缓聘职务，职务不能终身享有。(3)教师职务要经过全面考核，即不仅考查教师的学术水平、工作能力和工作实绩，还要考查教师的思想政治表现、发展潜力、身体状况及工作是否称职等。(4)教师职务不适用于离退休教师，即离退休教师不能参加职务评聘，教师退休时其职称同时解聘。

二、教师任职条件

教师任职条件是指受聘教师职称应达到的国家有关法律法规规定的各级各类教师应具备的标准。高等学校教师职称的基本任职条件，根据《高等教育法》的规定，包括如下方面：(1)取得高等学校教师资格，这是最为基本的任职条件；(2)系统地掌握本学科的基础理论，这是对教师基础知识、理论水平的要求；(3)具备相应职务的教育教学能力和科学研究能力，这是对教师能力，包括教学和科研两方面能力的要求。职务级别越高，对其的能力要求也就越高；(4)承担相应职务的课程和规定课时的教学任务。这是对教师教学方面职责的要求，教师职务不同，对教学任务的职责也不同，例如助教在教学方面主要承担课程的辅导、答疑、批改作业、实验课、实习课、组织课堂讨论等工作；而讲师要系统担任一门或一门以上课程的讲授工作；副教授和教授则需担任一门主干基础课程或者两门以上课程的讲授工作。

由于教授和副教授是高等学校教学和科学研究工作的主要指导者和带头人，他们的教学、科研水平影响着一门学科、一个院(系)甚至一所学校的教育质量和声望，因此国家对他们的任职条件做了额外要求。《高等教育法》第四十七条第四款规定："教授、副教授除应当具备以上基本任职条件外，还应当对本学科具有系统而坚实的基础理论和比较丰富的教学、科学研究经验，教学成绩显著，论文或者著作达到较高水平或者有突出的教学、科学研究成果。"

三、职务的评审

高校职务评审是指已经经过初次职务认定的专业技术人员，在经过一定工作年限后，在任职期内完成相应的继续教育学时，申报中级职务以上的人员须在专业期刊发表论文并且经过一些基本技能考试，向本专业的评审委员会评委提交评审材料，通过本专业的专业评委来确定其是否具备高一级职务资格。

教师职称的获得一般由同行专家组成的教师职务评审组织根据现行《高等学校教师职务试行条例》规定的任职条件来评定，其评审的程序、权限以及评审组织的组成办法等，由《高等学校教师职务试行条例》做出明确的规定。《高等学校教师职务试行条例》中第十四条和第十五条规定：

国家教育委员会指导全国高等学校教师职务任职资格评审工作。省、自治区、直辖市高等学校教师职务评审工作应在各地职称改革工作领导小组领导下进行。省、自治区、直辖市成立高等学校教师职务评审委员会，负责在本地区的高等学校教师职务任职资格的评审工作。国务院有关部委根据所属高等学校某些专业的特殊需要和教师队伍的实际情况，可设立高等学校教师职务评审委员会，经国家教育委员会同意，负责所属高等学校的某些专业教师职务任职资格的评审工作，其他教师职务的评审工作仍由所在省、自治区、直辖市高等学校教师职务评审委员会负责。有学士学位授予权的高等学校，成立教师职务评审委员会。没有学士学位授予权的高等学校，成立教师职务评审组。部分没有学士学位授予权的高等学校，已具备条件，经所在省、自治区、直辖市批准，也可成立教师职务评审委员会，并报国家教育委员会备案。高等学校教师职务任职资格评审的依据是高等学校教师的任职条件。各级职务任职资格，由相应的教师职务评审委员会组织同行专家进行评审。助教任职资格，由学校教师职务评审委员会或评审组审定。讲师任职资格，由学校教师职务评审委员会审定，报省、自治区、直辖市或主管部委教师职务评审委员会备案；没有成立教师职务评审委员会的学校由教师职务评审组评议，报省、自治区、直辖市或主管部委教师职务评审委员会审定。教授、副教授任职资格，由学校报省、自治区、直辖市、主管部委教师职务评审委员会审定，审定的教授报国家教育委员会备案。部分高等学校教师职务评审委员会，经国家教育委员会同省、自治区、直辖市、主管部委批准，有权审定副教授、教授任职资格。审定的教授报国家教育委员会备案。

第五节　高等学校教师聘任制度

我国《高等教育法》规定："高等学校实行教师聘任制。"高等学校教师聘任制度就是高等学校与教师双方在平等自愿的基础上，由高等学校根据教学需要设置一定的工作岗位，按照教师职务的职责、条件和任期，聘请具有一定任职条件的教师担任相应职务的一项制度。

一、教师聘任制度的基本内容及特征

《高等教育法》第四十八条规定："高等学校实行教师聘任制。教师经评定具备任职条件的，由高等学校按照教师职务的职责、条件和任期聘任。高等学校教师的聘任，应当遵循双方平等自愿的原则，由高等学校校长与受聘教师签订聘任合同。"学校和教师之间依法签订教师聘任合同，是一种双方法律行为，不仅应当受到教育法的约束，同时还要受到民法与劳动法及合同法的约束。

教师的聘任应当遵循双方平等自愿的原则。平等，是指受聘教师与用人的高等学校双方法律地位平等，双方都以平等的身份订立聘任合同。自愿，是指订立教师聘任合同完全出于双方当事人自己的意志，任何一方不得将自己的意志强加给对方，任何第三者也不得对其订立的聘任合同进行非法干涉。受聘教师与用人高等学校依法对聘任合同各项各款在充分表达自己意见的基础上，经过平等协商，取得一致意见，即可签订聘任合同。

教师的聘任还应遵循合法的原则。所谓合法，就是依法订立教师聘任合同。订立教师聘任合同，不得违反法律、行政法规的规定。依法订立教师聘任合同，必须符合三项要求：(1)当事人必须具备合法资格。作为高等学校，应当是依法成立的公立高等学校或社会力量举办的高等学校。作为受聘教师，必须符合《高等教育法》第四十七条规定的基本任职条件，遵守由国务院制定的有关教师职务的行政法规。(2)聘任合同内容合法。教师聘任合同各项条款必须符合法律、行政法规的规定。(3)聘任合同形式合法。只有订立教师聘任合同，才能得到国家承认，并受法律保护。

二、教师职务聘任的形式

教师职务聘任的形式是指学校依法聘任或不聘任教师的具体方法和操作程序。根据有关法律法规的规定，目前我国高等学校教师职务聘任主要有招聘、缓聘、续聘、解聘、辞聘、拒聘等几种形式。

（一）招聘

招聘是指学校面向社会公开择优选拔具有教师资格的所需教育教学人员。招聘具有公开、公正、直接、自愿、透明度高等优点，有利于发现和合理使用人才。按照国家的有关规定，招聘需要有组织有领导地进行。

（二）缓聘

缓聘是指应聘者个人素质以及其他的个人原因与岗位要求有差距，或岗位数量有限而应聘人员较多，部门暂不予聘任的情况。

（三）续聘

续聘是指聘任期满后，聘任单位与教师之间不中断聘任关系，随即继续签订聘任合同。续聘合同的内容可与原聘任合同相同，只改变任职期限，也可以在原聘任合同的基础上进行变更。签订续聘合同仍然要遵循平等自愿的原则，并依法定程序办理，续聘合同一旦生效即具有法律效力。

（四）解聘

解聘是指用人单位因某种原因不适合继续聘任教师，根据聘用合同的规定解除与聘任教师之间的聘任合同。由于聘任合同具有法律效力，学校在解除教师的聘任合同时必须有正当理由，比如学校在聘任后发现受聘者不符合原定的聘用条件，或者工作不称职，或者违反法律法规等，否则用人单位应承担相应的法律责任。

（五）辞聘

辞聘是指受聘教师请求用人单位解除聘任合同。辞聘是教师享有的一项权利，但必须依法或依合同规定行使该权利。由于聘任合同对双方的法律效力和约束力，教师辞聘必须有正当理由，比如用人单位不遵守聘任合同约定，或者对受聘人员无理压制、打击报复，致使受聘人员无法履行岗位职责，或者受聘人员因生病或其他合同约定的情况出现不能继续履行岗位职责等。否则，应承担相应的法律责任。

（六）拒聘

聘任对象不愿履行被聘岗位职责，即为拒聘。有关部门应积极创造条件，做好思想工作，使聘任对象应聘。若聘任对象仍不愿意应聘，即视为拒聘。

三、聘任制条件下的教师管理

长期以来，我国教师管理制度实行任命制，作为教育行政机关的附属物，学校和教师具有行政隶属关系，是领导与被领导的关系，是一种行政法律关系。学校只能根据行政机关的授权对教师进行管理，教师的分配、调配以及职务晋升等都由国家统一安排，学校与教师的关系实质就是国家与教师的关系。另外，教师享有公务员享有的一般权利，并履行公务员必须履行的一般义务。在这种关系中，学校实质上行使的是法律授权或教育行政机关委托对教师行使管理的职能。学校虽然不是行政机关，但由于有法律授权或教育行政机关的委托，而且它本身就担负一定的教育管理职能，所以它与教师的关系就带有行政关系的性质。而教师由于职业上的特点和带有“公务”性质，有义务在教育教学过程中服从学校的命令。

（一）聘任制下教育行政机关对教师的管理

《教育法》《教师法》《教师资格条例》等对国务院和地方各级人民政府及各级教育行政部门在教师聘任制条件下领导和管理教师做了较为明确的规定，教育行政部门对教师的管理基本有法可依。教育行政要走法治化路线，要求行政行为的主体合法，行政主体的权限范围（诸如教师资格的认定等）合法，行政行为的内容（如教师工资的及时发放等）合法，以及行政行为的程序合法。此外，针对管理中出现的问题，国务院或有关教育职能部门都可以在法律授权许可的范围内，针对教师聘任制，制定相应的教育行政法规或规章，积极有效地进行行政管理。

（二）聘任制下学校对教师的管理

实行教师聘任制，学校和教师的关系是以共同的意愿为前提，以平等互利为原则，双方的权利和义务是对等的，是一种双向选择、各具相应权责的合同法律关系。学校管理主要侧重于学校系统的内部管理，在聘任制条件下的学校内部管理主要在于通过对教师进行组织、协调和领导，督促教师落实教学计划，实现教育目标，以促进教育对象的全面发展。为了使教师聘任制规范化、制度化、科学化，学校有权在确立内部管理体制的基础上，制定对教师进行管理的规章制度，但是要确保规章制度不能同现有法律相抵触。聘任制条件下的学校管理是民主管理，教师有权通过教职工代表大会等组织形式，参与学校管理，监督学校事务。

四、教师聘任合同所面临的几个法律问题

在我们将教师聘任合同定位为混合合同的时候，就意味着不能完全照搬民法、合同法、劳动法以及行政程序法中的某些规定，为此，必须明确以下几个法律问题。

（一）自主与强制

教育作为一种实现公共利益的事业的观点，已被广泛接受。国家对年青一代的教育要求必须通过各级各类学校中教师的教育教学等活动才能得以真正实现。因此，教师的教育教学行为就不能简单地由学校和教师进行协商。同时，法律所规定的教师权利是保证教师履行教育教学义务的必要条件，必须通过法律的强制规定在合同中得到体现。因此，对于教师聘任合同的基本内容应当分为两个部分：自主性契约和强制性契约。在条件具备的情况下，聘任合同应采用要式合同的方式，其中的部分内容由国家强制性规定，另外一部分内容，可以由学校和教师自主协商。

（二）自愿与审核

由于教师聘任合同涉及国家公共利益，确保双方的权利和义务都是十分必要的。

而从教师聘任合同的签订实践看，教师常常处于弱势地位，教师的选择权只是一种形式上的权利，在多数情况下都受制于学校单方面的规定。为此，教育行政机关应对教师聘任合同采取审核制，以确保从内容到程序各个方面的公平性。这种审核主要包括：学校对聘任岗位条件要求的合法性和合理性；教师招聘程序的合法性和公平性；合同内容、形式等方面的合法性和合理性等。

（三）行政与民事

由于教师聘任合同兼具民事合同和行政合同的特征，因此，对于合同条款法律纠纷的处理渠道安排就显得很重要。教师聘任合同的内容可以分为两个方面，其一是涉及国家公权力的部分，由于这部分内容是通过法律强制规定的，因而对于出现的纠纷应通过行政复议和行政诉讼的渠道。而对于涉及双方私利的部分，由于这一部分是通过完全的协商而形成的，应通过行政仲裁和民事诉讼的渠道加以解决。

（四）专门的教师聘任法律规定

关于解决教师聘任法律问题的必要措施，《教师法》规定，实施教师聘任制的步骤、办法由国务院教育行政部门规定。但至今国家教育行政部门并未制定出台有关教师聘任的详细性规定。为此，国家应制定专门的诸如“教师聘任办法”等类型的行政法规或行政规章。对于教师聘任的条件、聘任方式、聘任程序、合同内容、法律纠纷的解决渠道等问题进行详细规定。

第三章

高等学校学生法律制度

明确界定高等学校与学生之间的法律关系，对保护高等学校和学生的权利、平衡高等学校和学生之间的义务、维护高等学校秩序以及社会稳定都具有十分重要的现实意义。本章首先阐明高等学校学生的法律地位、权利及义务，其次阐述与学校学生息息相关的高校招生制度、学生学籍管理制度及国家教育考试制度。

第一节　高等学校学生的法律地位

一、学生的法律内涵

（一）“学生”与“受教育者”的法律边界

从法律意义上讲，“学生”与“受教育者”这两个概念是既有联系又有区别的，不能将两者简单地等同起来。

学生一般指在正规学校和各级各类教育机构中接受德、智、体、美等方面全面发展教育并取得一定学历的人。按其学习阶段可分为小学生、中学生、大学生和研究生（包括硕士研究生和博士研究生）。而受教育者有广义和狭义之分。从广义而言，受教育者是指在教育活动中承担学习责任并获取知识和技能的一切人，如在校学生、函授学员、在职进修人员等；从狭义而言，受教育者一般是指学生。《教育法》中提到的受教育者包括各级各类学校中的学生、残疾人、违法犯罪的未成年人、在职从业人员和一切接受教育的公民。我国《教育法》第九条规定：“中华人民共和国公民有受教育的权利和义务。公民不分民族、种族、性别、职业、财产状况、宗教信仰等，依法享有平等的受教育机会。”显然，在法律意义上“受教育者”比“学生”的范围更广。

（二）学生之“公民”身份的解读

在宪法和民法意义上，学生是公民，公民是享有法律规定的权利并履行法律规定的义务的人。但由于学生的年龄跨度大，所处不同年龄阶段，法律对学生作为公民的要求有所不同。我国《宪法》第三十三条规定：“凡具有中华人民共和国国籍的人都是中华人民共和国公民。中华人民共和国公民在法律面前一律平等。国家尊重和保障人权。任何公民享有宪法和法律规定的权利，同时必须履行宪法和法律规定的义务。”根据《宪法》，我国《民法典》第十三条规定：“自然人从出生时起到死亡时止，具有民事权利能力，依法享有民事权利，承担民事义务。”学生作为公民在不同年龄阶段，享有不同程度的民事行为权利，具有相应程度的民事行为能力。《民法典》第十七条规定：“十八周岁以上的自然人为成年人。不满十八周岁的自然人为未成年人。”第十八条规定：“成年人为完全民事行为能力人，可以独立实施民事法律行为。十六周岁以上的未成年人，以自己的劳动收入为主要生活来源的，视为完全民事行为能力人。”第十九条规定：“八周岁以上的未成年人为限制民事行为能力人，实施民事法律行为由其法定代理人代理或者经其法定代理人同意、追认；但是，可以独立实施纯获利益的民事法律行为或者与其年龄、智力相适应的民事法律行为。”第二十条规定“不满八周岁的未成年人为无民事行为能力人，由其法定代理人代理实施民事法律行为。”据此，可以认定，高中后的学生（包括大学生、研究生等）一般属于完全民事行为能力人。

因此，从法律意义上讲，高等学校学生是受教育者中的一个群体，同时根据我国《高等教育法》第二条的规定，高等教育是指在完成高级中等教育基础上实施的教育。因此，高等学校学生就是在我国高等学校接受高等教育的学生。已满18周岁的高等学校学生属于完全民事行为能力人，他们不仅依法享有民事权利，而且应当依法独立承担民事责任。

二、学生与学校法律关系的变化

（一）学界关于高等学校与其学生之间法律关系讨论的主要学说

学校与学生的法律关系，是他们二者在行为过程中所产生的一种社会关系，即其根据法律法规而结成的特定的权利和义务关系。基于我国教育体制与立法现状的固有特点，以及人们对社会各主体的认识和法理的存在与发展，目前有关学校与学生之间的法律关系在学术界存在着不同的观点。关于高等院校与其学生之间的法律关系，当前学界主要有如下几种学说。

1.特别权力关系说

特别权力关系是指行政主体基于特别的法律原因，以公法上的特别目的为界限，一方能够支配他方，他方也应服从这种支配。该说认为国家在一定范围内或其他公共团体在其内部基于特别的法律原因对相对人实施管理所形成的权力关系是特别权力关系，高校与学生的法律关系是因学生入校学习与高校所形成的特别权力关系；特别权力关系说最初来源于德意志中古时期领主与家臣之间的关系，后来德国学者发展了此理论。自第二次世界大战以后世界各国逐步形成保障国民受教育权利的教育理念，在高等学校管理中逐渐主张强调对于学生基本权利和利益的保护，而限制国家对于教育过多的直接干预。因此这一学说逐渐受到德国及其他大陆法系国家学者如日本学者的批判。这种学说运用于高等学校的教育领域，其实质是：高等学校按照教育法律法规在对学生进行管理时是以公法主体的身份而出现的，高等学校按照国家赋予的权力和职能，向学生提供教育方面的服务并进行教育管理，而学生对此种管理则负有服从和容忍的义务。高等学校与其学生之间的这种管理和服从的关系就称为特别权力关系，它在本质上应该属于行政法律关系。特别权力关系体现了国家运用公共权力对教育实施直接控制的教育理念，它强调学生对所在学校也就是对国家的高度服从关系。学校，特别是高校与学生的法律关系性质，长期以来占主导地位的是大陆法系公法学说中的特别权力关系理论。在这种理论支配下，学校与学生之间的关系是一种严重不平等关系，主要表现在：一是学生承担各种义务的不确定性。学校往往出于主观的评价，在实现教育目的之内，可以为学生设定各种义务。二是学校可以以内部规则限制学生的基本权利。对这种限制学生只能承受，不能或者很难获得司法救济。这样的结果，无疑强调了学校的自主权，避免外部过多地干预学校办学自主权和学术自由，但不符合行政法治原则，必然给本已处于弱势地位的学生带来更大的不公。而从目前在校学生行为来分析，学生也未必随时随地、绝对地处于弱势地位，目前社会上反映出的诸多案例，已表明学生行为异乎寻常地超出了学校管理权相对人弱势地位的范畴，已给学校管理、教育带来了巨大挑战与困扰。

然而，随着依法行政观念的发展，特别权力关系理论，即学校为公务法人的理论观点受到多方面质疑。诸如要将特别权力关系中双方所有的争议，包括学生可否对学校的成绩评定、宿舍管理等方面的争议纠纷提起诉讼并纳入司法审查的范围，在法律上确实难以实现，且也存在非常复杂的实际困难；学校与学生之间也确实存在着管理与被管理的关系；等等。因此，行政法学界又提出了几种学说，其中较有影响的，是把特别权力关系区分为基础性关系和管理性关系，提出了对涉及基础性关系的决定，如入学、学校毕业分配、参加考试、博士学位授予、退学或开除、留级、拒发毕业证书等，均认为是国家行政法规定的法定事项，应列入可诉性行为；对于一般的管理关系，如学术研究、成绩评定、着装发型礼仪等方面的规定、宿舍管理规定等均认为属于学校内部管理权，则不列入司法审查范围的观点。

2.行政法律关系说

该说认为高校与学生的法律关系具有行政隶属性特征。高校学生管理属公共管理范畴，公共管理实质是服务式管理；所谓行政法律关系，是指由行政法律规范确认和调整的、具有行政法上的权利和义务内容的社会关系。其在严格意义上是指根据行政法律规范的规定在特定法律事实发生时，在具体的法律主体之间产生、变更或者消灭的权利义务关系。我国现行教育立法规定，为确保教育活动的有序运行，实现教育的宗旨和任务，高等学校依法享有高等教育自主管理权。因此，高等学校与高校学生之间存在的某种高等教育管理与被管理的法律关系，是教育宪法关系或者宪法性教育法律关系在行政法领域的延伸和具体体现，同时也是高等学校与高校学生之间教育与受教育权利义务实现的重要保证。高等学校与其学生之间的法律关系首先表现为行政法律关系的性质。因为在涉及学生的基本权益方面，如学籍的得失（如勒令退学、开除学籍）、学位的授予等，会影响到学生将来的生存和工作这样的基本权利，应该把它们留给法律去解释和规定。高校对学生学籍、学历、学位等方面的管理应当得到国家法律、法规的授权，换言之，在从事这些管理活动时，国家教育行政主管部门和高校之间表现为授权者与被授权者的关系，高等学校是以行政主体的身份出现的。行政主体是指依法享有国家行政职权，能代表国家独立进行行政管理并参加行政诉讼的组织。行政主体包括具有法定行政职权的行政机关和法律、法规授权的组织。高校虽然不属于行政机关，但属于法律、法规授权的组织，其管理活动涉及“公权力”的使用。如《教育法》第二十九条规定学校及其他教育机构行使下列权利：(一)按照章程自主管理；(二)组织实施教育教学活动；(三)招收学生或者其他受教育者；(四)对受教育者进行学籍管理，实施奖励或者处分；(五)对受教育者颁发相应的学业证书；(六)聘任教师及其他职工，实施奖励或者处分；(七)管理、使用本单位的设施和经费；(八)拒绝任何组织和个人对教育活动的非法干涉；(九)法律、法规规定的其他权利。其中第三项规定的招生权，第四项规定的学籍管理、奖励、处分权，第五项规定的颁发学业证书权，第六项规定的聘任教师及奖惩、处分权等，具有明显的单方意志和强制性，符合行政权力的主要特征。高校学籍管理关系属于行政法律关系，要受到“依法行政”的基本原则的约束。当然，在不涉及学生基本权益的方面，如仪表装束、住宿管理等，可以允许学校自行管治。需要指出的是，高等教育服务合同法律关系与学籍行政管理关系是相互联系的；高等教育服务合同的订立是学籍行政许可的前提条件；学籍行政管理与教育服务合同在时间上交合相融、重叠同一；高等教育服务合同与学籍互为因果，合同解除学籍必然丧失，丧失学籍合同自然解除；学生高等教育服务合同的履行状况影响学生学籍的保持和学校学籍管理中对学生的评价以及奖励、处分等。

3. 民事法律关系说

这种观点认为学校与学生之间所确立的教育关系仅仅是一种民事法律关系。依照我国民法学理论通说，民事法律关系是指为民事法律规范所调整的平等主体之间的以民事权利与民事义务为内容的一种法律关系。高等学校与高校学生作为一般的法律关系主体，可以基于特定的法律事实产生民法上的法律效果(民事法律效果)，从而产生、变更和消灭特定的民事法律关系。高等学校与高校学生两者在确立教育宪法关系或者宪法性教育法律关系、教育行政法律关系的同时，也基于特定法律事实与债的一般原理产生了一种民法契约关系，这种民法契约关系具备民事法律关系三个必要构成要素。因此高等学校与高校学生之间存在某种特殊的民事法律关系，称之为教育民事法律关系，就是指为我国现行教育立法中的民事法律规范(教育民事法律规范)所调整的，在处于平等主体地位的高等学校与高校学生之间发生的以教育民事权利义务为内容的一种特殊的民事法律关系。它是教育宪法关系或者宪法性教育法律关系在民法领域的延伸和具体体现，也是传统私法中契约自由和个人自治精神的体现。学校作为独立的事业型法人，依法享有办学自主权；学生依法享有自主决定报考学校，接受高质量的服务和教育的权利。学校与学生的行为均受符合法律规范的双方各自利益意愿约定的约束，即合同的约束。学生的考入择校、报到注册取得学籍即表明做出接受学校的教育、管理和服务、遵守学校的规章制度、缴费上学的承诺。学校接收学生入学，则表明学校按要约邀请——招生简章上的条件去履行自己的要约，提供相应层次的教育教学服务，使学生圆满完成学业。双方依合同约定享有权利和履行义务。如违反合同，学生不履行遵守校纪校规的义务，则学校可按法律法规规定及合同约定行使权力给学生以处分，学生承担违约责任。反之，学校不履行义务也亦构成违约，学生可使用请求权、申诉权甚至诉讼权来维护自己的正当权益。学校与学生之间实际上存在的是一种特殊形式的教育消费民事合同关系，即通过报考录取入学形式的民事法律关系。在民事法律关系中，学校与学生的法律地位平等，各自相互行使和承担民事权利与民事责任。

学校作为事业型法人对外享有民事权利，但对内、对学生必然要通过一定的方式来建立起民事法律关系。大多数学生报考与录取入学是在国家通过行政手段调控的教育体制下得以保证和实现的，而不是通过纯市场行为来实现的。学生属于学校因政府调控而获得教育资源，学生并不是纯商业性教育消费的主体。因此，学生报考与录取入学方式并非学生与学校之间的民事行为。

4. 契约关系说

20 世纪 90 年代中后期以来，我国高等教育存在着两种供给形式——公共途径和市场途径。高等教育通过某种转化具有商品的可分性和排他性，人们开始寻求一种新的学校运行模式——“市场化公益行为”；一种新型的教育关系——教育的自由交易关系在悄然发展。在市场经济(即“契约经济”)条件下，各种产品和服务均由市场进行配置，并通过契约这一法律形式来实现。同时，有关合同法律制度的建立健全也为教育合同提供了法律依据。具体而言，学生取得高等学校入学资格即意味着学生与高校建立了双向、自愿的契约关系。在现代“依法治教”的法治主义原则下，学校与学生及其父母之间构成的关系已不再是公法上的特别权力关系，而是一种教育契约关系。“契约”本属于私法领域的行为，在私立学校中，说学生父母与学校设置者之间是基于平等、自由的原则就子女的学习问题缔结教育契约是可以理解的。但把公立学校的学校与学生关系也理解为契约关系似乎难以接受。对此，日本学者兼子仁认为，在现行的教育法制下，公立学校的学校与学生关系与私立学校的学校与学生关系具有相同的本质，属于教育契约关系。学生为了获得更多的发展机会和更好的职业前途，愿意为自己而投资于教育，花钱购买教育服务。作为消费者一方，学生及其家长有权根据自己的需要和满意度来选择某类学校、某类教育内容，甚至选择某位教师；与之相对应的是，学校和教师作为这项服务贸易的提供者，有义务按照国家的教育标准和自己对学习者的承诺，来提供合格的教育服务。因此，高校在制定校规时必须抛弃“秩序至上”的理念，高校管理工作应当以教师为本、高等教育应当以学生为本。服务学生是高等教育的根本目的，是以人为本的原则在高等教育中的具体体现。学校制定校规的确可以维护学校良好教育秩序，保证学校工作顺利进行，但保证秩序并不是学校教育的目的，而是手段。制定校规的终极目的是促进学生的全面发展。

5. 教育消费关系说

所谓教育消费，是指为获取知识与技能，受教育者本人或家庭用于教育方面的各种货币支出。教育消费既是消费，也由于其在形成的过程中受到人力资本的作用，因此，教育消费同时也是投资，或者说教育消费是投资性消费。我国高等教育消费是伴随着我国教育改革的逐步深入和高等教育收费制度的实施而产生的，它是一种特殊的投资性消费行为。

教育消费法律关系是指法律规范在调整人们在教育消费过程中形成的以法律上的权利义务为表现形式的社会关系。从法律层面可分为法律关系的主体、法律权利和法律义务、法律关系客体等三个因素。教育消费法律关系的主体指教育消费法律关系的参加者，即在教育消费法律关系中享受权利、承担义务的人。这里所说的人是法律上的人，包括自然人和法人。一般来说，受教育者和教育的提供者构成教育消费的双方。教育的提供者一般是指学校、培训机构、提供家教的老师等。受教育一方作为教育服务的消费者，享有在接受教育服务时人身财产不受损害的权利、知悉其购买的教育服务的真实情况的权利、自主选择教育服务的权利、在权利受损时有获得赔偿的权利，但同时须对教育做一定的投入；作为消费者一方，学习者或其家长有权根据自己的需要和满意度来选择某类学校、某类教育内容，甚至选择某位教师。而提供教育的一方则必须提供真实的服务信息，不得做引人误解的虚假宣传，如损害消费者的权益，则必须赔偿。学校和教师作为这项服务的提供者，有义务按照国家的教育标准和自己对学习者的承诺，来提供合格的教育服务。法律关系的客体，即教育消费法律关系主体的权利义务所指向的对象。它可以是一定的物质财富，也可以是非物质财富，追求的并非教育服务本身，而是教育服务的结果，如掌握一定的知识技能，将来胜任一定的工作等。

总之，在我国推行依法治教的时代，高等学校与学生之间的关系受到宪法、行政法的干预，高校实施行政管理行为必须要有法律授权，并遵循正当程序原则；但法律又为私法自治留下了空间，高等学校与学生之间的关系不免带有契约、团体自治的因素。

（二）高等教育改革背景下学生与高校法律关系的审视与探究

随着高等学校教育教学改革的深入开展，高等学校与学生之间的法律关系也在很多方面发生了深刻的变化：高等学校的教育管理权与学生的个人利益之间发生了碰撞，高等学校与学生之间的法律关系呈现出复杂性的特点，许多新现象和新问题随之出现。这就决定了我们对其进行重新思考和定位的必要性。从法律的观点出发分析高等学校和其学生之间的法律关系，以保证高等学校正常的运行秩序和学生良好的成长环境。

第二节　高等学校学生的权利和义务

一、高等学校学生的基本权利

（一）学生权利的内涵

学生的权利，一般由两个部分组成：一是学生作为公民所享有的宪法赋予公民的基本权利；二是学生作为受教育者所享有的教育法律法规所规定的权利，是国家对学生在教育教学活动中可以为或不为一定行为的许可与保障。

1.学生作为公民身份的基本权利

学生作为公民享有宪法赋予公民的基本权利。我国《宪法》第三十三条对我国公民的基本权利做了规定："凡具有中华人民共和国国籍的人都是中华人民共和国公民。中华人民共和国公民在法律面前一律平等。国家尊重和保障人权。任何公民享有宪法和法律规定的权利，同时必须履行宪法和法律规定的义务。"第四十六条规定："中华人民共和国公民有受教育的权利和义务。国家培养青年、少年、儿童在品德、智力、体质等方面全面发展。"

2.学生作为受教育者身份的权利

学生作为受教育者所享有的教育法律法规所规定的权利。我们在此是从学生作为在校受教育者来理解高等教育阶段学生的权利，而且根据我国《民办教育促进法》第三十四条的规定"民办学校的受教育者在升学、就业、社会优待以及参加先进评选等方面享有与同级同类公办学校的受教育者同等权利"，所以高等学校学生的基本权利与其所就读学校的性质没有关系。因此，我国高等学校学生除了享有我国《教育法》第四十三条的五项基本权利外，还享有我国《高等教育法》第五十六条、五十七条规定的"参加社会服务、勤工助学活动"和"组织和参加学生团体"的权利。

（二）高等学校学生的基本权利

大学生作为公民应享有的基本权利主要包括宪法上的受教育权和婚姻自由权，以及民法上的人身权和财产权等。此外，《教育法》和《高等教育法》规定了高校学生享有受教育权利。

1.参加教育教学活动权

参加教育教学活动权即我国《教育法》第四十三条所规定的学生有"参加教育教学

计划安排的各种活动,使用教育教学设施、设备、图书资料”的权利。教育部2017年修订通过的《普通高等学校学生管理规定》(教育部令第41号)第六条也规定,学生在校期间享有参加学校教育教学计划安排的各项活动、使用学校提供的教育教学资源的权利。这是保障学生受教育权的前提和基础,也是学生学习权利的具体表现,任何组织和个人都不得以任何借口非法剥夺学生的这一基本权利。在教育教学过程中,学生有权参加教学计划安排的授课、讲座、课堂讨论、观摩、试验、见习、实习、测验和考试等活动,并且每一个学生都有使用教育教学设施、设备和图书资料的平等权利。为了使学生充分享有这一权利,学校及其他教育机构应当按规定提供符合卫生安全标准的教育教学设备、必需的图书资料及其他教学用品,保证受教育者顺利完成学习任务。

2. 获得学金权

获得学金权即我国《教育法》第四十三条所规定的学生有“按照国家有关规定获得奖学金、贷学金、助学金”的权利。我国《高等教育法》第五十五条对高等学校学生的这项权利又做了具体规定:“国家设立奖学金,并鼓励高等学校、企业事业组织、社会团体以及其他社会组织和个人按照国家有关规定设立各种形式的奖学金,对品学兼优的学生、国家规定的专业的学生以及到国家规定的地区工作的学生给予奖励。”“国家设立高等学校学生勤工助学基金和贷学金,并鼓励高等学校、企业事业组织、社会团体以及其他社会组织和个人设立各种形式的助学金,对家庭经济困难的学生提供帮助。”同时,《普通高等学校学生管理规定》第六条也规定了大学生享有“申请奖学金、助学金及助学贷款”的权利。这是学生获得各种经济资助的权利。奖、贷、助学金是为了保障学生享受受教育权、让贫困学生获得均等的教育机会和鼓励学生全面发展而设立的。奖、贷、助学金的来源以政府财政为主渠道,同时国家鼓励学校、企业、社会团体、行业与个人对学生提供资助。

奖学金又大致分为优秀学生奖学金、专业奖学金和定向奖学金三种。优秀学生奖学金奖励那些德、智、体、美全面发展,表现优秀的学生。专业奖学金用于鼓励学生报考师范、农林、航海等专业。定向奖学金用于鼓励学生到边疆地区、贫困地区和从事煤炭、矿业、石油、地质、水利等工作。奖学金在一定程度上体现了法律在社会关系调整中所具有的分配价值和衡量价值。学生凡属相关对象的,均有权获得有关奖学金。

贷学金是在市场经济体制下,向高等院校学生提供的一种资助形式,它以无息或低息贷款的形式提供困难学生在学习期间的经费,在学生毕业后规定年限内予以偿还。

助学金是国家和社会对困难学生提供的无偿资助,主要用于少数民族地区、贫困地区以及需要寄宿就读的贫困学生,帮助他们解决学杂费和部分生活费,包括定期补助和一次性补助以及免除学杂费等形式。

3. 获得公正评价权

获得公正评价权即是我国《教育法》第四十三条所规定的学生享有“在学业成绩和

品行上获得公正评价，完成规定的学业后获得相应的学业证书、学位证书”的权利。《普通高等学校学生管理规定》第六条也明确了大学生享有“在思想品德、学业成绩等方面获得科学、公正评价，完成学校规定学业后获得相应的学历证书、学位证书”的权利。这是学生的一项基本权利，也是学校及有关教育机构应尽的一项义务。这一权利包括两个方面：

(1)学生在学习期间有权获得公正的学业成绩评价和品行评价。学业成绩评价是教育机构对学生在受教育的某一时期的学习情况、知识结构、知识水平的概括，包括测试成绩记录、平时学习情况和总评等。品行评价是教育机构对学生在学习期间的思想品德、行为习惯、学习态度、劳动表现等所做的综合评价。学业成绩评价和品行评价对学生的升级升学、就业和今后的发展有重要的影响。学校和教师应当本着认真负责的精神，科学合理、公平公开地对学生进行学业成绩和品行评价。学生对评价中的失实、失责和不公正问题，有权通过正当途径，依法要求学校及教育部门予以改正。

(2)学生在完成学业后有权获得相应的学业证书、学位证书。从本质上看，学业证书和学位证书是对学生某一阶段受教育时期的学业成绩、学术水平和品行的终结性评价。学生政治思想合格，身体健康，学完或提前学完教育教学计划规定的全部课程，考试、考核及格或修满学分，在该教育阶段结束时均有获得相应学业证书的权利。高等学校的学生还有权依照《学位条例》的规定获得相应的学位证书。

4. 申诉诉讼权

申诉诉讼权即我国《教育法》第四十三条所规定的学生享有“对学校给予的处分不服向有关部门提出申诉，对学校、教师侵犯其人身权、财产权等合法权益，提出申诉或者依法提起诉讼”的权利。同时，《普通高等学校学生管理规定》第六条也明确规定大学生“对学校给予的处理或者处分有异议，向学校、教育行政部门提出申诉，对学校、教职员工侵犯其人身权、财产权等合法权益的行为，提出申诉或者依法提起诉讼”的权利。这一权利是公民申诉权和诉讼权在受教育者身上的体现，是对学生合法权益受到侵害时实施的法律救济。

学生对学校及其他教育机构给予的处分不服时，可以向主管该学校的教育行政部门提出申诉。教育行政部门在接到学生的申诉后，要在规定的时间内进行调查并做出仲裁。学生的人身权、财产权等合法权益受到学校、教师的侵犯后，可以提出申诉或依法提起诉讼。根据有关法律规定，学生的人身权主要包括生命健康权、姓名和肖像权、名誉和荣誉权、人格尊严权。表现在高等学校里常见的侵犯学生人身权的行为有：体罚或变相体罚学生，如罚学生进行不必要的有害身心健康的大量重复动作、强令学生进行劳动以作为惩罚手段等等；非法搜查学生，非法暴露学生隐私；侵犯学生通信自由，如扣押、私拆学生信件，当众宣读学生信件等等。学生在对学校给予的处分不服，合法权益受到侵犯时所享有的申诉权和诉讼权，任何人不得剥夺或者无理阻挠。

5. 参加社会服务和勤工助学活动权

高等学校学生的这项权利体现在我国《高等教育法》第五十六条，“高等学校的学生在课余时间可以参加社会服务和勤工助学活动,但不得影响学业任务的完成”,同时强调“高等学校应当对学生的社会服务和勤工助学活动给予鼓励和支持,并进行引导和管理”。《普通高等学校学生管理规定》第六条也规定了大学生在校期间享有“参加社会实践、志愿服务、勤工助学、文娱体育及科技文化创新等活动,获得就业创业指导和服务”的权利。

社会实践、社会服务和勤工助学活动是全面提升学生综合素质、提高学生实践能力、增强学生社会责任感、培养学生自立自强精神的重要途径。中共中央 国务院《关于深化教育改革 全面推进素质教育的决定》中指出,实施素质教育的重点就是要培养学生的创新精神和实践能力,因此,高校应当鼓励和支持学生积极参加社会服务和勤工助学活动,并要根据实际情况给予必要帮助。同时,高校学生在行使这项权利时应当按照《普通高等学校学生管理规定》第四十五条的规定“学生参加勤工助学活动应当遵守法律、法规以及学校、用工单位的管理制度,履行勤工助学活动的有关协议”。

6.组织和参加学生团体权

组织和参加学生团体是高等学校学生依法享有的权利。我国《高等教育法》第五十七条规定:“高等学校的学生,可以在校内组织学生团体。学生团体在法律、法规规定的范围内活动,服从学校的领导和管理。”《普通高等学校学生管理规定》第六条也明确规定了大学生在校期间享有“在校内组织、参加学生团体,以适当方式参与学校管理,对学校与学生权益相关事务享有知情权、参与权、表达权和监督权”的权利。

学生团体是指在校在读并有正式学籍的学生自愿组成,为实现会员共同意愿,按照其章程开展活动的非营利性、非社会性的学生组织。学生团体的显著特征是自发性、兴趣性和学习性。而大学中设置的共青团、学生会、研究生会、班集体属于学校开展教育教学活动的相应组织,是学校学生管理机构的组成部分和延伸,不属于《高等教育法》和《普通高等学校学生管理规定》中所称的学生团体。《普通高等学校学生管理规定》第四十四条规定“学生可以在校内成立、参加学生团体。学生成立团体,应当按学校有关规定提出书面申请,报学校批准并施行登记和年检制度”,并强调“学生团体应当在宪法、法律、法规和学校管理制度范围内活动,接受学校的领导和管理”。

7.法律、法规规定的其他权利

这项权利是我国《教育法》允许高校学生享有的其他法律、法规规定的权利。除《教育法》外,其他法律、法规有《宪法》《民法典》《高等教育法》《民办教育促进法》《学位条例》等。

总之,学生的权利是围绕教育活动所实现并兼容其他权利的完整体系。其中“参加教育教学活动权”“获得学金权”“获得公正评价权”“参加社会服务和勤工助学活动权”“组织和参加学生团体权”和“获得就业指导和服务”是高校学生作为受教育者所特有的法定权利,而“申诉诉讼权”和“法律、法规规定的其他权利”是学生同时作为一个公民或其他身份,所依法享有的权利。

（三）特殊学生群体享有的特殊教育权利

高等教育阶段中的特殊学生群体是指学生中在经济、生理和行为等方面需要特别帮助的那一部分人，主要包括女生、经济困难的学生、残疾学生以及少数民族学生。

1. 女生

在现代社会，男女本来是平等的，但由于文化以及经济或其他因素影响，男女不平等的现象依然存在。所以用法律法规对女子受教育权予以保护显得尤为重要。我国《教育法》第三十七条规定："学校和有关行政部门应当按照国家有关规定，保障女子在入学、升学、就业、授予学位、派出留学等方面享有同男子平等的权利。"我国《妇女权益保障法》第十七条规定："学校应当根据女性青少年的特点，在教育、管理、设施等方面采取措施，保障女性青少年身心健康发展。"这些规定对女生受教育权利的实现起到了法律保障作用。

2. 经济困难学生

为经济困难的学生提供资助是为了保证农村和贫困、边远地区的学生也能享有平等受教育的机会，是教育公平的具体体现。我国通过立法对经济困难的学生提供资助。我国《教育法》第三十八条规定："国家、社会对符合入学条件、家庭经济困难的儿童、少年、青年，提供各种形式的资助。"在高等教育阶段，我国《高等教育法》第九条特别规定："国家采取措施，帮助少数民族学生和经济困难的学生接受高等教育。"第五十四条规定："家庭经济困难的学生，可以申请补助或者减免学费。"第五十五条规定："国家设立高等学校学生勤工助学基金和贷学金，并鼓励高等学校、企业事业组织、社会团体以及其他社会组织和个人设立各种形式的助学金，对家庭经济困难的学生提供帮助。"

3. 残疾学生

残疾学生主要指盲、聋、哑、智力缺陷和有其他残疾的在校受教育者。作为中华人民共和国公民，残疾学生与正常人一样享有受教育的平等权利。我国《宪法》第四十五条规定："国家和社会帮助安排盲、聋、哑和其他有残疾的公民的劳动、生活和教育。"我国《教育法》第三十九条规定："国家、社会、学校及其他教育机构应当根据残疾人身心特性和需要实施教育，并为其提供帮助和便利。"我国《高等教育法》第九条中明确规定："高等学校必须招收符合国家规定的录取标准的残疾学生入学，不得因其残疾而拒绝招收。"《中华人民共和国残疾人保障法》第二十一条规定："国家保障残疾人享有平等接受教育的权利。"1994 年，国务院根据有关教育法律制定了《残疾人教育条例》，进一步给予残疾人受教育权利以法律保障。

4. 少数民族学生

我国少数民族地区，经济发展较为落后，教育水平相对较低，所以法律法规对这些地区的人群的受教育权给予特殊的帮助和扶持。我国《教育法》第九条规定："中华人民共和国公民有受教育的权利和义务。公民不分民族、种族、性别、职业、财产状况、宗教信仰等,依法享有平等的受教育机会。"《教育法》第十条规定:"国家根据各少数民族的特点和需要,帮助各少数民族地区发展教育事业。"在高等教育阶段,我国《高等教育法》第九条中特别规定:"国家采取措施,帮助少数民族学生和经济困难的学生接受高等教育。"这些规定有利于保障教育的平等性。

二、高等学校学生的义务

(一)学生义务的内涵

学生的义务,是指学生作为受教育者依法承担的在教育教学过程中必须为或不为一定行为的责任,依照教育法及其他有关法律和法规参加教育活动时必须履行的义务。学生的义务有广义和狭义之分。从广义上讲,是指宪法和各项法律法规规定的受教育者应承担的一切责任。《宪法》第三十三条规定:"任何公民享有宪法和法律规定的权利,同时必须履行宪法和法律规定的义务。"从狭义上讲,指教育法律法规规定的受教育者应承担的各项责任。高校学生除了必须履行我国《教育法》第四十四条对受教育者所规定的四项基本义务,还必须履行我国《高等教育法》和《普通高等学校学生管理规定》中规定的缴纳学费及有关费用的义务,以及履行获得贷学金及助学金的相应义务。

(二)大学生的基本义务

1.遵纪守法的义务

遵纪守法义务即我国《教育法》第四十四条规定的学生有"遵守法律、法规"的义务。我国《高等教育法》第五十三条和《普通高等学校学生管理规定》第七条也都明确规定了高校学生在校期间依法履行"遵守法律、法规"的义务。法律、法规是国家、社会组织和公民一切活动的基本行为准则。"遵纪守法"既是每个公民应履行的义务,也是每个受教育者应履行的义务。由于对不同层次和不同类型学校的学生有不同的要求,所以学生遵守法律、法规,重点在于遵守法律、法规中涉及学生的相关规定。

2.养成良好品德的义务

养成良好品德义务即指我国《教育法》第四十四条规定的学生有"遵守学生行为规范,尊敬师长,养成良好的思想品德和行为习惯"的义务。我国《高等教育法》第五十三条和《普通高等学校学生管理规定》第七条也规定了高校学生在校期间依法履行"遵守学生行为规范,尊敬师长,养成良好的思想品德和行为习惯"的义务。首先,高校学生应当遵守《高等学校学生行为准则》。《高等学校学生行为准则》集中体现了国家对高校学生在政治、思想、品德、学习及行为等方面的基本要求。其次,高等学校学生要尊敬师长、礼貌待人，注重个人修养；诚实守信、勤俭节约、养成良好的卫生和生活习惯。

3.努力学习专业知识技能，服务国家重大战略发展需求的义务

努力学习义务即指我国《教育法》第四十四条规定的学生有“努力学习，完成规定的学习任务”的义务。为服务国家战略，加强拔尖创新人才选拔培养，2020年1月，教育部发布《关于在部分高校开展基础学科招生改革试点工作的意见》（也称“强基计划”）。该意见指出“服务国家战略，招收一批有志向、有兴趣、有天赋的青年学生进行专门培养，为国家重大战略领域输送后备人才”，“着力实现学生成长、国家选才、社会公平的有机统一”。

学生的根本任务就是要学习科学文化知识，树立志于服务国家重大战略需求的远大理想。学生为履行受教育的义务，必须努力学习，完成法律法规所规定的学习任务，努力成为综合素质优秀、基础学科拔尖的学生。对义务教育阶段的学生来说，努力学习和完成规定的学业是带有强迫性的，任何学生都不能逃避。对非义务教育阶段的学生来说，这是依自愿原则在享受教育权利的同时应承担的义务。它同时也是学生实现获取学业证书权利的前提。

4.缴纳学费及有关费用的义务以及履行获得贷、助学金的相应义务

我国《高等教育法》第五十四条规定“高等学校的学生应当按照国家规定缴纳学费”，第五十五条规定“获得贷学金及助学金的学生，应当履行相应的义务”。《普通高等学校学生管理规定》第七条规定大学生在校期间依法履行“按规定缴纳学费及有关费用，履行获得贷学金及助学金的相应义务”。同时第十二条中规定“未按学校规定缴纳学费或者有其他不符合注册条件的，不予注册。家庭经济困难的学生可以申请助学贷款或者其他形式资助，办理有关手续后注册”。

在我国，高等教育属于非义务教育，高校收取国家规定内的学费，是代表国家意志的，是法律行为，所以单纯从法律角度上看，上大学拒缴学费是一种违法违约行为。这是因为：其一，既然国家有关法律已经做了明确规定，不服从规定自然就是违法；其二，从《合同法》角度看，学校向社会发布招生信息，寄发各种招生材料构成要约邀请，学生根据自己的分数填报学校与专业也是要约，学校根据招生计划学科设置等录取学生属于承诺，学生接受通知并完成注册行为，便产生了一个完整有效的合同。学校招来了学生就要按合同给予学生相应的教育服务，学生上学就应该按照合同规定缴费，否则，都是违约行为。

获得贷学金和助学金是高校学生依法享有的权利，但同时履行获得贷、助学金的相应义务也是高校学生必须履行的法定义务。我国有关法律法规规定，一切公民具有同等的法律地位，在民事活动及交易中，应当做到权利与义务的统一。特别是在我国信誉体制尚未健全，社会环境较为复杂的情况下，高校学生作为我国接受最高层次教育的优秀群体和将来承担社会主义现代化建设的骨干力量，理应首先做到诚信，为我国社会的其他群体做出示范，为我国诚信制度的建立做出贡献。同时，履行义务，做到

诚信，也是我国法律法规对当代大学生的基本要求。

5. 遵守其他制度的义务

我国《教育法》第四十四条规定学生有“遵守所在学校或者其他教育机构的管理制度”的义务。《普通高等学校学生管理规定》第七条也规定高校学生在校期间依法履行“遵守学校章程和规章制度”的义务。同时第四十一条又规定“学生应当自觉遵守公民道德规范，自觉遵守学校管理制度，创造和维护文明、整洁、优美、安全的学习和生活环境，树立安全风险防范和自我保护意识，保障自身合法权益”。第四十二条规定“学生不得有酗酒、打架斗殴、赌博、吸毒，传播、复制、贩卖非法书刊和音像制品等违法行为；不得参与非法传销和进行邪教、封建迷信活动；不得从事或者参与有损大学生形象、有悖社会公序良俗的活动”。学校或其他教育机构的管理制度是教育管理制度的重要组成部分，是保障教育教学活动正常有序进行的基本措施，学生对这些制度应当自觉遵守。学生如果违反了这些管理制度，就应受到相应的批评、教育和处分。

6. 恪守学术道德，完成规定学业的义务

我国高等教育正向内涵式发展迈进。高等教育人才培养的质量是我国科教兴国战略以及国家中长期教育改革和发展规划的一个重点。因此，为实现“立德树人”的根本任务，必须加强高校学生科学道德和学风建设，促使学生严格遵守学术规范，为学术研究创造优良环境。此外，《普通高等学校学生管理规定》第七条明确规定高校学生在校期间依法履行“恪守学术道德，完成规定学业”的义务。

总之，学生的权利和义务是辩证统一的，享有一定的权利就应履行相应的义务，履行一定的义务就意味着可以享有相应的权利。受教育者具体的义务是一个有层次的完整的概念，学生应当积极全面地履行有关义务。

第三节　高等学校招生制度

一、高等学校招生要求

（一）高等学校招生管理制度的法制化

高等学校招生制度是一项重要的学生管理制度，它关系到公民能否平等地享有高等教育资源。自从1977年恢复高考以来，我国高等学校招生管理制度逐步被纳入法治化管理轨道。1987年国家教委发布了《普通高等学校招生暂行条例》，同年5月发布了《关于扩大普通高等学校录取新生工作权限的规定》；1988年5月国家教委发布了《普通高等学校招生管理处罚暂行规定》；1990 年 3 月发布了《关于执行〈普通高等学校招生暂行条例〉的通知》；此后，1995 年颁布的《教育法》，第二十八条规定了学校有“招收学生或者其他受教育者”的权利。1998 年颁布的《高等教育法》第三十二条规定“高等学校根据社会需求、办学条件和国家核定的办学规模，制订招生方案，自主调节系科招生比例”；2002 年颁布的《民办教育促进法》第四十一条规定“民办学校的招生简章和广告，应当报审批机关备案”；2005 年，教育部发布了《教育部关于实行高等学校招生工作责任制及责任追究暂行办法》。从这些法律、条例、规定及办法来看，高等学校在招生管理工作中主要应该明确以下几点：

第一，高等学校招生工作应贯彻公平竞争、公正选拔、公开透明的原则，从德、智、体、美等方面全面考核、综合评价、择优录取。

第二，普通高等学校招生，实行全国统一考试。有关高等学校须按照国家规定加强安全保密设施建设、完善安全保密规章制度、加强监督和检查，并建立应急反应机制、值班制度和第一时间报告制度。

第三，高等学校的招生章程是高等学校向社会公布有关信息的主要形式，是其开展招生工作、录取新生的重要依据。因此高等学校的招生章程应真实、准确，其主要内容包括：高等学校全称，校址（分校、校区等须注明），层次（本科、高职或专科），办学类型（如普通或成人高等学校、公办或民办高等学校或独立学院、高等专科学校或高等职业技术学校等），在有关省（自治区、直辖市）分专业招生人数及有关说明，专业培养，对外语考试语种的要求，招收男女生比例，身体健康状况要求，录取规则（如有无相关科目成绩或加试要求、接收非第一志愿考生的分数级差、对加分或降低分数要求投档考生的处理、进档考生的专业安排办法等），学费标准，颁发学历证书的学校名称及证书种类，联系电话、网址，以及其他须知等。

第四，在录取工作中，高等学校和省级招生办应按照“学校负责、招办监督”的要求实施新生录取工作，而且高等学校必须按在招生章程中向社会公布的录取规则进行录取。

第五，对肢体残疾、生活能够自理、能完成所报专业学习，且高考成绩达到要求的考生，高等学校不能仅因其残疾而不予录取。同时对散居在汉族地区的少数民族考生，在与汉族考生同等条件下，高等学校应优先录取。

第六，严重违反招生管理制度的高等学校，将由教育部或经教育部授权的省级教育行政部门，依据《教育行政处罚暂行实施办法》《普通高等学校设置暂行条例》及《教育部关于实行高等学校招生工作责任制及责任追究暂行办法》等给予其停止下年度招生等处罚；对严重违规招生的学校负责人将依法追究其领导责任。

（二）高等学校招生管理制度的改革创新

1.高等学校自主招生政策

高校自主招生是指获得自主招生资质的高校通过自行组织的考试，对优秀生源给予不同程度的加分，以确保该部分考生能够更加顺利地考入本校的招生方式。自主招生测试一般由笔试、面试两部分组成，通过测试的考生不能直接被高校录取，必须参加全国统考，试点学校对先期考核通过并且符合统考成绩要求的考生给予一定的降分优惠，通过综合评价、自主进行选拔录取。自主招生给了高校更多的招生自主权，使高校不再完全按照高考成绩排队录取考生，改变了以往"一考定终身"的现象，是中国高等教育招生改革的重要措施，是对选拔优秀创新人才的新探索。

根据教育部要求，试点高校确定的入选考生名单，要报生源所在省级招办备案，并向社会公布；入选考生均须参加全国统考，成绩达到生源所在省（自治区、直辖市）确定的与试点学校同批次录取控制分数线的，省级招办应向考生选报的试点学校投档；试点学校对先期考核通过并且符合统考成绩要求的考生进行综合评价、自主选拔录取；生源所在省级招办和试点学校，须及时将自主选拔录取的已录考生名单向社会公布。

1999 年 2 月，教育部出台了《关于进一步深化普通高等学校招生考试制度改革的意见》，提出了近期我国高考制度改革的具体方案，明确了今后高考制度改革的目标，指出高考制度改革要坚持的三项原则：有助于高校选拔人才，有助于中学实施素质教育，有助于高校扩大办学自主权。2001 年，教育部批准江苏省尝试高校自主招生试点改革，东南大学、南京理工大学、南京航空航天大学成为首批试点。2002 年，江苏省自主招生试点学校扩大到 6 所。2002 年末，教育部召开了自主招生座谈会，从此拉开了高校自主招生大规模试点的序幕。基于对江苏高校经验的总结，2003 年 2 月 24 日，教育部办公厅正式发布了《关于做好高等学校自主选拔录取改革试点工作的通知》，对高校自主招生录取改革做了统一部署。根据教育部教学[2003]1 号文件要求，2003 年教育部共确定了全国 22 所高校成为具有 5% 自主选拔权的试点单位。2004 年，教育部将试点高校从 22 所扩大到 28 所，并首次允许考生可以直接向招生院校进行自我推荐。此后，自主招生试点学校逐年增加。截至 2006 年，自主招生试点学校已扩大到 53 所，2007 年达到 59 所。招生人数比率也由 2003 年的"不得超过当年招生计划的 5%"变为"考生人数较多且生源质量好的高校可以有所扩大"，如北京大学、清华大学、浙江大学等高校，招生人数比例扩大到 10%。考生报名形式也由最初单一的中学推荐，变为学校推荐和个人自荐相结合的模式。

2.高等学校"强基计划"招生政策

拓展内容

强基计划

为深入贯彻习近平新时代中国特色社会主义思想，落实全国教育大会精神，服务国家重大战略需求，加强基础学科拔尖创新人才选拔培养，教育部在深入调研、总结高校自主招生和上海等地高考综合改革试点经验的基础上，2020年制定出台了《关于在部分高校开展基础学科招生改革试点工作的意见》(也称“强基计划”)。“强基计划”是高校人才选拔培养迎来的一次重大变革，是对《国务院关于深化考试招生制度改革的实施意见》(国发[2014]35号)的细化和深化。2020年起，原有高校自主招生方式不再使用，开始实施“强基计划”。

3. 强基计划与自主招生的区别

与自主招生不同，强基计划从选拔定位、招生专业、报考条件到高校考核方式、录取方式及培养模式等进行了系统性重塑。二者区别见下表：

表3-1 强基计划与自主招生的区别

区别	自主招生	强基计划
选拔定位	选拔“具有学科特长和创新潜质的学生”	选拔“有志于服务国家重大战略需求且综合素质优秀或基础学科拔尖的学生”
招生专业	未限定高校招生专业范围	突出基础学科
入围依据	主要是考生的申请材料	考生高考成绩
录取方式	采取降分录取的方式，最低可降至一本线	将高考成绩(不低于85%)、高校综合考核结果和综合素质评价等折算成综合成绩
培养模式	未做特殊安排	实行小班化、导师制，并探索“本—硕—博”衔接的培养模式

二、高等学校招生优惠政策

中国高校招生的少数民族优惠政策主要体现在适当降分录取。这项政策始于1950年，教育部《关于高等学校1950年度暑期招考新生的规定》中规定：参加工作三年以上的产业工人、干部和军人，兄弟民族学生，华侨学生，考试成绩虽稍差，得从宽录取。从宽录取意味着降低录取标准。但在1957年后，受当时政治气候的影响，少数民族考生的照顾政策调整为“与一般考生的成绩相同时，予以优先录取”。1962年，为了贯彻中央批转的《关于民族工作会议的报告》精神，在高等学校恢复了录取少数民族学生的照顾办法，这一年教育部发布《关于高等学校优先录取少数民族学生的通知》规定：“少数民族学生报考本自治区所属的高等学校，可以给予更多的照顾，当他们的考试成绩达到教育部规定的一般高等学校录取新生的最低标准时，就可以优先录取。”

“文革”结束后，高校招生中的民族政策得到恢复并有了进一步发展。教育部颁发的《关于一九七八年高等学校招生工作的意见》规定：“边疆地区的少数民族考生，最低录取分数线及录取分数段，可适当放宽。”1980年颁布的《1980年高等学校招生工作的规定》，对招生中民族优惠政策的发展成型起到了历史性的作用。该规定

拓展内容

高等学校招生优惠相关政策

一是明确对边疆、山区、牧区等少数民族聚居地区的少数民族考生,录取分数可适当放宽,由于少数民族聚居区的范围比边疆地区更为广泛,这一规定实际上起到了对少数民族增加照顾力度的作用。二是对聚居和散居地区的少数民族考生实行区别对待,对散居地区的考生虽然没有降分,但规定他们与其他考生"在同等条件下优先录取"。三是确定在部分重点高等学校举办少数民族班。民族班招生可以较多降低录取分数,这无疑会增加少数民族学生的入学机会。

第四节 高等学校学生学籍管理制度

一、高等学校学生学籍管理概述

(一)学籍管理的内涵

所谓学籍,是指经入学考试合格,正式录取,按照规定办理入学手续,报到注册后取得的学生资格。学籍管理是根据国家对高校学生德、智、体全面发展的要求,结合学校培养人才的目标定位,制定规章、制度、办法并按程序对高校学生从入学到毕业在校期间的学籍取得与更移、教学管理制度、校纪、校风等方面实施的管理。

(二)学籍管理的内容与过程

学籍管理工作是以学籍为中心所开展的学生管理工作,主要内容包括:学生信息档案的管理(包括新生和毕业生文字档案整理、归档和数据报盘),学生在校期间成绩管理(包括成绩单审核、整理与归档,成绩簿记载和成绩系统录入、成绩信息发放或告知等),学生学籍异动处理和考核违纪处理(包括休学与复学、转学与转专业、降级等,留校察看、退学、开除学籍、试读与取消试读期等),毕业生电子图像信息采集、毕业资格审核、证书发放及补办毕业证明书,各类学生信息数据统计与分析,学籍规章制度的建设及学风、校风建设等。这一系列管理过程主要可划分为两大块:其一,学生获得学籍、学籍异动及学籍丧失的管理;其二,学生学籍管理制度的制定与实施(如成绩考核与管理、试读、休学、复学、转学、退学等学籍异动制度的实施)。

二、高等学校学生学籍管理制度

根据教育部1983颁布的《全日制普通高等学校学生学籍管理办法》(已失效)和2016年经教育部第49次部长办公会议修订通过的《普通高等学校学生管理规定》(教

育部令第41号)有关学籍管理制度的规定,高等学校学籍管理制度涉及入学与注册、考核与成绩记载、转专业与转学、休学与复学、退学、毕业与结业及学业证书管理七个方面。

拓展内容

高等学校学生学籍管理制度

三、高等学校学生学籍管理制度建设策略

(一)完善学生管理制度

1. 实现制度的刚性与柔性的统一

学籍管理制度中的"刚性"是指对人才培养规格要有质与量的明确规定,这个规定是强硬的、相对统一的,包括学生学习的课程与学分数量、质量标准以及纪律约束办法等等。"柔性"是在质和量的规定性前提下给学生以充分选择的余地,包括学习年限、内容、方法与途径。学籍管理制度应充分保障学生的学习自由,为学生提供个性化的学习方式,采取人性化的管理方法,以便更好地实现制度的刚性与柔性的统一。

学习自由是大学生个性和创造性的基石。《关于深化教育改革全面推进素质教育的决定》中明确指出:"高等学校和中等职业学校要创造条件实行弹性学习制度,放宽招生和入学的限制,允许分阶段完成学业。"弹性学制将以学生更加灵活地自主选择专业方向、选修课程、选择教师、选择安排学业进程为标志,以全面提高教学质量为目的,以发展学生特长与个性培养为特色。个性化的学习方式有利于拓宽学生学习空间、激发学习兴趣、适合学生个性发展,具体来说包括以下几种方式:

①免修,即除培养计划规定的必修课外,学生可申请免修其他课程。申请免修的课程,经过免修考试,考试成绩达到规定分数即取得学分。②免听,即对自学能力较强、成绩优异、已修课程达到学校规定的可申请免听。免听期间,完成教师指定的作业,方能准予参加考试,成绩合格者取得学分。③辅修,本科生入校后在学有余力的情况下符合辅修条件的,可以自愿申请辅修第二专业学士学位或双学位。④间修,即允许学生分阶段完成学业,学生在对自己的潜力及对未来工作做出某种估计后,如果需要,他可以在较短的时间内修满必要的学分。如果中途有某种合适的职业值得去尝试一下,他也可以去试试而推迟拿满学分的年限,在试过之后再来选修课程时,学生可能因为获得了新的感受而做出更适合的选择。人性化的管理办法是"以生为本"精神的具体体现,它更多地包含了一种"人文关怀"。高校管理者在规范管理的基础上更多地考虑学生的感受和需要,制定出更加人性化的管理办法,是实现制度的刚性与柔性的统一的重要方面。

2. 实现高校自主管理权与学生合法权益的统一

实现高校自主管理权与学生合法权益的统一,必须做到学籍管理制度程序合法、

制度实体合法。按照依法建章的原则，学生学籍管理规定的制定应经过充分调研、起草、反复印证、修改、审议公示、备案等过程。其中很重要的一点是，应拓宽规定制定过程中学生的参与渠道，学校可通过各级学生组织充分征求意见，通过校园网络宣传，听取各种声音，对一些直接影响受教育者基本权益的制度，甚至可以通过代表大会的方式安排学生代表来参与规章制度的建设，这既有利于规章制度本身客观公正、科学合理的建设，也有利于规章制度的宣传、贯彻。学籍管理制度颁布前应公示。

学籍管理制度的实体合法首先要求制度的制定者主体合法，即高校管理制度可以由相关部门按照法定程序起草，但最后必须经校委会讨论审查通过后才能颁布实行。其次，实体合法要求高校制定的学籍管理制度必须合法。

在高校学籍管理制度中，在重视学生实体权利的同时，要增加知情权、听证权、申辩权、申诉权以及诉讼权等程序性权利。

（二）健全学籍管理制度体系

高校学籍管理制度是以“学籍管理规定”为主体的一个制度体系，由教育部颁布的《普通高等学校学生管理规定》、各高校制定的“学籍管理规定”及相应实施细则组成。要健全学籍管理制度体系，应重点完善以下几种制度。

1. 选课制度

学分制以选课为基础，学生在一定程序上选择学习的课程、学习的时间及授课教师。高校应在制定的学籍管理制度中以条款的形式对课程的分类做必要的说明，对选课的时间、程序及手续等做具体的陈述，保证制度的规范性和可操作性。

2. 转专业制度

《普通高等学校学生管理规定》第二十一条规定：“学生在学习期间对其他专业有兴趣和专长的，可以申请转专业；以特殊招生形式录取的学生，国家有相关规定或者录取前与学校有明确约定的，不得转专业。”一方面，学校应充分考虑学生的选择；另一方面，也要维护学校正常的教学管理秩序。高校在制定转专业的条款时，应明确指出处于怎样状态的学生可以申请转专业，什么样的学生不能转专业以及转专业的程序。

3. 辅修制度

《普通高等学校学生管理规定》第十六条规定：“学生根据学校有关规定，可以申请辅修校内其他专业或者选修其他专业课程；可以申请跨校辅修专业或者修读课程，参加学校认可的开放式网络课程学习。学生修读的课程成绩（学分），学校审核同意后，予以承认。”各高校在制定规章时，必须综合实际情况，细化辅修制度并指定相应的管理办法，在制度上保证辅修的实现。

（三）规范学籍管理程序及行为

从学生状告学校侵权的诉讼来看，缺乏正当程序，存在程序瑕疵，是高校在执行管理自主权时普遍存在的问题。高校在执行自主管理权时，必须有正当程序以保障和制衡。具体到高校学籍管理工作中，尤其是处理学生违纪事件，应包括学生的解释和申诉程序，学生管理部门的调查程序、专门委员听证并做出处罚建议的程序等，校长裁决及做出行政决定的程序、具体实施处罚的程序等，缺乏其中任何一项程序，都有可能造成对学生的侵权，从而成为学生状告学校的理由。

第一，学校处理程序不越权、遵守处理决定权的层级程序。

第二，学校的处理决定应以书面形式做出，且要告知和送达学生本人。

第三，学校的处理决定应在规定的期限内告知或送达受到处理的学生本人。

第四，尊重和保障学生的申辩权，学校要允许学生申辩，重大学籍的处理决定在做出决定前可进行听证，根据听证笔录做出正式决定。

第五，一事不两罚。

第六，保障学生的救济权，告知学生救济权。

（四）改进学籍管理运行机制

学籍管理绝不是教务处一个部门可以独立完成的，特别需要执行教学与学生管理的院系共同完成。实行校、院（系）两级管理，将管理重心下移，体现“学院自主办学，学校宏观调控”的思想，有利于充分调动院系一级学籍管理人员的积极性、主动性，充分发挥他们的创造性。

学籍管理工作的周期性和相对稳定性决定了学籍管理大部分日常工作可以实现程序化，教务处可以学期为主线，制定学籍管理工作日程，各院系按既定日程完成管理工作。

（五）加强学籍管理队伍建设

学籍管理队伍是学籍管理工作的主体，是学籍管理工作的执行者。学籍管理队伍的素质和管理水平的高低，管理质量的优劣，直接关系到高校教学工作的运转和教学质量的提高，因此，加强学籍管理队伍建设尤为重要。

第一，必须使学籍管理人员充分认识到学籍管理工作不单纯是一个照章办事、处理几个学生的学籍问题，其根本目的是全面贯彻党的教育方针和有关政策法令，提高教育与教学质量，稳定教学秩序，优化育人环境，充分调动学生学习的主观能动性，使其成为一个合格的人才。

第二，学籍管理人员必须树立服务意识，将“以生为本”的理念贯穿到学籍管理的各个环节。学籍管理中应深入了解学生的需求，关心学生的发展，帮助学生解决实际问题，积极为学生提供辅导与服务，在管理者与学生之间建立起平等、信任、合作的良好关系，切实做到权为生所用、情为生所系。

第三，不断提高其业务素质和能力。学籍管理人员必须掌握计算机应用于高校学籍管理的基本操作技能，并熟悉有关学生学籍管理的政策、规章与条例、办法，具备进行学籍资料收集、整理、分类及分析的能力。

第五节　国家教育考试制度

一、国家教育考试概述

（一）国家教育考试的概念

1. 国家教育考试

考试是渗透于人类生活各个领域、各个方面的一种社会现象和社会活动。大者如招工、招干、选拔培养人才，小者如待人、人际交往，无不运用着考试或考试手段。可以运用笔试，可以运用面试、口试，也可以通过日常接触进行观察。甚至可以这样说，从人类社会诞生之日起就伴随着产生了考试。从教育学视角进行分类，考试可以分为教育考试和非教育考试。教育考试又可以分为国家教育考试和学校教育考试。由国家或国家有关部门直接组织和管理的考试，就是国家教育考试。它是国家为选拔人才、推进教育改革创新、维护社会公正公平、促进社会和人才的全面进步而进行的一种特有的教育考试。

《教育法》第二十一条规定："国家实行国家教育考试制度。"在《国家教育考试违规处理办法》第二条中明确规定："本办法所称国家教育考试是指普通和成人高等学校招生考试、全国硕士研究生招生考试、高等教育自学考试等，由国务院教育行政部门确定实施，由经批准的实施教育考试的机构承办，面向社会公开、统一举行，其结果作为招收学历教育学生或者取得国家承认学历、学位证书依据的测试活动。"

因此，国家教育考试的概念至少包含两方面内容：国家教育考试是国家授权给国家教育行政部门和教育考试机构确定和组织的考试；国家教育考试体现了国家意志，是政府行为。具体来讲，国家教育考试就是指以国家名义组织、认可和监督，在全国统一实施，并以国家授权的学校或实施考试机构以自己的名义颁发学历、学位证书或其他考试证明，效力达及全国的教育考试。

（二）国家教育考试的地位

当今世界，综合国力的竞争主要是科技和人才的竞争，这已成为全社会的共识，国家教育考试作为选拔人才、实现科教兴国的重要手段，越来越受重视，在教育领域乃至整个社会中都有着重要的地位和作用。

首先，国家教育考试是教育事业的重要组成部分。十一届三中全会以后，国家有关机关为了维护国家教育考试的严肃性，提出加强考试管理，对现行的各种教育考试制度都制定了相应的行政法规或规章，推动了国家教育考试的发展。1988年3月3日国务院发布了《高等教育自学考试暂行条例》、1988年5月原国家教委发布了《普通高等学校招生统一考试管理规则》、1992年2月《高等学校招生全国统一考试管理处罚暂行规定》发布、1995年3月《教育法》将国家教育考试制度列入国家教育基本制度、1996年5月原国家教委发布《高等教育自学考试开考专业管理办法》、2004年5月教育部颁布《国家教育考试违规处理办法》，目前考试法的制定也提上了议事日程。这一系列行政法规和规章的制定，说明我国对国家教育考试的重视程度日益提升，使高等教育往更为科学规范的方向发展。

其次，实行国家教育考试制度对实施国家教育标准、保证教育教学质量，实现教育机会均等、保障受教育者合法权益都有十分重要的影响。在当前办学体制和教育形式日益多样化的情况下，为了保证我国各级各类教育的健康发展，必须制定一定的教育质量标准并对教育质量加以监控，而国家教育考试就是重要的监督手段之一。同时国家统一入学考试，为公民获得非义务教育阶段的受教育机会提供了公平竞争和公正选拔的手段，公民凡符合考试规定条件者，均有权参与公开、公正条件下的平等竞争，这在较大程度上保证了公民受教育机会的均等。国家举办的水平考试或自学考试是对公民所达到的教育水平具有法律效力的认定。无论公民以何种形式参加学习或接受教育，只要通过规定的国家考试，就可以取得相应的资格或学历，从而在就业、升迁等方面得到同等对待，有利于维护公民的受教育权益。

（三）国家教育考试的特点

1.权威性

国家教育考试是按国家法律、法规在全国范围内组织实施的考试，具有国家意志性。考试结果在全国范围内有效，考试种类、科目、报考条件由国家统一规定，考试实施组织机构由国家统一批准，考试具体内容由权威机构和有关方面的专家设计，考卷评分、分数处理具有严格的程序性和专业性，其可信度得到社会的公认。

2.教育性

国家教育考试最大的特点就是教育性。虽然国家教育考试具有强烈的选拔和知识、能力评价性，但国家教育考试的根本目的是育人。通过对学生知识、能力的检测，有利于学生反思和整理学习内容，促进学生改善学习方法，激励和引导学生进一步明确学习目的。同时教育考试也是培养学生公平竞争意识的重要途径。

3.规范性

国家教育考试组织严密、准备充分、有专门的机构组织实施考试活动，专业化程度高。从公布考试科目、考试大纲、考试范围、考试日期、各科分数线权重到考场组织、监考阅卷、统分、公布成绩等整个过程，都有严格的活动程序，极具规范性。这种规范性为国家教育考试的稳定性及权威性奠定了基础。

4.整体性

国家教育考试全面反映了社会对国民素质的基本要求，一般不是单科的更不是片面的考试，考试内容具有全面性。它既引导考生注重基本素质的养成，又重视考生专业知识和特长的发展。就国家教育考试种类之间关系而言，也能相互衔接互为补充；就每一种国家教育考试而言，考试科目间也有科学的内在联系，充分体现了考试的整体构成；就一个考试科目而言，每一科目考试内容分配也有合理的结构。国家教育考试还与一些小型考试相结合，形成培养人才和甄别能力的合力。

5.社会性

国家教育考试涉及面广、影响面大，是任何公民从事政治、经济、文化领域工作的必经之路，是个人改变命运的重要途径，是个人、家庭、社会国家利益的共同所在。其一，国家通过教育考试选拔有用之才；其二，国家通过教育考试赋予合格者一定的社会资格，使其获得更好的社会地位，是公民实现个人理想的重要机会，充分体现了机会面前人人平等的原则，对社会的稳定具有重要的作用；其三，国家教育考试促进了社会成员的分层与社会流动。

二、国家教育考试制度的形成与发展

（一）教育考试的沿革

教育考试随教育的产生而出现，并随着教育的进步而发展。纵观中外教育考试发展的历史，以教育考试内容的丰富程度、教育考试技术的先进程度、教育考试目的的多样化程度以及教育考试管理水平的高低程度作为标准，可以将其划分为三个阶段：教育考试的初始化阶段、教育考试的多样化阶段和教育考试的科学化阶段。

1.教育考试的初始化阶段

中国古代考试历史可以追溯到夏商王朝，有历史记载的大概始于西周，国外则一直可以追溯到16世纪后期，都处于教育考试的初始化阶段。在这一阶段，由于科学技术发展水平较低，各方面知识积累非常有限，加之教育的主要目标在于培养统治人才，而当时的经济社会管理所需要的知识面又十分狭窄，教育的内容比较简单，主要以考查本民族语言、观念和宗教等知识为主。从目标上看，也以考查学生知识掌握程度为主，因为没有大规模、系统化的教育考试存在，也就不存在复杂的教育管理，主要是以学校自身单独管理或由教师个人进行管理为主；从方法上看，教育考试也多采取类似于今天的口试和实践考试或者观察性考试方法。

2.教育考试的多样化阶段

教育考试的多样化是教育形式多样化、教育培养目标多样化、受教育对象规模化以及教育内容丰富化的必然结果。从洋务运动开始，清末教育深受西方教育模式的影响，不论考试内容还是考试方法，都发生了较大的变革。从同文馆的设立开始，辟选性的入学考试、评价性的期中考试和鉴定性的毕业考试构成了完整的体系，考试内容更加注重实用知识。清朝末期，出国留学教育考试开始出现，为了提高选拔质量，专门组织出国留学考试，这是中国教育史上一种新型的教育考试形式。民国时期的教育考试制度主要模仿日本和欧美，中间夹杂一些本土化成分。中华人民共和国成立后，教育考试进入了一个全新时期，随着普通高校招生统一考试制度的建立，到20世纪90年代末，已经形成了包括以下三类教育考试的体系：一类是包括普通高等学校入学统一考试、成人高校招生入学统一考试、硕士研究生招生入学统一考试、高等教育自学考试在内的国家级入学和认证教育考试体系；第二类是包括普通高中毕业会考和普通高中入学考试在内的省级教育考试；第三类是包括博士研究生入学考试、各级各类学校学业考试在内的学校内部考试。

3. 教育考试的科学化探索阶段

教育考试的科学化探索主要是针对如何进一步提高教育考试的有效性，确保教育考试的公平，减轻应试者负担并防止对其身心带来不利影响等问题，在测量工具、命题方式、考试管理、试卷评阅等方面所进行的必要改进。西方国家是从20世纪初开始，中国则是从20世纪80年代开始，主要是从以下三个方面进行探索：一是标准化考试的探索。教育考试的标准化探索是教育与心理测量的理论和技术在教育考试实际应用过程中逐步深化的。中国自20世纪80年代中期开始从美国引进标准化考试模式，初期是将其用于考试大纲的制定、试题的编制与论述题评分细则的制定、题库的建设、分卷考试以及机器评卷等方面，后来则更进一步，主要集中于建立标准分数的制定上，目前国内举行的大规模考试，都采用标准化考试形式。二是考试目标、内容与形式的调整。在相当长的一段时期内，教育考试把对学生所学知识的掌握程度的考核作为主要甚至唯一的目标，因此考试内容包括科目和知识点等相应教育阶段的教学内容，相关度极强，其结果是导致教学上照本宣科和学习上死记硬背，十分不利于学生创造力的培养。但随着信息社会的到来，知识更新的速度加快，人们越来越发现能力的培养才是关键，因此教育的培养目标转向能力，教育考试的内容也更关注考查学生的不同个性、能力和性向。从考试形式上看，以前大都是一考定终身，现在则具有尽可能增加考试次数的倾向。三是考试过程控制更加严密化。考试结果是否客观、公正和真实有效，对考试过程的控制是关键。因此世界各国在上述方面都进行了有益的探索。一方面都制定了系统的考试规则，严防违纪、作弊行为；另一方面充分利用现代化手段，加强考试现场管理和考场环境建设，尽量为考生创造人性化的宽松的考试环境，消除影响考生发挥的不利因素等。①

---

①李化德，李春茹. 教育考试立法问题研究[M]. 北京：法律出版社，2005.

（二）国外教育考试制度介绍①

它山之石，可以攻玉。全球化时代，教育已不能再固守原有的观念，需要博采众家之长，以补一己之短。这里我们对美国、英国和日本三个国家的教育考试制度加以介绍，以促进我国教育考试制度的发展。

1.美国教育考试制度

美国教育在世界上属于领先水平，它的教育极具本土特色。美国的教育考试制度与其政治体制一致，属于地方分权制，各州负主要责任，联邦具有广泛影响，这种教育管理体制就决定了美国没有国家统一控制的考试和统一规定的毕业考试要求。目前，其大学入学考试和其他各种学历、职业证书考试，基本上由美国教育考试服务处(ETS)和美国大学测试中心(ACT)两家私人团体办的颇具权威性的考试机构负责。美国教育考试服务处(ETS)承办研究生院入学考试(GRE 和 GMAT)、大学入学考试(SAT 性向考试)和学业成就考试(AT)。美国大学测试中心(ACT)承办大学入学考试(ACT)和各种职业考试。美国大半高等学校是四年制的本科大学，绝大多数都要经过 SAT 或 ACT 入学考试，有的名牌大学还要 AT 高中学生成就考试成绩。SAT、ACT、AT 每年为考生提供多次考试机会，最终入学时选取最高分数。目前，SAT 和 ACT 这两种大学入学考试方式已被相当多的大学和考生接受。

2.英国教育考试制度

英国教育发达，考试制度具有悠久的历史，考试不仅是学校教育的组成部分，而且渗透到社会的各行各业中，在社会各方面发挥着重要的作用。在学校教育方面，政府科学教育部下设课程委员会、中学考试委员会和评价委员会。三者相互制约，共同制定高等教育之前的国家教育标准。它们控制五个独立的非政府的地方考试委员会制定考试大纲，实施普通中等教育证书(GCSE)和高级水平证书(GCE-A-LEVEL)考试。普通中等教育证书(GCSE)一般考 6～7 个科目，鼓励多考。成绩 A～G 分为七个等级，证明义务教育结束时学生的学业水平，为升学和求职提供参考。高等水平考试(A-LEVEL)提供给予(GCSE)后学习两年的学生更有针对性的专业科目考试，起大学预科的作用。除学校教育外，英国还有多种其他考试机构，其中具有代表性的是“伦敦城市与行会考试院”，它是英国主要的专业考试及颁发资格证书的机构。

3.日本教育考试制度

虽然日本的教育史不长，但是其考试制度，尤其是大学入学考试制度善于随时代的发展而改革，极具特色。日本没有中学毕业考试制度，完成高中学业则取得毕业文凭，就可以参加高校入学考试。没有完成高中学业者报考大学，须通过文部省监督执行的全国性 Daiken 考试。报考国立、公立或部分私立大学，必须先通过全国统一考

①樊本奎.主要发达国家教育考试管理状况及发展趋势[J].教育改革，1996(4)：56－57.

试,即国家中心测验(NCT),主要考查高中学业的主要内容,然后再通过各大学自己举办的学科考试。报考一般私立大学,可以不参加国家中心测验(NCT)。日本大学入学全国统一考试,首先由文部省大学入学考试委员会制定基本政策,然后由全国大学协会第二常务委员会拟订具体考试方针、办法,最后由专家委员会和国家考试中心组织考试。目前,日本"入试中心"已面向社会服务。

4.国外教育考试制度对我国的启示

纵观国外教育考试制度,在考试目标上更加关注学生能力的培养。在考试的内容上注重对学生个性和能力的考查,考试方式也灵活多样,对我国的教育考试具有重要的启示意义。主要体现在以下三个方面:一是要改变过分重视对学生知识的考查,转而注重对学生能力和兴趣的测试。我国考试在突出选拔功能的同时,应将能力考查作为重点和核心,突出学生知识运用、问题分析、思维创新能力的体现,以此确定学生专业适应能力,同时强调理论和实践相结合,注重学科之间的渗透和综合,体现现实生活的客观要求,增加学生学习的兴趣。二是改变高度统一的招生制度,向学校下放自主权。这主要是针对高校而言,应该让考生与高校多沟通、多互动,让高校根据自己办学的实际情况设置招生计划,提高办学质量。① 三是建立科学的试卷编制制度。我国一向是教考分离,考试机构编制的试题也许符合编制人员对教材的理解,但是却不一定符合学校的实际教学情况,从这两种情况出发,"教""考"两个部门应及时有效地沟通,保证试卷编制的科学性。

三、国家教育考试的种类

(一)普通高等学校招生考试

普通高等学校招生考试(简称高考)是以普通高中毕业生为主要对象的全国普通高校本专科招生统一考试制度。全国统一高考制度的建立,开创了中国招生考试制度的新纪元。我国现有普通高等学校招生制度始于一九五二年6月中央人民政府教育部发布的《关于全国高等学校一九五二年暑期招考新生的规定》,明确规定自该年度起,除个别学校经教育部批准外,全国高等学校一律参加全国统一招生考试,采取统一领导与分省、市、自治区办理相结合的招生办法。1952年确立的招生制度之所以被公认为中国现代考试制度史上统一高考的开端,是因为和往年的招生办法相比,在招生名额、报考条件、考试内容、命题、阅卷、录取及调配等各环节,国家都做出了明确的规定,并严格执行这些规定。高考在"文革"期间被废除,1977年恢复至今。普通高等学校全国统一招生考试所涉及的命题、报考条件、考试科目、考试方式、考试时间、政治考核、健康检查、录取工作都是按照国务院教育行政部门的规定执行的。

---

①陈恩伦.教育法学[M].重庆:重庆出版社,2006.

全国普通高等学校招生考试是我国目前最重要的考试，涉及面广，关系到众多人的利益，因此，人们对普通高等学校招生考试不断地进行反思，要求其与社会发展相适应，实现考试效益最大化。在这个过程中，国家也多次小心进行尝试，1985 年实行高考标准化改革、1997 年逐步推行社会化报名、2000 年开始逐步实行各省市自主命题。目前，关于高考改革的讨论日趋激烈，主要集中在高考的内容和考试方式上。但是，高考改革不是一个简单的问题，它关系的不仅仅是高考本身，还涉及社会生活的其他方面，因此很难确定各种方式的优劣。就我国的现阶段而言，高考是相对最公平的选拔方式，能够保障多数考生的利益，只是可以在实行高考这一大前提下，改革考试方式，使更多的学生受益，走进大学校门。

（二）成人高等学校招生考试

成人高等学校招生考试（简称成人高考）是指我国各类成人高等学校进行学历教育的招生入学考试，它分高中起点考大专、高中起点考本科、大专起点考本科三个层次。每年 10 月由国家组织命题考试。参加考试者主要指在职工作人员及应届的中专、职业高中毕业生，有业余和脱产两种学习方法。与普通高校招生考试一样，我国的成人高考也经历了曲折和不断完善的发展过程，由最初的招生学校单独考试发展到各省教育行政部门组织同类学校进行统一考试，再发展到全国各类成人高校实行统一考试。

教育部于 1984 年正式下达了《关于成人高等学校 1984 年由省、市、自治区统一招生考试的通知》，要求各省、自治区、直辖市对各类成人高等学校招生实行统一考试的办法，但是广播电视大学仍实行电大系统内的统一招生。随后，国家教委决定从 1986 年开始，实行全国范围内成人高校统一招生考试，由国家教委组织统一命题、统一考试时间、统一评分标准；各省、自治区、直辖市组织统一考试、统一评卷、确定最低分数线，录取则由各招生学校负责。至此，成人高等教育中的全国统一高考正式建立，并实行至今。1986 年以来推行的全国统一的成人高等教育入学考试制度，统一了成人高等学生的规格，优化提高了成人学生的素质，对教育质量规格化、规范化起到了积极的促进、提高作用。成人高等教育是国家级招生考试，以招收在职从业人员为主，受国家法律保护。在我国，成人高考已经成为终身教育体系中高等教育的重要组成部分，它与普通高考一样，需通过国家统一考试取得入学资格，毕业后可获得国家承认学历。从一定意义上说，它是借鉴普通高校招生统一考试制度的成功经验，结合成人高校招生工作实际而建立和逐步完善的。

（三）研究生招生考试

研究生入学考试分为硕士研究生入学考试和博士研究生入学考试。对于博士研究生考试而言，主要是由招生机构自主命题和自主招生，国家只是控制其招生计划。1981 年 1 月 1 日施行的《学位条例》对研究生招生工作做了明确规定。研究生招生方式有全国统一入学考试、单独考试、推荐免试三种方式。全国统一入学考试分为笔试和复试两个部分，笔试部分至少五门，即政治、外语和三门业务科，一些学科或专业可根据需要增加一至两门综合课程考试科目。其中，政治和外语由国家统一命题，现在也有部分专业科目由国家统一命题，例如教育学、心理学等，其他业务科目则由招生机构自行组织命题或联合命题。国家统一考试时间、统一划定分数线，考试一律采用闭卷笔试的方式，所有专业都要求进行复试，复试一般由招生机构自行组织。此外，校际相同或相似专业还可以根据需要进行录取调剂。相对于前面两种考试而言，招生机构享有更多的自主权。30 多年来，研究生招生考试制度不断改进完善，为研究生教育工作和国家高层次人才培养工作做出了不可磨灭的贡献。

（四）高等教育自学考试

高等教育自学考试创立于 1981 年。当年 1 月 13 日，国务院批转了教育部《关于高等教育自学考试试行办法》，在北京、上海和天津试点。1983 年 5 月 3 日，国务院批准成立了全国高等教育自学考试指导委员会，推进了自学考试的发展。1988 年，国务院正式颁布了《高等教育自学考试暂行条例》，从根本上规范了自学考试。1999 年 1 月 1 日起施行的《高等教育法》正式写入“国家实行高等教育自学考试制度”的法律条文，把它列入了国家高等教育基本制度之一。根据《高等教育自学考试暂行条例》的规定，自学考试“是对自学者进行以学历考试为主的高等教育国家考试，是个人自学、社会助学和国家考试相结合的高等教育形式”。因此，它既是一种国家教育考试制度，也是一种高等教育形式。自学考试的任务“是通过国家考试促进广泛的个人自学和社会助学活动，推进在职专业教育和大学后继续教育，造就和选拔德才兼备的专门人才，提高全民族的思想道德、科学文化素质，适应社会主义现代化建设的需要”。可见，自学考试从一开始就贯穿了以人为本的思想，着眼于民族素质的提高，着力推进继续教育、终身教育和学习型社会的建设。因此，现在已成为我国高等教育的另一支柱，不仅规模有了很大的发展，在层次和学科结构、考试内容和管理体制、管理手段和管理办法等方面都发生了深刻变化，其质量为全社会所公认，并且在国际上得到了许多国家的承认和效法。

（五）普通高中毕业会考

实施普通高中毕业会考在于全面贯彻教育方针，加强教学管理，推动教学改革，大面积提高教学质量，给中学教学以正确的导向。普通高中毕业会考是国家承认的省级普通高中文化课毕业水平考试。它是检查评价普通高中教学质量的一种手段，也是考核普通高中学生文化课学习是否达到必修课教学大纲规定的基本要求的重要手段。目前会考的内容包括考试科目和考查项目，主要采取考试和考查两种方式。省、自治区、直辖市教育行政部门建立的考试专门机构，负责会考的组织、实施和管理等工作。考试科目由各省、自治区、直辖市统一命题，统一施考，统一评卷，统一统计、分析和报告成绩。

（六）其他类别的教育考试

随着改革开放的深入和扩大，其他类别的国家教育考试（含学历教育和非学历教育）也得到了迅速发展，如计算机等级考试、外语水平考试等。现在虽没有明确将它们纳入国家教育考试的范围，但它们的基本特点仍然是由国家教育考试机构组织管理，考试结果为国家所承认。

外语水平考试是指为以该语种为非母语的外语学习者专门设计，旨在测量其外语语言能力和水平的语言性测试。外语水平测试既有中国考试机构主办的，也有由国外机构主办的。目前由教育部主办的外语水平考试主要有：出国人员外语水平考试，大学英语四、六级考试，日语等级考试等。它们的考试结果在全国都被承认。

全国计算机等级考试是经原国家教育委员会（现教育部）批准，由教育部考试中心主办，面向社会，用于考查应试人员计算机应用知识与技能的全国性计算机水平考试体系。目前该考试设四个等级。它不以评价教学为目的，考核内容不是按照学校要求设定，而是根据社会不同部门应用计算机的不同程度和需要、国内计算机技术的发展情况以及中国计算机教育、教学和普及的现状而确定的；它以应用能力为主，划分等级，分别考核，为人员择业、人才流动提供其计算机应用知识与能力水平的证明。

四、国家教育考试的组织与实施

考试的组织与实施是一个系统工程，包括试卷的编、印、答、评阅和分析的过程，是一种群体活动。每年全国仅三大教育统一考试就有两千多万考生应考，面对大规模的社会性考试，要进行有效的控制，确保考试的顺利进行，必须有一套从中央到地方健全的管理机构和严密庞大的组织系统。

（一）考试的组织

1. 国家教育考试组织机构

国家教育考试只有经过批准的实施教育考试的机构才能承办，任何组织和个人不得擅自举办国家教育考试。实施教育考试的机构职责是确定的，它们必须在职责范围内行使职权，不得擅自超越职权范围。我国的国家教育考试机构，从中央至县共分为四级：中央国家教育考试机构，省级国家教育考试机构，地（市）级国家教育考试机构，县（区）级国家教育考试机构。各级国家教育考试机构在本级人民政府领导下开展工作，同时受上一级国家教育考试机构的指导。

在国家教育考试机构的管理下，国家教育考试的组织与实施逐步实现了标准化，推动了国家教育考试的有序、健康发展。但是，毋庸讳言，国家教育考试机构的现状和其职能是不相称的，对国家教育考试改革创新与发展产生了不利影响，必须加以重视和妥善解决。首先，应建立科学的教育考试行政组织体系。国家教育考试不是教育的从属，也不仅仅具备选拔人才的功能，它在促进社会成员教育起点公平、优化教育资源配置、调整利益分配和促进人的全面发展中具有积极的作用，应该重视教育考试的行政职能，建立科学的教育考试行政组织体系。教育考试机构的职责也不应该仅仅包括考试的组织实施，还应包括考试决策、考试指挥、考试执行、考试咨询、考试信息处理与反馈、考试科学研究等各个方面。其次，要正确定位教育考试机构的职能。我国的教育考试机构一直肩负着双重职能，即教育考试的管理职能和业务职能，管理范畴也相当宽泛，具体涉及许多内容。这造成了教育考试机构管理意识强服务意识弱，主观意识强而法律意识弱，行政意识强而市场意识弱，不利于教育考试机构科学合理地实现选拔功能，也不利于教育考试机构为国家的招生制度服务。所以应该强调教育考试机构的宏观管理职能，主要负责制定规划、政策、加强监管，将考试的具体实施交由社会的教育考试中介机构来实施。

2.学校与考试工作人员

学校是指参与国家教育考试的各类高等学校和中等学校。考试工作人员是指教育行政部门和教育考试机构工作人员，参加国家教育考试工作的命题、监印、监考、巡考、督考、评卷、统分人员以及试卷运送、保管、保密人员。考试工作人员应当认真履行工作职责，维护教育考试的公平、公正，营造一个良好的考试氛围。

（二）命题工作

命题工作是考试过程的第一阶段，也是保证教育考试质量的核心工作，是教育考试生存和发展的生命，所以在命题过程中应做到规范、科学，体现公平公正的原则。目前我国的命题工作体制是全国普通高校和成人高校招生选拔性考试实行全国统一命题；有条件的省、自治区、直辖市可根据实行情况进行考试科目设置，考试内容改革试点，申请单独命题或区域性合作命题；高等教育自学考试和成人高等教育学历文凭考试实行全国统一命题。命题的规则也应当以课程考试大纲为依据，试题要有较好信度、效度和区分度，注重考生运用知识解决问题能力的考核，答案和评分参考应当做到准确无误。命题的方式也是根据工作开展的需要而定，运用多种命题方式，如入围命题、建立题库、分散征集试题、委托命题等。命题的组织与实施有严格的程序，在命题的过程中应严格按照程序进行。①

（三）考试的实施

考试实施是考试过程的第二个阶段，包括从招生宣传、考生报名、印制试卷到考试结束整个过程。这个阶段的工作是对前面各环节工作的筹划、组织、协调和控制，是考试组织与实施的重要环节，因此对考试实施过程中各个环节都要进行有效的控制，确

---

①李化德，李春茹.教育考试立法问题研究[M].北京：法律出版社，2005：87－97.

保考试的顺利实施。

1. 考前宣传

教育考试机构或学校(单位)应当在考试前公示有关情况,公示内容应当包括下列事项:(1)考试法规、政策、程序及业务规范规定;(2)考试的种类及性质;(3)报考对象及条件,报名时间、地点、方式和相关手续;(4)考试的科目及考试时间安排;(5)考试收费依据、标准及方式;(6)其他应当告知考生的事项。

2. 报名应考

只要符合以下规定的人员都可以报名参加各类国家教育考试。国家教育考试机构也应按规定给报考人员发放准考证。

(1)符合报考条件的报考人员依照法律法规规定,均可报名参加国家教育考试。

(2)报考人员应当按照教育考试机构公布的时间、地点和方式报名,并提交报考条件所要求的有效证件和其他书面证明材料。

(3)教育考试机构对符合国家教育考试条件的报考人员发给准考证。

3. 考区考点设置

国家教育考试以地、县为考区。考区设考区委员会,负责领导、组织和管理本考区的教育考试工作,处理本考试中发生的违纪、作弊等问题。考区主任由本级教育行政部门负责人担任,省级教育行政部门委任。考点主考由考点所在学校校长担任,地县教育行政部门委任。

4. 考试

教育考试应在规定的时间内统一进行。因不可抗力致使国家教育考试不能按时进行,需要延迟考试时间的,由教育考试机构报教育部考试中心批准后实施。考生应当按照规定时间进入和离开考场。普通高校和成人高校入学考试应当使用正题进行考试。需要启用副题考试的,由各级教育考试机构报经上级教育考试管理部门批准后实施。

5. 评卷与分数管理

评卷是考试过程的第三阶段,对考试成绩有重要的影响:只有对评卷工作进行规范管理才能使考生成绩具有真实性和客观性,保证考试的公平、公正;只有获得准确的考生成绩,才能通过成绩进行公正的评估和选拔。

评卷和分数管理也由三个阶段构成:一是评卷前期的准备,这一阶段主要涉及对评卷机构的设置并设定其职责、评卷教师的选聘与管理、评卷场所的选定和试卷管理;二是评卷阶段,这一阶段主要包括培训教师、组织试评、阅卷评分及应遵循的原则、异常答卷的处理、评卷质量检查、客观题评卷以及网上评卷等七个环节;三是成绩统计及试卷与答卷评析阶段,这一阶段包括微机统分、分数统计报告和试卷答案评析三个环节。

五、国家教育考试的法律责任

（一）教育考试法律责任解析

教育法律责任，是指教育法律关系的主体因实施违反教育法的行为而承担的否定性法律后果。教育法律责任是教育基本法的重要组成部分，体现出国家强制性，维护了教育法的权威，为教育司法与教育行政复议提供了重要法律依据。教育法律责任最主要的类型是行政责任，包括行政处分与行政处罚，以行政处分为主。

（二）违反国家教育考试制度的法律责任

《教育法》第七十九条规定了有关违反国家教育考试制度的法律责任。教育部制定的《国家教育考试违规处理办法》是我国第一部关于国家教育考试违规行为处理办法的部门规章，对国家教育考试违规行为的种类做了明确的规定。

1.考试作弊的责任

《教育法》第七十九条规定考生在国家教育考试中出现作弊行为时，“由组织考试的教育考试机构工作人员在考试现场采取必要措施予以制止并终止其继续参加考试；组织考试的教育考试机构可以取消其相关考试资格或者考试成绩；情节严重的，由教育行政部门责令停止参加相关国家教育考试一年以上三年以下；构成违反治安管理行为的，由公安机关依法给予治安管理处罚；构成犯罪的，依法追究刑事责任”。

在国家教育考试中，考试作弊的行为主要包括考生违规行为和考试工作人员违规行为。考生考试违规行为主要是指：非法获取考试试题或者答案的；携带或者使用考试作弊器材、资料的；抄袭他人答案的；让他人代替自己参加考试的；其他以不正当手段获得考试成绩的作弊行为。考试工作人员应该认真履行工作职责。考试工作人员在考试管理、组织与评卷等工作过程中若出现违规行为，如组织作弊的，通过提供考试作弊器材等方式为作弊提供帮助或者便利的，代替他人参加考试的，在考试结束前泄露、传播考试试题或者答案的及其他扰乱考试秩序的行为，应立刻停止其参加国家教育考试工作，并视情节轻重给予相应行政处分，调离考试工作岗位。情节严重构成犯罪的，由司法机关依法追究刑事责任。

2.非法举办考试的责任

《教育法》第八十一条规定：“举办国家教育考试，教育行政部门、教育考试机构疏于管理，造成考场秩序混乱、作弊情况严重的，对直接负责的主管人员和其他直接责任人员，依法给予处分；构成犯罪的，依法追究刑事责任。”

非法举办国家教育考试，指未经国家教育考试管理机构批准或授权的主体，私自举办国家教育考试、增设国家教育考试考点、境外合作举办属于国家教育考试范围的考试项目、利用承办资格设置不符合国家有关规定的考试种类及内容等。上述违法行为的主体主要涉及学校及其他教育机构、社会组织、个人以及国家机关。

非法举办国家教育考试的处理办法:一是教育行政部门对非法举办的国家教育考试宣布无效。二是针对通过举办教育考试获取的违法所得,除能够返还部分外,其他违法所得由教育行政部门予以没收。三是教育行政部门或主管部门对教育考试直接负责的主管人员及其他直接责任人员依法给予相应行政处分。

第四章

学业证书制度和学位制度

学业证书制度是我国教育制度的重要制度之一，对于维护教育活动正常有序进行，保证教育质量等，都有着重要意义。学位制度是世界上大多数国家在高等教育阶段通行的一种国家教育制度和学术管理制度，是国家对专业人才的学术水平和专业知识能力给予客观评价和奖励的制度，是对学位获得者的一种奖励和鼓励制度。学位制度的建立和实施有利于促进专业人才的成长，促进科学技术和教育文化事业的发展，促进国家间的交流与合作；有利于形成尊重知识、尊重人才的社会风气。本章主要介绍学业证书制度的含义、意义、分类、获取资格以及学位制度的含义、授予等内容。

第一节　学业证书制度

学业证书制度是指经国家批准设立或者认可的学校及其他教育机构对在该学校或其他教育机构正式注册参加学习并完成规定学业的受教育者颁发的学历证书或者其他学业证书的制度，它是我国教育制度的重要制度之一，对于维护教育活动正常有序地进行，保证教育质量等，都有着重要意义。我国对学业证书的种类、学业证书的法律效力、学业证书制度的实施等都有明确规定。

一、学业证书制度概述

（一）学业证书的概念

学业证书制度是我国教育制度的重要内容之一，对于维护教育活动正常而有序地进行，保证教育质量，有着不可替代的作用。在现代社会生活中，一个人的受教育状况对其自身发展起着决定性的影响，而最能准确而完整地反映个人受教育程度的，就是学业证书。学业证书是指经国家批准设立或者认可的学校及其他教育机构，对在该学校或者其他教育机构正式注册并完成了规定学业的受教育者颁发的证明文件，采用证书的形式加以记载。通过学业证书来表明受教育者完成了一定阶段、一定范围和一定程度的知识与技能的学习，达到了国家规定的教育标准。《教育法》第二十二条规定："国家实行学业证书制度。经国家批准设立或者认可的学校及其他教育机构按照国家有关规定，颁发学历证书或者其他学业证书。"基本含义包含两个方面：颁发和认定学业证书是一种依法做出的代表国家行使权力的行为。二是学业证书的持有者，在获得学业证书的同时可以获得相应的待遇，国家予以法律保障。

高等学校的证书制度是指接受高等学历教育或非学历教育的公民，由实施高等教育的机构根据其修业年限、学业成绩等，按照国家有关规定，发给相应的学历证书或者非学历性质的其他学业证书的制度。《高等教育法》第二十条就规定："接受高等学历教育的学生，由所在高等学校或者经批准承担研究生教育任务的科学研究机构根据其修业年限、学业成绩等，按照国家有关规定，发给相应的学历证书或者其他学业证书。接受非学历高等教育的学生，由所在高等学校或者其他高等教育机构发给相应的结业证书。结业证书应当载明修业年限和学业内容。"

（二）学业证书制度的意义

教育领域曾出现甚至现在仍有乱办学、滥发学业证书的现象，有些学校或其他教育机构违反国家有关规定，擅自发放超其层次、规格或职能范围的学业证书。一些个人或单位不经批准随意开办教育机构，不经批准擅自招生，对不符合招生标准、不符合教育质量要求的学生，照样发给学业证书。这些做法破坏了国家教育标准的完整统一性，危害着教育事业的健康发展。学业证书的发放是一种国家特许的权利，只有经过国家批准或认可的教育机构和教育考试机构才有资格颁发学业证书，这是学业证书的权威性、严肃性和有效性的法律保证。学业证书制度是保证教育活动有序进行，保证教育质量稳定发展，维系国家人事管理制度和国家教育管理制度的一项重要教育制度，是国家教育制度有序化、正常化、规范化的重要表现。国家必须建立和完善学业证书制度。

（三）学业证书的法律效力

法律效力指法律基于其所体现的国家权力，以及其中所凝结的具有真理性的知识和经验，因而在时间、地域、对象、事项等方面所具有的国家强制作用力。学业证书具有法律效力。其基本含义包含两方面：一是颁发及认定学业证书是一种依法做出的代表国家行使权力的行为。没有经过国家批准或认可，任何学校或其他教育机构擅自发放的学历证书国家一概不予承认。学校或其他教育机构只有经国家批准或认可其达到规定的教育指标，才有权发放相应的学业证书。二是学业证书的持有者，国家予以法律保障，即国家对学校及其他教育机构按规定颁发的学业证书予以承认，持证者从获得学业证书之日起，可以按国家规定享受相应的待遇。

当今社会，各类学业证书是用人部门选拔和录用人员的重要依据，劳动、人事管理等法律对不同学历人员或不同级类学业证书获得者在升学、就业、晋升职务及享受福利等方面也做了明确规定。因此学业证书的获得对个人参与社会生活、提高生活质量有着重要作用。国家根据学校及其他教育机构办学条件，授权、特许其发放学业证书。一般说来，教育行政主管部门在审查学校或者其他教育机构的设立申请之后，批准其设立则意味着国家赋予学校或其他教育机构发放相应的学业证书的权力，但学校或其他教育机构能否获得学业证书的发放权，取决于多方面的条件。这些条件可分为两大类，即硬件条件、软件条件。硬件条件主要是指教育活动中所必需的物质条件，如教学设施、场地、图书资料、实验设备等；软件条件主要包括办学指导思想、教师素质、招生标准、教学质量、教学活动的组织过程与管理水平等。教学行政主管部门在审批学校或其他教育机构的设立申请时，依据其硬件、软件情况做出是否授权、部分授权还是全部授权发放学业证书的决定。因此，有的学校或其他教育机构从设立之日起，就可取得学业证书的发放权或部分发放权；有的则是在批准设立一段时间后，经有关部门考核和审查后，认为其教育质量达到相应的质量标准要求时，才能完全或部分取得学业证书的发放权。

具有法律效力的学业证书必须严格按规定颁发。学校及其他教育机构也应该严格履行规定的程序，没有经过批准或认可的，就不得擅自发放；经过批准或认可的，发放学业证书必须严格掌握标准、条件，按规定进行。任何学校或其他教育机构不得违反国家有关规定，发放与其层次、规格和种类不符的学业证书。对于学校或其他教育机构违反规定发放的学业证书，国家一概不予承认；对于社会上伪造、买卖假学业证书的活动，国家予以严厉打击和取缔，以确保学业证书应有的法律效力。

二、学业证书的分类及获取的资格

（一）学历证书

学历证书是学业证书的主体，是学制系统内的教育机构对完成学制系统内一定阶段的学习任务的受教育者所颁发的文凭，分毕业证书、结业证书、肄业证书三种。为加强普通高等教育学历证书管理，维护国家学历教育制度和学历证书的严肃性，保证高等教育的质量和规格，原国家教委于1993年颁布《普通高等教育学历证书管理暂行规定》及其实施细则，详细规定了普通高等学校学历证书的种类、证书的具体内容、获取资格以及对学历证书的具体管理等等。

普通高等教育学历证书是普通高等学校以及承担研究生教育的其他机构发给学生受教育程度的凭证。根据规定，对具有学籍的学生学完教学计划规定的全部课程，考试成绩及格（或修满学分），德育体育合格，准予毕业者，可取得毕业证书。毕业证书应具备以下内容：①毕业生姓名、性别、年龄、学习起止年月（提前修完者应予注明）；②学制、专业、层次（研究生、本科或专科），毕业；③贴有本人免冠照片并加盖学校骑缝钢印；④学校名称及印章，校（院）长签名；⑤发证日期及证书编号。

对具有学籍的学生，学完教学计划规定的全部课程，其中有一门以上课程补考后仍不及格但不属于留级范围或未修满规定的学分，德育体育合格，准予结业者，可取得结业证书。结业证书应具备以下内容：①结业生姓名、性别、年龄、学习起止年月；②学制、专业、层次（研究生、本科或专科），结业；③贴有本人免冠照片并加盖学校骑缝钢印；④学校名称及印章，校（院）长签名；⑤发证日期及证书编号。

对具有学籍的学生学满一学年以上而未学完教学计划规定的课程中途退学者（被开除学籍者除外），可取得肄业证书。肄业证书应具备以下内容：①肄业生姓名、性别、年龄、学习起止年月；②学制、专业、层次（研究生、本科或专科），肄业；③贴有本人免冠照片并加盖学校骑缝钢印；④学校名称及印章，校（院）长签名；⑤发证日期及证书编号。

普通高等学校接收的进修生，进修结束后可取得进修证明书。普通高等学校未按国家招生规定而自行招收的学生以及举办的各种培训班的学生，学习结束后学校只能发给学习证明书，不得颁发毕业（结业、肄业）证书。

教育部于2002年颁布的《关于当前加强高等学校学历证书规范管理的通知》规定，普通、成人高等教育毕（结）业证书应具有以下内容：①姓名、性别、出生日期、学习起止年月;②专业、层次(博士、硕士、本科、专科或高职、第二学士学位)、毕(结)业;③学习形式(普通全日制,成人脱产、业余、夜大、函授、电视,网络);④本人近期免冠正面二寸彩色照片并骑缝加盖学校钢印;⑤学校或培养机构名称及印章,校(院)长签名;⑥发证日期及证书编号。

高等教育自学考试和高等教育学历文凭考试毕业证书应具有以下内容:①姓名;②身份证号码;③本人近期免冠正面二寸彩色照片;④专业、层次(本科、专科)、毕业;⑤省级高等教育自学考试委员会名称和印章、主考学校或就读学校名称和印章;⑥发证日期及证书编号。

此外,随着高等教育办学形式的日趋多样化,在教育部颁布的《关于当前加强高等学校学历证书规范管理的通知》中还特别规定了对高校中一些特殊的办学形式的毕(结)业证书填写要求,包括:①普通高等学校按照新的管理模式和运行机制举办的分校、二级学院,如具有独立法人资格,由分校、二级学院颁发毕(结)业证书,证书中学校名称填写"××大学××分校(二级学院)",并以此名称具印。如分校、二级学院不具有独立法人资格,以校本部名义具印颁发毕(结)业证书,证书内容填写"在我校××分校(二级学院)××专业学习"。②普通、成人高等教育专科生(高职生)经省级及省级以上教育行政部门组织选拔或考试录取入本科学习,其毕(结)业证书内容填写"在我校××专业专科起点本科学习";学习起止时间按入本科实际时间填写。③列入普通高等教育招生计划的第二学士学位班、成人高等教育举办的普通专科或高职班,其毕(结)业证书填写"在我校××专业××班学习"。④高等学校实施初级中学毕业后"五年一贯制"的专科(高职)教育,其毕(结)业证书填写"在我校(院)××专业初中起点五年一贯制专科(高职)学习"。实行三、二分段教学的专科(高职)教育,由高等学校颁发二年制专科(高职)毕(结)业证书。

(二)非学历证书

非学历证书是学制系统外的教育机构对完成一定阶段学习任务的受教育者颁发的学业凭证,主要有成人高等教育试行的"专业证书"及其他各种学习、培训计划完成后颁发的纪实性证书等。

1988年原国家教委、人事部发布的《关于成人高等教育试行〈专业证书〉的若干规定》指出:"专业证书制度是用人单位根据工作岗位的需要,有针对性地选拔已在专业技术岗位或专业技术性较强的管理岗位上工作的人员,为使其达到上岗任职所要求的专业知识水平,有目的地进行专业知识教育的一种教育证书制度。"成人高等教育专业证书是学员经过学习,考试合格,表明已达到岗位所要求的大专层次专业知识水平的一种证明,不能等同于大专毕业证书,也不能作为岗位培训合格证书,只在本行业、本专业的工作范围内适用,仅作为评定、聘任专业技术职务、管理职务和其他职务的任职资格的依据。若转换岗位,还应再接受新的专业知识,获取新的专业证书。

写实性学业证书是指依法设立的办学单位(学校或其他教育机构)经教育行政管

理部门批准实施培训、进修教学计划，对完成一定的培训、进修课程的学习，考核合格的学员发放的相应的一种证书。这种证书要求如实记载学员在该单位学习的时间、课程及成绩考核情况，作为学员学成后走上社会或回原工作单位供有关部门录用或调动、晋升岗位的参考依据。

培训证书是对受教育者颁发的，表明其已达到就业前或者上岗前已完成必要的职业技能教育和技术训练的一种证明。职业资格证书是对受教育者在接受职业技术培训期间经劳动部门组织的技术等级考核合格而颁发的表明其已具备就业上岗所需要的某种职业某一等级技能或技术的一种凭证。《职业教育法》第八条规定："实施职业教育应当根据实际需要，同国家制定的职业分类和职业等级标准相适应，实行学历证书、培训证书和职业资格证书制度。"第二十五条规定："接受职业学校教育的学生，经学校考核合格，按照国家有关规定，发给学历证书。接受职业培训的学生，经培训的职业学校或者职业培训机构考核合格，按照国家有关规定，发给培训证书。"据此，接受职业教育的学生在完成职业教育、获得相应的学历证书的同时，还可以获得培训证书或技术等级资格证书等不同的非学历性证书，这些证书可作为职业教育的受教育者参加就业或上岗的凭据。

我国人口众多，属于发展中国家，从现实和教育的需要出发，要满足人民不断增长的教育需求，提高我国公民的受教育水平和文化素质，使更多的人接受教育，发展补偿教育、继续教育、终身教育、非学历教育是非常重要的。因此，非学历证书应成为我国学业证书的不可缺少的部分。

（三）对学历证书的管理

我国《教育法》规定了"国家实行学业证书制度"，《高等教育法》中又进一步明确了高等学历教育由国家统一管理，高等学校要按照国家有关规定颁发学历证书。因此，颁发和管理学历证书是高等学校的权利和责任，对学历证书实施规范管理也是国家教育行政部门的重要职责。当前，随着高等教育事业的发展，高等教育办学形式日趋多样化，加强高等学校学历证书的规范管理，对于维护广大受教育者的合法权益，维护高等学校的声誉以及社会秩序都具有十分重要的意义。早在1985年，原国家教委就颁发了《国家教育委员会关于制止用省、自治区、直辖市高等教育自学考试指导委员会的名义滥发学历证书的通知》，明确指出高等教育自学考试是一种国家考试，应由各省、自治区、直辖市高等教育自学考试指导委员会统一组织，或由全国高等教育自学考试指导委员会协调安排，其他部门和单位不得自行组织。凡未经全国或省、自治区、直辖市高等教育自学考试指导委员会统一组织的考试，一律不得以省、自治区、直辖市高等教育自学考试指导委员会的名义发放单科合格证书或毕业证书。在《普通高等教育学历证书管理暂行规定》的第二十条规定："各地、有关部门、各学校必须加强对学历证书的管理。对失职、弄虚作假、徇私舞弊的责任者和单位，除责令其收回学历证书外，并追究有关人员和单位的责任，视情节轻重给予严肃处理；对仿制、伪造普通高等学校学历证书者要追究法律责任。”

2002年,教育部又颁发了《关于当前加强高等学校学历证书规范管理的通知》,指出今后一个时期高等学校学历证书管理工作的基本原则是依法规范、客观写实、学校负责、政府监督。通知还规定了:“高等学校对颁发和管理学历证书负有直接责任,要严格按照本通知所规范的内容和要求填写、颁发毕(结)业证书。高等学校采用新的办学形式或人才培养模式需变更学历证书式样内容,须报我部审批。”对于违规操作的高等学校,通知中明确规定:“国家和省级教育行政部门要加强对高等教育学历证书的监督与管理,严格学历证书电子注册制度。对违规操作、滥发学历证书的高等学校,要追究有关人员的责任,并由教育行政部门宣布证书无效,责令收回或者予以没收;情节严重的,取消其颁发证书的资格。”

三、高等教育学历证书电子注册制度

为适应高等教育改革的需要,保证高等教育质量,维护国家学历制度和学历证书的严肃性,维护高等学校毕业生的合法权益,我国在2001年建立并实施了高等教育学历证书电子注册制度。实施高等学历教育的高等学校或其他教育机构(经批准承担培养研究生任务的科学研究机构)按国家招生规定录取的学生,参加高等教育自学考试和高等教育学历文凭考试的学生,所取得的学历证书予以注册。证书注册运用现代信息技术,实行计算机网络管理。教育部授权各省、自治区、直辖市教育行政部门实施学历证书注册工作。教育部对经注册的证书进行审核、备案;经审核、备案后国家方予承认和保护。

高等教育学历证书注册工作实行国家、省(自治区、直辖市)、学校或其他教育机构三级管理。高等学校或其他教育机构负责印制、填写、颁发毕(结)业证书,对按国家招生规定录取的每届毕(结)业生颁发证书结束后,于每年7月底以前按要求报所在省(自治区、直辖市)教育行政部门。

高等教育自学考试和高等教育学历文凭考试毕业证书,由教育部高等教育自学考试办公室统一印制,省级高等教育自学考试委员会颁发,主考学校或就读学校副署。高等教育自学考试毕业证书颁发时间为每年6月和12月;高等教育学历文凭考试的毕业证书颁发时间为每年6月。省级高等教育自学考试委员会办公室于每年7月底以前将当年6月和上一年12月颁发的毕业证书按要求报所在省(自治区、直辖市)教育行政部门。

省(自治区、直辖市)教育行政部门对各证书颁发单位所颁发的毕(结)业证书进行审核并予以注册;于每年8月底前将经注册的毕(结)业证书按要求汇总报教育部备案。

教育部对省(自治区、直辖市)已注册的毕(结)业证书进行审核备案;经审核备案的毕(结)业证书进入全国高等教育学历证书档案库,供社会网上查询。

为进一步完善高等学校学生管理体系，健全学历证书监督、查询机制，完善学历证书电子注册制度，按照《2003—2007年教育振兴行动计划》关于建立高等学校招生、新生注册、学生管理、颁发学历证书、毕业生就业一体化信息管理系统的目标要求，从2004年开始，普通高等学校和成人高等学校每年的录取新生将通过中国高等教育学生信息网与各省级招办报送教育部备案的录取新生信息进行核对，核准的信息作为各高等学校进行新生入学注册、学业结束后核发学历证书的基本依据。各省级招办在每年录取工作结束后，必须严格按照教育部招生信息上报的标准、格式、时间做好新生录取信息的整理和上报工作。各省级招办上报教育部备案的各校录取新生信息与提供给高等学校的新生信息要一致。各高等学校对入学报到新生，须在中国高等教育学生信息网上与各省级招办上报备案的高等学校录取新生名单进行核对，确认无误后方可承认其学籍。对经核对有关信息不一致的新生，由高等学校向生源所在省级招办查询，确属漏报或错报的，须由省级招办向教育部书面说明原因并补报相关信息，经教育部备案后，方可承认其学籍。经教育部批准实施网络教育的高等学校自行考试、招收的网络生，入学注册后由所在高等学校参照教育部成人高等学校招生信息标准整理注册新生名单及有关信息，报所在地省级教育行政部门，由各省级教育行政部门汇总后报教育部备案。

四、违反规定的法律责任

1998年3月颁布的《教育行政处罚暂行实施办法》第十七条规定："学校或其他教育机构违反法律、行政法规的规定，颁发学位、学历或者其他学业证书的，由教育行政部门宣布该证书无效，责令收回或者予以没收；有违法所得的，没收违法所得；情节严重的，取消其颁发证书的资格。"同年6月，教育部、公安部又联合发出《关于加强学历、学位证书管理和严厉打击伪造、买卖学历、学位证书的通知》，规定严格按国家招生和证书管理的有关政策、规定发放学历、学位证书，加强学历、学位证书的管理，杜绝无视国家招生规定，乱招生、乱办班，乱发学历、学位证书的现象发生。以上都是为了维护学业证书制度的统一性、权威性，确保我国学业证书的法律效力，杜绝学校或其他教育机构违反规定发放学业证书和社会上不法分子伪造、买卖学业证书的行为所做的相应规定。用人部门在招聘、录用人员时，如发现应聘人员的学历、学位证书可疑，可向教育主管部门、有关学校或研究生培养单位进行咨询；教育主管部门要积极配合做好咨询认证工作；经审查、鉴定是假学历、学位证书的，予以没收。公安机关要加强印章和印刷企业的管理，对违章、非法承制和印刷各种学历、学位证书的，要依法予以查处；对从事伪造、买卖学历、学位证书的违法犯罪分子要依法从严惩处。

第二节　学位制度

学位制度是世界上大多数国家在高等教育阶段通行的一种国家教育制度和学术管理制度，是指国家和高等学校以学术水平为衡量标准，通过授予一定的学术称号或身份即学位来表明专业人才知识能力等级的制度。学位的授予，以严格的科学训练和考核制度为基础，是国家对专业人才的学术水平和专业知识能力给予的客观评价和奖励，是对学位获得者的一种奖励和鼓励。学位制度的建立和实施有利于促进专业人才的成长，促进科学技术和教育文化事业的发展，促进国家间的交流与合作；有利于形成尊重知识、尊重人才的社会风气。

一、什么是学位制度

学位是国家或国家授权的教育机构授予个人的一种终身的学术称号，表明学位获得者所达到的学术或专业学历水平。学位制度，是指国家和高等学校以学术水平为衡量标准，通过授予一定的学术称号或身份即学位来表明专业人才知识能力等级的制度。我国自 1980 年颁布《学位条例》开始起建立学位制度。

二、学位授予的条件和层次

（一）学位的等级和标准

我国学位分级与高等教育的不同阶段相联系，设立学士、硕士、博士三级学位。即大学本科毕业生可被授予学士学位；攻读硕士学位研究生毕业可被授予硕士学位；攻读博士学位研究生毕业可以被授予博士学位。

1. 学士学位的授予对象和标准

我国大部分地区实施的大学前教育累计 12 年，即小学 6 年，初中和高中各 3 年。高中毕业生经国家统一考试，进入高等院校学习。高等院校本科学制一般为 4 年，少数工科院校的少数专业为 5 年，医学院校一般为 5 年。完成教学计划的各项要求，经审核准予毕业者，同时其课程学习和毕业论文（毕业设计或其他毕业实践环节）的成绩合格，表明他确已较好地掌握学科的基础理论、专门知识和基本技能，并具有从事科学研究工作或担负专门技术工作的初步能力的高等学校本科生，可被授予学士学位。学士学位由国务院学位委员会授权的高等学校授予。

2. 硕士学位的授予对象和标准

硕士学位的授予对象是高等学校和科研机构的研究生，或具有研究生毕业同等学力的人员。

学士学位获得者或同等学力者，经考试进入有权授予硕士学位的高等院校或科研机构学习 2～3 年，学习考试课程包括：(1)马克思主义理论课。要求掌握马克思主义的基本理论。(2)基础理论课和专业课，一般为三至四门。要求掌握坚实的基础理论和系统的专门知识。(3)一门外国语。要求比较熟练地阅读本专业的外文资料。硕士学位申请者必须在通过了课程考试，成绩合格后，方可参加硕士学位毕业论文答辩。硕士学位论文对所研究的课题应当有新的见解，表明作者具有从事科学研究工作或者独立承担专门技术工作的能力。

由于中国学位制度建立时间不长，在相当长的时间内，很多学科中的教学科研工作很大程度上要由硕士来承担，因此，在建立学位制度之初，并且在今后相当长的一段时间内，硕士学位是中国学位结构中的一级独立的学位。攻读硕士学位者不仅要学习学位课程，还要从事科学研究，撰写学位论文。与一些国家把硕士学位作为过渡学位的做法相比，中国硕士学位的学制较长，学术水平要求较高。

3. 博士学位的授予对象和标准

博士学位的授予对象是高等学校和科研机构的研究生以及具有研究生毕业同等学力的人员。

硕士学位获得者或同等学力者，经考试进入有权授予博士学位的高等院校或科研机构学习 3～4 年，学习考试的课程包括：(1)马克思主义理论课。要求较好地掌握马克思主义的基本理论。(2)基础理论课和专业课。要求掌握坚实宽广的基础理论和系统深入的专门知识。考试范围由学位授予单位的学位评定委员会审定。基础理论课和专业课的考试，由学位授予单位学位评定委员会指定三位专家组成的考试委员会主持，考试委员会主席必须由教授、副教授或相当职称的专家担任。(3)两门外国语。第一外语要求熟练地阅读本专业的外文资料，并具有一定的写作能力，第二外国语要求有阅读本专业外文资料的初步能力。个别学科、专业，经学位授予单位的学位评定委员会审定，可只考第一外国语。

申请博士学位人员必须通过博士学位课程考试成绩合格，方可参加博士学位毕业论文答辩。博士学位论文应当表明作者具有独立从事科学研究工作的能力，在科学或专门技术上做出了创造性的成果。

（二）学位学科门类的划分

高等学校毕业的研究生是按专业培养的，由国务院学位委员会组织学科评议组的专家，制定了高等学校和科研机构授予博士、硕士学位和培养研究生的学科和专业目录。学科、专业目录是国务院学位委员会学科评议组审核单位授权的专业范围划分的依据，各学位授予单位按此目录中各专业所归属的学科门类，授予相应的学位。

对于学科门类的划分，国外大体有两种做法：一种如日本，国家统一规定各级学位授予的学科门类，分类比较粗。另一种如美国、英国，是由各授予单位自行规定授予的学科，国家只是在统计时加以综合分类，不做统一的规定。

我国在1956年拟定学位条例时，认为我国科学比较落后，缺门还不少，学科门类划分细一些，可以鼓励和推进科学水平的提高。故将学位学科门类定为22类。1964年拟定学位条例时，认为各个学科互相渗透，新型学科不断涌现，过细地划分学科门类已经不现实。

自20世纪90年代以来，国家学位委员会按照“专业目录规范、拓宽、学位授权审核从严”的精神，在原《授予博士、硕士学位和培养研究生的学科、专业目录》（1997年）和《普通高等学校本科专业目录》（1998年）的基础上，经过专家反复论证后编制学位授予和人才培养学科目录。自1997年的学科、专业目录中增加了农学和艺术学学科门类，把数学纳入理学的一级学科，使授予学位的学科门类从10个增加到13个；一级学科在原来72个的基础上增加到110个。因此，学科门类划分为哲学、经济学、法学（包括法学、政治学、社会学、民族学、马克思主义理论、公安学）、教育学（包括教育学、心理学、体育学）、文学（包括中国语言文学、外国语言文学、新闻传播学）、历史学、理学、工学、农学、医学、军事学、管理学、艺术学十三类。

此外，为了拓展人才培养的类型和规格，加快培养社会急需的复合型、应用型高层次专门人才，从1990年开始，国务院学位委员会先后批准设置了工商管理硕士学位（MBA）、建筑学专业学位（建筑学学士学位和建筑学硕士学位）、法律硕士专业学位、教育硕士专业学位、工程硕士专业学位、临床医学硕士和临床医学博士、行政管理硕士专业学位、兽医专业学位、农业推广硕士专业学位等专业学位。专业学位的设置，是我国学位制度改革的一项重要内容，它改变了我国学位类型、规格单一的状况，推动了复合型、应用型高层次专门人才的培养工作，丰富和发展了我国的学位制度。经过多年的试点和发展，专业学位教育正在成为高层次专业人才成长的重要途径。

三、学位授予方式与程序

为了保证所授学位的质量，各级学位授予单位应该严格按照《学位条例》及《学位条例暂行实施办法》的有关规定，认真履行职责，做好各级学位的授予工作。特别是对博士和硕士学位申请者，不仅要严格按照学位课程的要求进行课程考试，而且要按照规定的程序，邀请专家评阅论文，组织答辩，评定学位，授予学位。

（一）学士学位的授予

（1）根据《学位条例》的规定，学士学位由国务院授权的高等学校授予。有权授予学士学位的高等学校，应当由系逐个审核本科毕业生的成绩和毕业鉴定等材料，对符合学士学术水平的本科毕业生，可向学校学位评定委员会提名，列入学士学位获得者的名单。

（2）非授予学士学位的高等学校，对达到学士学术水平的本科毕业生，应当由系向学校提出名单，经学校同意后，由学校就近向本系统、本地区的授予学士学位的高等学校推荐。授予学士学位的高等学校有关的系，对非授予学士学位的高等学校推荐的本科毕业生进行审查考核，认为符合《学位条例》第三条及有关规定的，可向学校学位评定委员会提名，列入学士学位获得者的名单。

（3）学士学位获得者的名单，经授予学士学位的高等学校学位评定委员会审查通过，由授予学士学位的高等学校授予学士学位。

学士学位采取择优授予的办法，有利于鼓励学生向更高的目标努力。为保证学士学位的授予质量，对个别或少量的学生，由于政治上、学习上或其他方面的原因，可以不授予其学士学位。

（二）硕士学位的授予

（1）根据《学位条例》的规定，硕士学位由高等学校或者科学研究机构授予。

申请硕士学位人员应当在学位授予单位规定的期限内，向学位授予单位提交申请书和申请硕士学位的学术论文等材料。学位授予单位应当在申请日期截止后两个月内进行审查，决定是否同意申请，并将结果通知申请人及其所在单位。

非学位授予单位应届毕业的研究生申请时，应当送交本单位关于申请硕士学位的推荐书。

同等学力人员申请时，应当送交两位副教授、教授或相当职称的专家的推荐书。学位授予单位对未具有大学毕业学历的申请人员，可以在接受申请前，采取适当方式，考核其某些大学课程。

申请人员不得同时向两个学位授予单位提出申请。

（2）申请硕士学位的人员必须通过规定的课程考试，成绩合格，方可参加论文答辩。如有一门不及格，可在半年内申请补考一次；补考不及格的，不能参加论文答辩。

实行学分制的学位授予单位，应当按上述的课程要求，规定授予硕士学位所应取得的课程学分。申请硕士学位人员必须取得规定的学分后，方可参加论文答辩。

学位论文答辩前，学位授予单位应当聘请一至二位与论文有关学科的专家评阅论文。评阅人应当对论文写出详细的学术评语，供论文答辩委员会参考。硕士学位论文答辩委员会由三至五人组成。成员中一般应当有外单位的专家。论文答辩委员会主席由副教授、教授或相当职称的专家担任。

论文答辩委员会根据答辩的情况，就是否授予硕士学位做出决议。决议采用不记名投票的方式，经全体三分之二以上同意，方得通过。决议经论文答辩委员会主席签字后，报送学位评定委员会，会议应当有记录。

硕士学位论文对所研究的课题应当有新的见解，表明作者有从事科学研究工作或独立担负专门技术工作的能力。对论文的考核和评定，要充分审查论文应是由研究生本人独立完成的。

硕士学位论文答辩不合格的，经论文答辩委员会同意，可在一年内修改论文，重新答辩一次。

(3)硕士学位论文答辩委员会多数成员如认为申请人的论文已相当于博士学位的学术水平，除做出授予硕士学位的决议外，可向授予博士学位的单位提出建议，由授予博士学位的单位按《学位条例暂行实施办法》中博士学位部分的有关规定办理。

（三）博士学位的授予

(1)根据《学位条例》的规定，博士学位由高等学校或者科学研究机构授予。

申请博士学位人员应当在学位授予单位规定的期限内，向学位授予单位提交申请书和申请博士学位的学术论文等材料。学位授予单位应当在申请日期截止后两个月内进行审查，决定是否同意申请，并将结果通知申请人及其所在单位。

同等学力人员申请时，应当送交两位教授或相当职称的专家的推荐书。学位授予单位对未获得硕士学位的申请人员，可以在接受申请前，采取适当方式，考核其某些硕士学位的基础理论课和专业课。

申请人员不得同时向两个学位授予单位提出申请。

(2)申请博士学位人员必须通过博士学位的课程考试，成绩合格，方可参加博士学位论文答辩。

申请博士学位人员在科学或专门技术上有重要著作、发明、发现或发展的，应当向学位授予单位提交有关的出版著作、发明的鉴定或证明书等材料，经两位教授或相当职称的专家推荐，学位授予单位按《学位条例暂行实施办法》第十一条审查同意，可以免除部分或全部课程考试。

(3)博士学位论文应当表明作者具有独立从事科学研究工作的能力，并在科学或专门技术上做出创造性的成果。博士学位论文或摘要，应当在答辩前三个月印送有关单位，并经同行评议。

学位授予单位应当请两位与论文有关学科的专家评阅论文，其中一位应当是外单位的专家。评阅人应当对论文写出详细的学术评语，供论文答辩委员会参考。

博士学位论文答辩委员会由五至七人组成。成员的半数以上应当是教授或相当职称的专家。成员中必须包括二至三位外单位的专家。论文答辩委员会主席一般应当由教授或相当职称的专家担任。

论文答辩委员会根据答辩的情况，就是否授予博士学位做出决议。决议采取不记名投票方式，经全体成员三分之二以上同意，方得通过。决议经论文答辩委员会主席签字后，报送学位评定委员会。会议应当有记录。

博士学位论文答辩一般应当公开举行；已经通过的博士学位论文或摘要应当公开发表(保密专业除外)。

博士学位论文答辩不合格的，经论文答辩委员会同意，可在两年内修改论文，重新答辩一次。

(4)博士学位论文答辩委员会认为申请人的论文虽未达到博士学位的学术水平，但已达到硕士学位的学术水平，而且申请人尚未获得过该学科硕士学位的，可做出授予硕士学位的决议，报送学位评定委员会。

四、学位工作的领导和管理

（一）全国学位工作

1.国务院学位委员会

国务院学位委员会是国务院领导下的全国学位工作的领导和决策机构，它的主要任务是：负责制定全国学位工作的方针、政策，并协调国务院各有关部委的工作；审核和批准全国高等学校和科研机构授予学士、硕士和博士学位的授予单位及其学科、专业和博士生指导教师名单；负责领导全国各级学位的授予工作以及学位授予质量的检查工作；定期召开工作会议，讨论重大问题，确定工作要点。

国务院学位委员会主任委员、副主任委员和委员由国务院任免。国务院学位委员会按学科设立若干评议组。高等学校及实施研究生教育的科学研究机构，必须按学科、专业进行申请，经国务院学位委员会学科评议组审核通过，报国务院批准公布才能具有学位授予权。获得学位授予权的高等学校或科学研究机构称学位授予单位。只有学位授予单位才具有学位授予权和颁发学位证书权。

2.国务院学位委员会学科评议组

国务院学位委员会学科评议组是国务院学位委员会领导下的学术性工作组织。国家对全国高等学校和科研机构各级学位授予单位的审核工作主要是依靠国务院学位委员会聘请的学科评议组成员进行的。他们中多数人是本门学科中学术水平较高、能够指导博士学位研究生的学者、专家。

国务院学位委员会学科评议组的主要任务是：①评议和复核有权授予硕士学位的高等学校和科研机构及其学科、专业；评议和审核有权授予博士学位的高等学校和科研机构及其学科、专业和指导教师。②拟定各学科门类授予学位的学科、专业目录，协助制定贯彻实施学位条例的规章、办法。③对于不能确保所授学位水平的单位及学科、专业，可以进行检查，并向国务院学位委员会提出停止或撤销其授予学位资格的建议。④审议各有关部门和单位上报国务院学位委员会的有关授予硕士学位和博士学位的争议事项。

学科评议组会议，由国务院学位委员会或由国务院学位委员会委托学科评议组召集人主持召开。各学科评议组按学科、专业做出博士学位授予单位的授权和撤销的决议,采取无记名投票方式,经出席会议的三分之二或以上成员通过。硕士学位授权单位的授权和撤销,以及其他重要议案,采用无记名投票方式,经出席会议的过半数通过。

3. 国务院学位委员会办公室

国务院学位委员会办公室是国务院学位委员会的日常办事机构。它的主要职责是:根据国务院学位委员会已经确定的工作方针,组织学科评议组成员审核高等学校和科研机构授予博士、硕士学位的学科、专业以及博士生指导教师,定期组织召开国务院学位委员会会议,讨论并决定全国学位工作中的重大问题;修订高等学校和科研机构授予博士、硕士学位的学科、专业目录;做好全国博士、硕士和学士学位的授予工作;定期组织有关专家检查学位授予质量并进行研究生教育质量评估;做好对国内外学者、科学家和政治家、社会活动家授予名誉博士学位的工作。

国务院学位委员会办公室由国务院委托教育部代管。办公室设主任一人,副主任若干人,下设几个业务处,分别管理各级学位授予单位的审核、学位授予以及名誉博士学位的授予工作,并负责国内外学位制度的研究工作。

(二)地方学位工作

国务院有关部委和主管高等学校、科研机构较多、学位授予工作任务较重的部门,自《学位条例》公布以来,相继成立了管理学位工作的领导机构。中国科学院、中国社会科学院等部门成立了学位委员会;中国人民解放军系统成立了军队学位领导小组,有的部委决定由部委一级学术委员会代为管理学位工作。各有关部委和省、自治区、直辖市都确定了办事机构,负责实施学位的日常工作。

《学位条例》实施以来,国务院有关部委和各省、自治区、直辖市人民政府对申请学位授予权的高等学校和科研机构进行了初审;对所属学位授予单位学位评定委员会的委员名单进行了审批。有些部委和各省、自治区、直辖市人民政府的主管部门,在组织专家审定相应学科的学位课程,规定学位论文标准,增拨经费重点资助博士学位授权专业点和即将发展的学科、专业,检查学位授予质量、总结交流学位授予工作经验,采取措施提高研究生指导教师的水平等方面做了大量工作,有力地推动了学位工作的开展。

(三)授予单位的学位工作

1. 学位评定委员会

根据《学位条例》的规定,学位授予单位应当设立学位评定委员会。学位评定委员会是学位授予单位,即高等学校和科研机构学位工作的领导机构,其成员应当包括学位授予单位的主要负责人和教学、研究人员。

学位授予单位的学位评定委员会由九至二十五人组成,任职二至三年。

授予学士学位的高等学校,参加学位评定委员会的教学人员应当从本校讲师以上教师中遴选。授予学士学位、硕士学位和博士学位的单位，参加学位评定委员会的教学、研究人员，主要应当从本单位副教授、教授或相当职称的专家中遴选。授予博士学位的单位学位评定委员会中至少应当有半数以上的教授或相当职称的专家。

学位评定委员会主席由学位授予单位具有教授、副教授或相当职称的主要负责人（高等学校校长，主管教学、科学研究和研究生工作的副校长，或科学研究机构相当职称的人员）担任。

学位授予单位的学位评定委员会根据国务院批准的授予学位的权限，分别履行以下职责：①审查通过接受申请硕士学位和博士学位的人员名单；②确定硕士学位的考试科目、门数和博士学位基础理论课和专业课的考试范围，审批主考人和论文答辩委员会成员名单；③通过学士学位获得者的名单；④做出授予硕士学位的决定；⑤审批申请博士学位人员免除部分或全部课程考试的名单；⑥做出授予博士学位的决定；⑦通过申报授予名誉博士学位的人员名单；⑧做出撤销违反规定而授予学位的决定；⑨研究和处理授予学位的争议和其他事项。

学位评定委员会可以按学位的学科门类，设置若干分委员会，各由七至十五人组成，任期三至五年。分委员会主席必须由学位评定委员会委员担任。分委员会协助学位评定委员会工作。

学位评定委员会成员名单，应当由各学位授予单位报主管部门批准，主管部门转报国务院学位委员会备案。

学位评定委员会可根据需要，配备必要的专职或兼职的工作人员，处理日常工作。学位授予单位一般设学位办公室。学位办公室就是学位评定委员会的日常办事机构。

2. 论文答辩委员会

《学位条例》规定，学位授予单位应组织有关学科的学位论文答辩委员会。

学位论文答辩委员会必须有外单位的有关专家参加，其组成人员由学位授予单位遴选决定。

学位论文答辩委员会负责审查硕士和博士学位论文、组织答辩，就是否授予硕士学位或博士学位做出决议。决议以不记名投票方式，经全体成员三分之二以上通过，报学位评定委员会。

①硕士学位论文答辩委员会。硕士学位论文答辩委员会由三至五人组成。成员中一般应当有外单位的专家。论文答辩委员会主席由副教授、教授或相当职称的专家担任。

②博士学位论文答辩委员会。博士学位论文答委员会由五至七人组成。成员的半数以上应当是教授或相当职称的专家。论文答辩委员会主席一般应当由教授或相当职称的专家担任。成员中教授或相当职称的专家应占半数以上，还应有二至三名外单位的专家参加。

拓展内容

其他有关规定

第五章

高等职业教育与成人高等教育法律制度

高等职业教育与成人高等教育是我国国民教育不可分割的组成部分，国家对其非常重视，出台了大量的相关法律和政策，促进和保护高等职业教育和成人高等教育的发展。本章从高等职业教育和成人高等教育的内涵、发展历程、相关法律制度等方面较为详细地阐述了我国高等职业教育与成人高等教育法律制度的具体内容。

第一节　高等职业教育法律制度

职业教育作为一种独立的教育制度，严格来说，是教育发展至近代才诞生的，是随着科学技术的发展、产业结构的变化、经济水平的提高以及社会的进步而不断发展的。高等职业教育是经济建设、社会发展和科技进步对生产、服务第一线的专业技术人才在层次需求上向上延伸的必然，也是建立职业教育体系和调整教育结构的要求。

一、高等职业教育概述

（一）高等职业教育的含义

世界各国对职业教育的内涵界定和称谓不完全统一，但对它的基本属性都已经认同，即职业教育一般是指为在生产、服务、管理等第一线从事工作的人所必须具备的专业知识与技能进行培养和培训的教育。它不仅弥补了普通学历教育之不足，而且日益以其办学形式的灵活多样、教学内容的专业实用、受教育面的广泛普及等诸多自身优势，在社会主义市场经济中发挥越来越重要的作用。简而言之，是培养生产、服务、管理等第一线实用人才的教育，泛称为职业教育。高等职业教育就是指在高等教育阶段进行的职业教育。

（二）高等职业教育的基本特征

高等职业教育作为我国教育事业的重要组成部分，其特征主要体现在以下几个方面：以就业为目的，注重学生专业技能培养，为社会培养实用型的建设人才；以学生的知识“够用”“实用”为标准，重点在于“有用”；以市场为导向，以社会需求为目的，为社会经济发展培养合格的建设人才。具体而言就是教学内容紧密结合生产岗位或者岗位群的需求，注重实践训练，做到在校期间基本完成上岗之前的准备，学生毕业就基本上能够直接上岗工作。改革开放和现代化建设的不断发展，科技的不断进步，以及大量新技术、新工艺、新设备的采用和引进，资金、技术密集的行业及经济发达地区的工作岗位对一线从业人员的技术水平、能力结构提出了更高的要求，急需通过发展高等职业教育培养掌握较高技术技能，又有一定理论知识的高层次技术人才。高等职业教育在我国高等教育中是其他教育所不能替代的一类教育。我国的高等教育不能都办成通才教育，有一部分要有较强的针对性，这是社会发展的需要。

（三）高等职业教育的发展历程

高等职业教育是我国整个教育体系中不可缺少的重要组成部分，在相关政策法规的有效调控下，我国高等职业教育得到了跨越式的发展，大致经历了初创、快速发展和深化提高三个阶段。

1. 高等职业教育的初创阶段

从 20 世纪 80 年代到 1998 年 8 月《高等教育法》颁布实施。

改革开放以后，我国财政实行“划分收支、分级包干”管理体制，各地经济得到更快发展，1980 年底，国民经济社会发展第五个五年计划完成。地方社会主义“四化”建设迫切需要人才，但国家统一分配的高等专门人才，数量上既难以满足地方需要，培养目标上又不甚对口。高等学校课程设置历来以学科为主干，培养目标大部分只适用从事研究、设计、高层决策和高级工程技术管理的工作，与地方经济建设多数需要第一线生产、服务、管理的实用型、技艺型、实干型人才严重脱节。加上当时高中毕业生升学比例很低，社会上强烈反映不应该把品学兼优的高中毕业生关在大学门外，要求给他（她）们上学的机会。

1980 年 3 月 1 日，财政部在杭州召开财政教育规划会议，要求各省市对所需大学毕业生，要部分或大部分自给。有些大中城市开始试办高等职业教育，主动为当地培养第一线实用型人才，职业大学应运而生。这些学校根据当地需要设置专业，基本为专科层次，学制也不划一，主要有三年制，也有两年制，少数还有一年和四年的。学校实行崭新的办学机制，采取走读、收费、毕业生不包分配、企业联合办学等重大改革措施，在高等学校中独树一帜。1980 年全国共出现 7 所职业大学，南京金陵职业大学、合肥联合大学、武汉江汉大学就是其中最早创办的一批。

1983 年 5 月 10 日，教育部、财政部、国家计委、对外经济贸易部在向国务院专项请示报告中进一步明确：“这些短期职业大学都是由大中城市利用地方财力、物力举办的，宗旨是为地方培养急需的各种专门人才”，“办学方针是短期（一、二、三年制），职业性强，实行收费走读，毕业生不包分配，择优推荐给用人单位录用”，由于举办这类学校比较经济，充分调动地方积极性，可以为发展高等教育开创一条新的路子。因此，这种短期职业大学一诞生就显示出强大的生命力，发展很快，到 1984 年就已发展到 82 所，总共开设专业 200 个以上，遍及各主要行业。

1985 年，《中共中央关于教育体制改革的决定》提出：“积极发展高等职业技术院校，优先对口招收中等职业技术学校毕业生以及有本专业实践经验、成绩合格的在职人员入学，逐步建立起一个从初级到高级、行业配套、结构合理又能与普通教育相互沟通的职业技术教育体系。”该决定首次明确提出“高等职业技术院校”，加快了高等教育的结构调整，同时也对高等职业教育的发展起着里程碑的作用。

1986 年 7 月，第一次全国职业技术教育工作会议提出了“七五”期间全国职业技术教育的发展目标，该目标主要是扩大高中阶段职业技术教育的规模，推行“先培训，后就业”政策。

1991年10月，国务院《关于大力发展职业技术教育的决定》也仅仅提到要“初步建立起有中国特色的，从初级到高级、行业配套、结构合理、形式多样，又能与其他教育相互沟通、协调发展的职业技术教育体系的基本框架”。

1993年，中共中央 国务院印发《中国教育改革和发展纲要》提出要“形成全社会兴办多形式、多层次职业技术教育的局面”。

1994年，全国教育工作会议明确提出：“通过现有的职业大学、部分高等专科学校和独立设置的成人高校改革办学模式，调整培养目标来发展高等职业教育。仍不满足时，经批准利用少数具备条件的重点中等专业学校改制或举办高职班等方式作为补充来发展高等教育”的基本方针。这就是著名的“三改一补”方针。高等职业教育受到了高度重视。

到了1996年5月，《职业教育法》颁布，第一次把高等职业教育以法律形式固定下来。“职业学校教育分为初等、中等、高等职业学校教育。”“高等职业学校教育根据需要和条件由高等职业学校实施，或者由普通高等学校实施。”

1998年8月颁布的《高等教育法》又明确提出“高等学校是指大学、独立设置的学院和高等专科学校，其中包括高等职业学校和成人高等学校”。从此在法律上明确高等职业学校属高等学校，高等职业教育属高等教育。

截至1998年，我国独立设置的高职院校已有101所，招生6.28万人，在校生14.86万人；而1985年独立设置的高职院校的招生数只有3.01万人，在校生6.31万人，13年的增长率分别是52%和58%。

2.高等职业教育的快速发展阶段

从1998年8月《高等教育法》颁布到2000年1月教育部《关于加强高职高专教育人才培养工作的意见》发布。

1998年12月，教育部《面向21世纪教育振兴行动计划》第一次在高等教育部分阐述高等职业教育：“积极发展高等职业教育，是提高国民科技文化素质、推迟就业以及发展国民经济的迫切要求。”对于高等职业教育的发展途径，认为“除对现有高等专科学校、职业大学和独立设置的成人高校进行改革、改组和改制”，并选择部分符合条件的中专改办(简称“三改一补”)外，“部分本科院校可以设立高等职业技术学院”。同时，也首次初步明确高等职业教育的人才培养模式的部分特征：“高等职业教育必须面向地区经济建设和社会发展，适应就业市场的实际需要，培养生产、服务、管理第一线需要的实用人才，真正办出特色。”另外，对“与普通教育相互沟通”明确提出“建立普通高等教育与职业技术教育之间的立交桥，允许职业技术院校的毕业生经过考试接受高一级学历教育”。显然，高等职业教育在提高国民科技文化素质、推迟就业以及发展国民经济这种社会大背景要求下被提到一个非常重要的地位。

1999年1月，教育部、原国家计委印发了《试行按新的管理模式和运行机制举办高等职业技术教育的实施意见》，提出："按新的管理模式和运行机制举办的高等职业技术教育为专科层次学历教育，其招生计划为指导性计划，教育事业费以学生缴费为主，政府补贴为辅。"明确提出高等职业教育由以下机构承担：短期职业大学、职业技术学院、具有高等学历教育资格的民办高校、普通高等专科学校、本科院校内设立的高等职业教育机构（二级学院）、经教育部批准的极少数国家级重点中等专业学校、办学条件达到国家规定合格标准的成人高校等。

1999年6月，《关于深化教育改革全面推进素质教育的决定》首次提出："通过多种形式积极发展高等教育，到2010年，我国同龄人口的高等教育入学率要从现在的9%，提高到15%左右。"这既为高等教育大众化进程吹响了号角，为高等职业教育带来巨大的发展机遇，也带来了严峻挑战。还同时明确："高等职业教育是高等教育的重要组成部分。要大力发展高等职业教育，培养一大批具有必要的理论知识和较强实践能力，生产、建设、管理、服务第一线和农村急需的专门人才。现有的职业大学、独立设置的成人高校和部分高等专科学校要通过改革、改组和改制，逐步调整为职业技术学院（或职业学院）。支持本科高等学校举办或与企业合作举办职业技术学院（或职业学院）。省、自治区、直辖市人民政府在对当地教育资源的统筹下，可以举办综合性、社区性的职业技术学院（或职业学院）。""构建与社会主义市场经济体制和教育内在规律相适应、不同类型教育相互沟通相互衔接的教育体制，为学校毕业生提供继续学习深造的机会。职业技术学院（或职业学院）可采取多种方式招收普通高中毕业生和中等职业学校毕业生。职业技术学院（或职业学院）毕业生经过一定选拔程序可以进入本科高等学校继续学习。"

到2000年1月，经长期探索，对什么是高等职业教育，如何发展高等职业教育等问题基本形成共识。《教育部关于加强高职高专教育人才培养工作的意见》指出，"今后一段时期，高职高专教育人才培养工作的基本思路是：以教育思想、观念改革为先导，以教学改革为核心，以教学基本建设为重点，注重提高质量，努力办出特色。力争经过几年的努力，形成能主动适应经济社会发展需要、特色鲜明、高水平的高职高专教育人才培养模式"。"高职高专教育是我国高等教育的重要组成部分，培养拥护党的基本路线，适应生产、建设、管理、服务第一线需要的，德、智、体、美等方面全面发展的高等技术应用型专门人才；学生应在具有必备的基础理论知识和专门知识的基础上，重点掌握从事本专业领域实际工作的基本能力和基本技能，具有良好的职业道德和敬业精神。""高职高专教育人才培养模式的基本特征是：以培养高等技术应用型专门人才为根本任务；以适应社会需要为目标、以培养技术应用能力为主线设计学生的知识、能力、素质结构和培养方案，毕业生应具有基础理论知识适度、技术应用能力强、知识面较宽、素质高等特点；以'应用'为主旨和特征构建课程和教学内容体系；实践教学的主要目的是培养学生的技术应用能力，并在教学计划中占有较大比重；'双师型'（既是教师，又是工程师、会计师等）教师队伍建设是提高高职高专教育教学质量的关键；学校与社会用人部门结合、师生与实际劳动者结合、理论与实践结合是人才培养的基本途径。高职高专不同类型的院校都要按照培养高等技术应用性专门人才的共同宗旨和上述特征,相互学习、共同提高、协作攻关、各创特色。”

3. 高等职业教育的深化提高阶段(2000 年至今)

2000 年以来,为保证我国高等职业教育健康持续发展,国家先后出台了一系列政策法规。2000 年,教育部高教司印发了《高职高专教育教学工作优秀学校评价体系(征求意见稿)》和《高职高专教育教学工作合格学校评价体系(征求意见稿)》。2001 年独立设置的高职院校 386 所,招生 35.49 万人,在校生 71.69 万人。

2002 年 7 月,第四次全国职业教育工作会议提出,要建立并逐步完善在“国务院领导下,分级管理、地方为主、政府统筹、社会参与”的管理体制;要形成政府主导,依靠企业、充分发挥行业作用、社会力量积极参与的多元办学格局。教育部指导各高职院校从人才培养模式和教学内容体系改革、专业试点、实训基地、产学研结合等方面进行了探索和实践。2002 年 8 月,国务院《关于大力推进职业教育改革与发展的决定》除了提出教育培训经费方面的一些新政策外没有对高等职业教育进行更多的论述,而将注意力转移到如何确保、提高教学质量方面。

2003 年 9 月,教育部成立了高职高专院校人才培养工作水平评估委员会,目的是加强对高职高专院校人才培养工作的宏观管理和指导,做好全国高职高专院校人才培养工作水平评估工作。此外,教育部先后组织的高职教育大型评估活动有:示范性高职院校的建设和评估、高职高专实践教学基地的建设和评估、高职高专教学改革试点专业的评估等。由此,可以看出认真贯彻“巩固、深化、提高、发展”方针,巩固成果,深化改革,提高质量持续发展是高等职业教育当时的要务。

2004 年 2 月,教育部原部长周济在第三次全国高职高专教育产学研结合经验交流会上,概括了高职教育界对高职教育形成的共识:以服务为宗旨,以就业为导向,走产学研相结合的道路。为了加强对高职教育的质量监控,教育部决定,从 2003 年开始,在高等学校中建立 5 年一轮的高校教学工作评估制度,2004 年至 2008 年为高职高专院校人才培养工作水平评估的第一个周期。从 2003 年下半年开始进行的高职高专人才培养工作水平评估,极大地促进了高职院校的发展。2005 年 10 月国务院又出台了《关于大力发展职业教育的决定》。《职业教育法》颁布后的几年内,全国各省(自治区、直辖市)也纷纷出台了相关实施办法、条例、规定等地方性法规,我国职业教育法律初步形成体系,使我国职业教育逐步走上了依法办学、依法管理、规范发展的道路,推动职业教育事业在法制轨道上不断改革发展,高等职业教育的发展则更加迅猛,已经占到高等教育的半壁江山。

二、我国高等职业教育制度

中共中央 国务院《关于进一步加强人才工作的决定》指出:“加大人才工作立法力

度，围绕人才培养、吸引、使用等基本环节，建立健全中国特色人才工作法律法规体系。”我国现有《教育法》《劳动法》《职业教育法》《高等教育法》等法律中专门涉及高等职业教育的内容不多，而且多是目标性、原则性的规定。大致归纳为以下几个方面。

（一）高等职业教育的定位

在我国已经颁布实施的教育法律中，对高等职业教育地位做出了明确的界定。1996 年颁布的《职业教育法》第十三条规定：“职业学校教育分为初等、中等、高等职业学校教育。初等、中等职业学校教育分别由初等、中等职业学校实施；高等职业学校教育根据需要和条件由高等职业学校实施，或者由普通高等学校实施。其他学校按照教育行政部门的统筹规划，可以实施同层次的职业学校教育。”这是中华人民共和国成立几十年来，特别是改革开放以来，我国职业教育改革与发展经验的结晶，为职业教育的发展提供了强有力的法律保障。这是我国第一次把高等职业教育以法律的形式固定下来。1998 年颁布的《高等教育法》第六十八条规定：“本法所称高等学校是指大学、独立设置的学院和高等专科学校，其中包括高等职业学校和成人高等学校。”从而进一步确立了高等职业教育的法律地位。一方面，它是职业教育，不同于普通教育，不同于学术型、研究型、工程型教育类别；另一方面，它又属于高等教育范畴，区别于职高和中等职业教育，是职业教育的高级阶段。

（二）高等职业教育的管理与职责

高等职业教育作为我国高等教育的重要组成部分，《高等教育法》《职业教育法》《劳动法》和《教育法》中对其举办主体和责任都做出了相应规定。

《高等教育法》第六条规定：“国家根据经济建设和社会发展的需要，制定高等教育发展规划，举办高等学校，并采取多种形式积极发展高等教育事业。国家鼓励企业事业组织、社会团体及其他社会组织和公民等社会力量依法举办高等学校，参与和支持高等教育事业的改革和发展。”第十三条规定：“国务院统一领导和管理全国高等教育事业。省、自治区、直辖市人民政府统筹协调本行政区域内的高等教育事业，管理主要为地方培养人才和国务院授权管理的高等学校。”第十四条规定：“国务院教育行政部门主管全国高等教育工作，管理由国务院确定的主要为全国培养人才的高等学校。国务院其他有关部门在国务院规定的职责范围内，负责有关的高等教育工作。”

《职业教育法》第三条规定：“职业教育是国家教育事业的重要组成部分，是促进经济、社会发展和劳动就业的重要途径。国家发展职业教育，推进职业教育改革，提高职业教育质量，建立、健全适应社会主义市场经济和社会进步需要的职业教育制度。”第十一条规定：“国务院教育行政部门负责职业教育工作的统筹规划、综合协调、宏观管理。国务院教育行政部门、劳动行政部门和其他有关部门在国务院规定的职责范围内，分别负责有关的职业教育工作。县级以上地方各级人民政府应当加强对本行政区域内职业教育工作的领导、统筹协调和督导评估。”

《劳动法》第六十六条规定："国家通过各种途径，采取各种措施，发展职业培训事业，开发劳动者的职业技能，提高劳动者素质，增强劳动者的就业能力和工作能力。"

《教育法》第二十条第二款规定："各级人民政府、有关行政部门和行业组织以及企业事业组织应当采取措施，发展并保障公民接受职业学校教育或者各种形式的职业培训。"

（三）高等职业教育的经费保障

高等职业教育在强调其办学行为市场化走向的同时，国家对其办学资金的来源和保障通过相关立法做出了规定。《职业教育法》第二十六条规定："国家鼓励通过多种渠道依法筹集发展职业教育的资金。"第二十七条规定："省、自治区、直辖市人民政府应当制定本地区职业学校学生人数平均经费标准；国务院有关部门应当会同国务院财政部门制定本部门职业学校学生人数平均经费标准。职业学校举办者应当按照学生人数平均经费标准足额拨付职业教育经费。各级人民政府、国务院有关部门用于举办职业学校和职业培训机构的财政性经费应当逐步增长。任何组织和个人不得挪用、克扣职业教育的经费。"第二十八条规定："企业应当承担对本单位的职工和准备录用的人员进行职业教育的费用，具体办法由国务院有关部门会同国务院财政部门或者由省、自治区、直辖市人民政府依法规定。"第三十二条规定："职业学校、职业培训机构可以对接受中等、高等职业学校教育和职业培训的学生适当收取学费，对经济困难的学生和残疾学生应当酌情减免。收费办法由省、自治区、直辖市人民政府规定。国家支持企业、事业组织、社会团体、其他社会组织及公民个人按照国家有关规定设立职业教育奖学金、贷学金，奖励学习成绩优秀的学生或者资助经济困难的学生。"第三十四条规定："国家鼓励金融机构运用信贷手段，扶持发展职业教育。"第三十五条规定："国家鼓励企业、事业组织、社会团体、其他社会组织及公民个人对职业教育捐资助学，鼓励境外的组织和个人对职业教育提供资助和捐赠。提供的资助和捐赠，必须用于职业教育。"

（四）职业资格证书制度

为贯彻落实国务院《关于大力推进职业教育改革与发展的决定》（国发〔2002〕16 号）精神，切实加强职业教育与劳动就业的联系，全面提高职业学校（包括中等和高等职业学校）毕业生的综合素质和就业能力，劳动和社会保障部等部门于 2002 年颁布了《关于进一步推动职业学校实施职业资格证书制度的意见》。

拓展内容

职业资格证书制度主要规定

三、国外高等职业教育法律制度

（一）美国职业教育法律制度

美国的职业教育模式被公认为是世界上最成功的模式之一。分析其发展历程，不难发现，职业教育立法贯穿于美国职业教育发展的始终，在不同的社会发展时期，美国政府就会颁布相应的法律来促进职业教育的健康持续发展。可见，美国职业教育的发展史从本质上看就是一部立法史。

目前，职业发展在美国占据了重要地位，这是美国由工业社会向高科技社会转变的结果。美国于1963年颁布通过了《职业教育法》，使得美国的职业学校由1965年的405所增加到1975年的2452所；20世纪80年代，科技在美国商业和工业中的普遍应用，导致了两项非常重要的联邦法令的通过。这两项法令至今还影响着职业指导。《公交商务和竞争法》(1988)主要涉及以下条款：帮助人们找到高技术职业的工作；帮助人们在这样的职业中有所提高；满足其他工商业中的技术需要和预先的技能培训；促成学校实习项目及学校和商业的合作关系。《卡尔·D.波金斯职业教育法》(1984)代替了1963年的职业教育法，加强了联邦政府在职业教育上的权利。这项法令以为如贫困个人、残疾人、失业人员或受到失业威胁的工人等需要培训的那些困难群体加强培训闻名。后来，从乔治·布什(任期1989—1993)总统开始到比尔·克林顿(任期1993—2001)总统这段时间为止，美国人民的终身职业发展方面的兴趣开始复苏。比如《实习机会法》《一步职业中心法》都是在这种全国运动中产生的法令。在以后这十年期间，与另外三项职业发展有关的法令再次被授权有效：《1998卡尔·D.波金斯职业及应用技术教育修订法案》《高等教育法》《中小学教育法》。这些法令对组织职业咨询的专业人员的培养十分重要。

进入21世纪以来，为了规范和支持职业教育与时俱进的发展，美国政府颁布了一系列相应的法案。2001年颁布的《不让一个孩子掉队法案》的目的就是通过教育使每个孩子都能得到发展。因此，对于适合就读职业教育的孩子，由政府提供适合的职业教育，促进其职业生涯的发展。2009年以来，美国中等教育阶段的职业教育毕业生就业率直线下降，美国中等层次的职业教育日益萎缩，因此，大力发展高等职业教育成为必然趋势。2009年2月，奥巴马政府通过了《美国振兴与再投资法》，这部法案肯定了教育对经济发展、社会进步的作用，特别强调要给美国人提供高质量的高等职业教育。尽管该法案不是专门的职业教育法案，但该法案第四章的B部分《社区学院和职业培训拨款计划》明确提出，在2009—2010财政年度要提供4000万美元，扩大社区学院的办学规模，提高办学质量，为失业工人、弱势群体和有求学意向的普通美国人提供接受职业培训的机会，以提高他们的就业能力。该法案还强调要采取宽带远程教育为美国民众提供职业教育咨询与培训。

（二）德国职业教育法律制度

在健全的法律体制的保障下，德国高等职业教育发展迅速，并在高等教育体系中取得了重要的位置，为德国经济的腾飞做出了重要的贡献。因此，有世界教育专家将德国的高职教育称为“职业教育高移化”和“高等教育职业化”交相辉映的典范。

德国政府在1969年颁布了全国统一的《职业教育法》，对职业培训做了全面而详细的规定。它包括上岗前和上岗后培训（转岗培训）；对培训企业和受培训企业者的关系、双方的权利和义务的规定；对培训机构与人员资格的规定；对实施培训条例的监督和考试的规定；对职业教育的组织管理和职业教育研究的规定等。

此后，德国又相继出台了与之相配套的法律法规，诸如《企业基本法》《培训员资格条例》《青年劳动保护法》《职业教育促进法》《手工业条例》《实训教师资格条例》等。使职业教育真正做到了有法可依、依法治教、违法必究，以法律形式完善了职业教育的管理和运行，促进了职业教育健康有序的发展。在操作上，按照德国职业教育法的规定，严格把住“就业者必须先接受正规的职业教育”这一关，青年们不经过正规职业培训，不准进入职业生涯。据统计，实际生活中，95％的就业者遵守了这一法律规则。

为了应对20世纪90年代以来经济结构性变革引发的职业教育世界性的变革趋势，德国对1969年颁布的《职业教育法》进行了修订，并将其与1981年颁布的联邦《职业教育促进法》合并，制定了新的《职业教育法》。2005年4月1日起，新的《职业教育法》生效。新法对原条款做出很多根本性修订，进一步重申了对经济和社会发展具有极大促进作用的职业教育在德国的法律地位和基本框架，使职业教育既要满足社会需求，又要满足个人需求，要为青年提供广泛的接受高质量职业教育的机会。

（三）日本职业教育法律制度

“教育行动，法律先行”是日本职业教育有法制化的特色，这为日本职业教育的发展奠定了坚实的基础。日本建立了多层次结构的职业教育法律体系，体现了基本法与普通法相结合，法令与政令相结合，基本法与相关法相结合的鲜明特点。

日本的《教育基本法》（1947年）第七条规定，国家以及地方团体应鼓励和提倡在工作场所以及社会的其他机构所进行的教育，明确提出了职业训练作为基本教育内容，应得以广泛提倡。日本1947年制定的《学校教育法》也让职业教育得到了相应的保障。在财政方面，1951年6月《产业教育振兴法》获得国会通过并得以颁布，规定对初高中、大学的职业教育进行财政资助。还规定了职业教育的基本概念和原则，起到了《教育基本法》《学校教育法》《社会教育法》的补充法的作用，是日本职业教育发展史上具有里程碑意义的一部法案。1957年日本政府又颁布了《产业教育津贴相关法令》，对农业、水产职业高中的教师支付特殊津贴。《农业基本法》的制定为农业职高的发展提供了契机，在预算中特别列出“农业教育现代化促进费”，大力推动农业高中向现代化迈进。短期大学、高等专科学校、专修学校和研究生教育体制的创建，都是向相关教育审议机构提出咨询，在国会通过《学校教育法》修正案后得以建立的。与《学校教育法》的修改相配套，又出台了《短期大学设置基准》《高等专科学校设置基准》《专修学校设置基准》和《专业研究生院设置基准》，为这些新建立的高等职业教育机构的发展奠定了基础。

1966 年，文部省发布了《职业高中多样化》的报告，提出增加教学科目。根据这一建议，文部省决定将选修科目增至 250 门。1969 年启动的新教学计划在职业高中增加信息处理课，每个县建一个主要用于实验、实习的信息处理站。

1976 年，《关于改进职高的报告》是日本职业教育的转折点。报告强调了如下观点：①基础教育对于职业高中和普通高中一样是必不可少的，基础教育的目的不仅要求掌握科学知识，而且要通过创造性实践培养解决问题的能力；②学分制使学生可以根据志向和兴趣制订学习计划，并有可能准备大学入学考试；③允许对大量职教科目进行重组，以改进教学内容；④学生从小学到中学，从普通课程到职业课程都要强调实践性教学和日常生活的实际体验。

1985 年，科学与教育审议会下的职业教育委员会通过政策研究，正式向教育部提交报告，建议如下：①除了工商专业外的其他专业也要增加信息技术课程；②改革课程，使其内容多元化、组合弹性化，适应学生的不同兴趣和志向；③充分利用学校、企业和社区的教育资源，开发可实行转换的教学计划，以实现各类学校之间的衔接与沟通；④增加普通中学的职业教育内容。

1993 年，日本经济学会建议实施“结构调整和以人为本的教育”，强调教育改革要适应工业时代的需求。技术挑战是对职业学校的又一重要影响。

由此可见，职业教育的发展与法律保障息息相关。我国职业教育起步较晚，法律保障体系不够健全，有必要借鉴他国职业教育发展的先进经验，不断完善我国职业教育的法律法规，探索出一条适合我国职业教育发展的康庄大道。

第二节　成人高等教育法律制度

一、成人高等教育概述

（一）成人高等教育的含义

1. 成人教育的含义

1976 年，联合国教科文组织在第 19 届世界教育大会上提出了关于“成人教育（Adult Education)”的建议，即“成人教育是专指学校教育以外领域展开的，以成人为对象的，且又以各种非正规或非正式教育活动为主的教育”。而在我国，1987 年 6 月国家教委《关于改革和发展成人教育的决定》中所指的成人教育主要是指对已经走上各种生产或工作岗位的从业人员进行的教育，能够直接有效地提高劳动者和工作人员的素质，从而可以直接提高经济效益和工作效率。上海教育出版社于 1991 年出版的《教育大辞典》第三卷对“成人教育”下的定义是：成人教育主要是对已经走上生产或工作岗位的从业人员进行的教育活动，为干部教育、职工教育、农民教育、社会教育的总称。还有研究者根据逻辑学理论，以“被定义项＝种差＋属”的形式将“成人教育”定义为：“对年龄达到并超过了 18 周岁的人所实施的有助其不断发展和完善，促进其人生完满与充盈的社会存在。”可见，学者们主要从成人教育的对象、内容、形式和功能等方面来揭示其内涵。

2. 成人教育制度的含义

成人教育制度的概念有广义和狭义之分。狭义的成人教育制度是指有关机构依法对各级各类成人教育活动所制定的政策性、法律性的规范，通常以成人教育的规章、条例、规定、法律等规范性文件形式表述出来。《教育法》第二十条规定：“国家实行职业教育制度和继续教育制度”，这里所说的“继续教育制度”显然是指狭义的成人教育制度，因为只有“规范”才存在实行的问题。广义的成人教育制度是指按成人教育活动的政策性、法律性规范建立并运行的成人教育体系，是成人教育活动的政策性、法律性规范及其实施状态的统一体，包括成人教育活动的目的、方针、理论，政策性、法律性规范及组织机构、设施设备等。《中国教育改革和发展纲要》指出：“成人教育是传统学校教育向终身教育发展的一种新型教育制度”，将成人教育等同于“一种新型教育制度”，这也是将成人教育制度视为按一定政策、法律规范建立的成人教育体系，是从广义上来理解成人教育制度的。

3. 成人高等教育的含义

成人高等教育作为成人教育的重要组成部分，其确切含义在学术界尚未能形成一个完整而有权威的定论。有学者提出成人高等教育，是指按照学科分类或职业分工设置高等专业技术课程，对具有高中或相当于高中毕业文化程度的成年人实施的高等教育。还有学者认为，成人高等教育从一定意义上是面向离开传统学校教育以后，或是超过学龄而未能再进入相应传统高校教育而进行学习的人们，实施的是在组织、人员、形式和空间等各方面都呈一个极为多元、开放和发散型的向终身教育过渡的一种新型的教育制度。由于教育需求的不同，成人高等教育可分为成人在职教育和离职教育。成人高等教育的对象是已经参加工作、心理发展比较成熟、具有一定专业基础知识的社会成年人。从以上定义可知，成人高等教育从理论意义上看，应当是指独立于普通高等教育之外的，主要为社会成年劳动者设立的特殊形式的教育；从实践上看，成人高等教育在自身的发展中，始终围绕的是社会的需求。

（二）成人高等教育的地位和作用

从世界和我国的教育发展轨迹来看，成人教育在提高各民族文化素质，提高劳动者生产、生活和创造能力等方面的地位和作用与普通学校教育是相辅相成、并立而行的，二者不可偏废。特别是十一届三中全会以后，我国实行改革开放政策，逐步建立和完善社会主义市场经济体制，经济的发展，社会的进步，科学技术的广泛应用与劳动者基本素质相关系数越来越大。

但是，由于我国历年来教育基础薄弱，劳动者文化素质和技能水平偏低，这就迫使在岗从业人员和下岗待业人员中绝大多数必须重返校园，以岗位培训、技能培训、补偿教育等形式接受再教育，其他一些已具有相应学历文化水平的从业人员为了更新知识，在激烈的人才竞争中处于有利地位也要重返学校，进行继续教育乃至终身教育。还有，我国仍有文盲需要扫除，数以亿计的农民必须进行实用技术培训，数以逾万计的干部和管理人员需要学习新的管理知识、拓宽思维，庞大的离退休老年人参加继续教育等等。再则，我国改革开放走向深入发展时期，成人教育的服务对象已经从早先的工人、农民、军人、干部、科技人员扩展到了更多的社会人群，尤其是社会转型期需要得到特别关注的有失业与创业人群、妇女与老年人群、流动与社区人群及社会归正人群等。因此，制定成人教育政策法规的视野应扩展到就业培训、再就业创业培训、资格证书培训、干部培训、执政管理能力培训、党员先进性教育、社区成人教育、弱势人群教育、社会归正人员教育等方面。可见，这一切均需由成人教育形式来承担。

成人高等教育是普通教育的继续，同时也是终身教育的重要组成部分。新形势下，我们要从建设学习型社会全局的高度来正确认识和理解其重要地位和作用。成人高等教育以成人为中心，以满足成人的学习需求为出发点，选择适合成人的教育内容和教育形式组织教学活动。它既可以满足成人取得高层次学历（从专、本科到研究生）的要求，还可以通过各种形式的非学历继续教育，满足成人生活、工作和学习等各方面的不同需求，它突破了时间和空间的限制，使成人学习者在任何时候、任何地方都能参加学习，并可以选择适合自己的教育内容和教育方式。成人高等教育是国民教育体系和终身教育体系中具有极大活力和潜力的重要组成部分，它在我国现代化教育体系中的地位和作用是不可替代的。

（三）成人高等教育制度的发展历程

成人教育制度是一定社会政治经济的产物，受社会经济发展水平和文化技术发展状况的制约，是随着历史的发展而不断演变和进步的。我国的成人高等教育源于中华人民共和国成立以后，经历了新创、恢复和加速发展三个时期。

1. 新创时期（中华人民共和国成立—1965 年）

中华人民共和国成立至 1965 年，是我国成人高等教育发展的一个新创时期。我国第一代党和国家领导人对成人高等教育高度重视,并在《中华人民共和国发展国民经济的第一个五年计划》中指出应该积极地和有系统地举办业余高等学校、夜大学和函授学校,这为成人高等教育的发展指明了道路。因此可以认为,我国真正意义上的成人高等教育是从高等函授教育和夜大学的创办开始的。1959年教育部在《关于夜大学仍应继续办下去并力求办好的批复》中指出"根据两条腿走路的方针,业余高等教育必须积极发展","全日制高等学校举办的夜校和函授部,应当采取巩固发展的方针"。教育部的这一批复以及随后发布的一系列文件,将函授教育和夜大学的发展列入全国教育事业计划和正规化管理,使高等函授教育和夜大学得以健康发展。与此同时,我国的职工业余高等学校和广播电视高等教育也相继创办。1964年颁布的《关于职工业余高等学校工作的暂行规定(草案)》,对职工高等学校的办学方针、任务、培养目标、办学条件、教学计划等都做了明确规定,将职工业余高等学校纳入规范化管理。至此,我国成人高等教育已初具规模,教育机构与运行机制基本建立,初步建立了从中央到地方的各项管理制度和规章制度。

2.恢复与发展时期(1977—1997年)

改革开放初期,我国积极恢复成人高等教育。1978年,邓小平在全国科学大会开幕式上指出"科学技术是生产力",要大力发展科技教育事业。促发"首轮成教热"的标志性文件是1980年9月5日国务院批转的教育部《关于大力发展高等学校函授教育和夜大学的意见》。该意见提出"积极恢复、大力发展"高等函授教育和夜大学的方针,并将函授、夜大学纳入高等教育事业计划。

1987年6月23日,国务院批转了国家教委《关于改革和发展成人教育的决定》。其明确指出:"成人教育是我国教育的重要组成部分。在整个教育事业中,它与基础教育、职业教育、普通高等教育同等重要。"在国家政策的指导下,成人高等教育迅速铺开:1981年报考人数突破百万,录取新生17.1万人;1982至1984年,报考人数持续增长;1985年报考人数超过170万人,录取新生78.8万人。

随着市场经济的不断发展,我国的成人高等教育进入了一个积极发展的新阶段。1993年1月7日,国务院办公厅转发国家教委《关于进一步改革和发展成人高等教育的意见》。其指出:"我国的经济体制、科技体制、教育体制的改革要求成人高等教育必须加大改革力度,加快发展步伐。"1993年2月,中共中央 国务院印发的《中国教育改革和发展纲要》指出:"成人教育是传统学校教育向终生教育发展的一种新型教育制度。"1995年3月,《教育法》明确规定"国家实行职业教育和成人教育制度"。在政府和教育主管部门的大力支持下,成人高等教育进入第二轮快速发展期。1992年至1995年成人高考报考和录取人数分别是144.3万人,59.2万人;170万人,86.3万人;189万人,90万人;216.6万人,91.4万人。1997年成人高校录取新生首超100万人。

3.加速发展时期(1998年至今)

随着高等教育大众化时代的来临,我国整个高等教育事业进入了一个加速发展时期,作为构建终身教育体系和学习型社会的主体之一的成人高等教育也迎来了发展的大好时机,成人高等教育规模、效益都有了明显扩大和提高。但是,受高等教育资源限制以及盲目扩招影响,成人高等教育的质量近几年出现一定的下滑。党和国家对成人高等教育质量问题高度重视,出台了一系列政策文件对招生、办学和管理进行专项整治,确保成人高等教育实现结构、规模、质量和效益的协调发展。

二、我国成人高等教育法律制度

成人高等教育是针对各类高中后在职、从业人员所进行的教育,包括高等学历教育、高等教育自学考试和成人高等专业证书教育,兼含大学后教育和高层次的培训。它是成人教育体系中的重要组成部分。实施成人高等教育的机构主要包括以在职在业者为主要培养对象的教育学院(含成人教育学院)、管理干部学院、职工高等学校、农民高等学校及独立设置的业余大学、函授大学、普通高等院校附属夜大学及函授学院、中央和地方广播电视大学以及成人高等教育自学考试机构等。

随着经济和社会的迅速发展,我国国民接受高等教育的需求日益增加,为了满足社会上更多的人接受高等教育的要求,成人高等教育事业担负了重要的社会责任。1992 年国家教委《关于进一步改革和发展成人高等教育的意见》指出:随着改革的深入和进一步对外开放,随着生产力的发展,我国劳动者的文化素质与现代化建设的要求不相适应的矛盾将愈加突出。尽快提高千百万社会主义建设者的文化素质,培养掌握现代科学技术和文化知识的劳动者已成为促进生产力发展的关键环节。与此同时,人民群众的生活由温饱向小康转变过程中,也将会有更为普遍的接受高等教育的要求。我国的高等教育已经出现了职前与职后教育并举,全日制教育与业余教育相互配合,继续教育、终身教育正在逐步发展的新局面。作为对各类高中后在职、从业人员进行多种教育的成人高等教育,担负着直接有效地为社会主义建设服务,促进生产力发展的艰巨任务和重要责任。因此,在现代社会应该破除成人教育不是正规教育的观念,树立成人高等教育是我国教育体系的重要组成部分的观念,充分认识到成人高等教育是实现高等教育大众化目标的重要推动力。

(一)成人高等学历教育

学历教育是成人高等教育的重要组成部分,而成人高等学历教育的实施主要依靠的是各类成人高等学校。为了加强成人高等教育的宏观管理,保证成人高等学校的质量,促进成人高等教育协调发展,国家教委于 1988 年颁发的《成人高等学校设置的暂行规定》中明确指出了成人高等学校的主要任务是:结合经济建设和社会发展的需要,对在职、在业而又达不到岗位要求的高等文化程度和专业水平的人员,进行相应的文化和专业教育;对中等以上层次的从业人员,进行相应的岗位培训。对具有大学专科以上学历或中级以上技术职务的在职专业技术人员、管理人员,进行继续教育。这一规定说明了成人高等教育是为了培养、培训符合社会需要的各级各类专门人才，是为了提高劳动者的文化素质，从而促进社会主义精神文明建设，促进社会进步和经济发展。

1. 成人高等学校的设置与布局

国家教委于1988年颁发的《成人高等学校设置的暂行规定》中指出了成人高等学校的设置，应由国家教育委员会或它委托的机构审批。规定设置成人高等学校应遵循以下基本的原则：根据经济建设和社会发展的需要及办学条件的可能，统筹规划，合理布局，处理好发展成人高等教育同发展普通高等教育、职业技术教育的关系，处理好各类成人高等教育之间的关系，讲求办学质量和办学效益。

《关于进一步改革和发展成人高等教育的意见》指出对于成人高等学校不合理的设置和布局应进行适当调整，各类成人高等学校要合理分工、发挥优势、协调发展。普通高等学校的函授教育、夜大学应根据所在地方或所属部门的需要，避免办学层次、专业设置、招生区域的重复与交叉。函授教育和广播电视大学应充分发挥远距离教育的优势，努力为中小城市、乡镇企业、农村以及边远和教育不发达地区服务。要积极探索函授、广播电视教育和国家考试沟通的制度。力求通过多种形式的联合和一个学校发挥多种功能等措施，使成人高等教育在质量、效益和适应能力上迈上新台阶。

2. 成人高等学校的运行

(1)招生制度。国家教委1992年制定的《关于进一步改革和发展成人高等教育的意见》中明确提出"试办以专科为起点的本科教育"的改革主张。同年，国家教委办公厅印发了《举办成人高等教育非师范类专科起点本科班招生计划管理的暂行办法》，详细规定了各类成人高等学校实行"专升本"招生工作的细节。1992年国家教委《关于进一步改革和发展成人高等教育的意见》表明了成人高等教育在招生时应遵循的基本原则，指出成人高等学历教育在招生时，要切实保证学生入学质量，同时结合成人特点逐步改革招生考试办法，并制定有利于劳动模范、生产和业务骨干以及农村、乡镇企业、边远和少数民族地区考生入学的政策。在部分有需求、有条件的地区应充分利用广播电视大学等成人高等学校现代化教育手段，招收高中毕业的在职人员和社会青年，自费学习大学基础课程。学生考试成绩合格的，发给大学基础课程结业证书。普通高等学校和成人高等学校可招收其中成绩优良者续读大学专、本科专业课程，合格后取得专科或本科学历。

为满足社会经济发展对人才应具备的多种技能的需求，国家教委根据《关于进一步改革和发展成人高等教育的意见》中关于"根据需要开办第二专业学历教育"和"要努力建立各类成人高等学校与企业、部门双向介入，生产、工作和教学相互渗透、相互促进的运行机制"的精神，于1993年底印发了《关于各类成人高等学校举办第二专业专科学历教育的实施意见》和《关于成人高等学校试办"双招"专科学历教育班的实施意见》。所谓"二学历"，是指成人高等学校为已具有专科毕业学历者开办的另一专业的专科学历教育。而“双招”，是指从参加普通高考的高中毕业生中，用招工和招生相结合的方式，在上岗前进行高等职业教育，以实现“先培训，后上岗”的要求。1988 年，国家教委对成人高等学历教育的招生工作，做出了在继续坚持统一招生制度和办法的基础上，试招“预科生”“资格生”“往届生”的三项改革试点的决定。这一决定，有效地扩大了自学考试的对象范围，为更大多数人参加自学考试提供了条件和机会。

(2)教育管理与改革。对于成人高等学校的教学，要贯彻按需施教、学以致用的原则，紧密结合生产和工作实际，并不断进行教学领域的改革。教学计划、大纲和教材的制订和编写要注意针对性、实用性和职业性，强化实践技能的培养。要努力建立各类成人高等学校与企业、部门双向介入，生产、工作和教学相互渗透、相互促进的运行机制。有条件的成人高等学校可在部分专业实行教师职务双师制(既是工程师，又是有相应职务的教师)。

为了切实保证国家高等教育的质量和规格，须强化成人高等学历教育质量控制机制，1992 年国家教委《关于进一步改革和发展成人高等教育的意见》中指出：应建立分级管理、分级负责的管理体制，形成科学的管理、调控制度。要大力推进成人高等教育管理体制的改革，支持有条件的地区对成人高等教育的改革进行更广泛的综合试点。国家教委要健全法规，加强总体规划、宏观指导、协调、监督和检查，重点掌管好学历教育的规格、质量；扩大省、自治区、直辖市和国务院各部门管理成人高等教育的权限，逐步把调整学校布局、制定培养规划和确定专业设置、办学形式、招生计划、招生对象及管理非学历教育的权力与责任全部交给地方和部门；地方和部门要保证学校有充分的办学自主权。成人高等学校的设置和普通高等学校办成人高等学历教育的资格应由国家教委根据有关规定审批或备案。国家教委负责制定、编审指导性的教学计划、大纲和教材。建立办学方向、办学水平和教学质量评估制度。加强对成人高等学历教育毕业证书的管理，运用行政、经济、法律手段，坚决查处违章、违法办学。

(3)社会力量办学。社会力量办学这一提法出自《宪法》第十九条。1987 年国家教委发布的《关于社会力量办学的若干暂行规定》(已失效)第二条规定：“本规定所称社会力量，是指具有法人资格的国家企业事业组织、民主党派、人民团体、集体经济组织、社会团体、学术团体，以及经国家批准的私人办学者。”20 世纪 80 年代以来，社会力量办学为我国的教育事业做出了重要的贡献，国家对社会力量办学实行了“积极鼓励、大力支持、正确引导、加强管理”的十六字方针。在 1992 年国家教委《关于进一步改革和发展成人高等教育的意见》进一步明确了在发展成人高等教育过程中，国家鼓励和支持社会力量办学的思想。并详细规定：申请办学的社会团体或个人应具有法人资格。社会力量办具有颁发国家承认的学历文凭资格的高等学校，应按照国务院发布的《普通高等学校设置的暂行条例》(国发〔1986〕108 号)和国家教委颁发的《成人高等学校设置暂行规定》(〔88〕教计字 0040 号)审批，批准后纳入普通高等教育或成人高等教育系列。办进修、培训、补习、助学、辅导性质的学校，由地方政府审批，这类学校可颁发写实性学业证书。要加强对社会力量办的高等学校的指导和扶持，在评估、奖励等管理工作中，应与其他高等学校一视同仁。国家教委负责指导和管理社会力量办的高等教育，进行国家认可学历的文凭考试和对成人高等教育进行质量检测、评估性考试。

经过多年的发展，成人高等教育已初步形成了调动社会各方面力量，多形式、多层次、多渠道办学的体系，出现了成人高等教育与普通高等教育“两条腿走路”共同发展的新格局。

3. 对外交流与合作

1993 年国家教委《关于进一步改革和发展成人高等教育的意见》中指出应加强成人高等教育的理论研究和对外交流与合作。在有条件的高等学校建立成人教育专业，对中高级成人教育管理人员和研究人员进行系统培训。有组织地开展成人高等教育管理、教学、科研领域的对外交流与合作。

（二）高等教育自学考试制度

高等教育自学考试是采用个人自学、社会助学和国家考试相结合的教育形式。2014 年颁布的《高等教育自学考试暂行条例》第三条规定：“中华人民共和国公民，不受性别、年龄、民族、种族和已受教育程度的限制，均可依照本条例的规定参加高等教育自学考试。”第六条规定：“全国高等教育自学考试指导委员会在国家教育委员会领导下，负责全国高等教育自学考试工作。”无论在职人员或待业人员经过业余自学获得毕业证书者，国家都承认其学历。在职人员根据工作需要，调整工作；待业人员择优录用，安排适当工作。工资按普通高等学校毕业生工资标准执行。国务院先确定在北京、上海、天津进行试点。高等教育自学教育制度自此正式建立。

高等教育自学考试制度是一种新型的教育考试制度，它对我国的教育制度改革，对促进教育更好地为经济建设服务具有非常重要的意义。经过多年的实践，自学考试制度已经进入较为成熟的发展阶段，成为与普通高等教育、高等职业教育相并行的重要力量。在 1992 年以后，我国高等教育自学考试制度的改革主要是建立分级管理、分级负责的新体制，同时大力调整培养人才的规格和层次，以满足社会经济发展对人才规格和层次的新需求。1992 年国家教委《关于进一步改革和发展成人高等教育的意见》明确指出在高等教育自学考试的基础上，建立功能更为完备的国家考试制度。1996 年 5 月，由国家教委正式颁布的《高等教育自学考试开考专业管理办法》中指出：“高等教育自学考试必须主动适应社会主义经济建设和社会发展的需要，根据办考条件的实际可能开考专业，注重开考社会急需的专业。正确处理好需要与可能、数量与质量、社会效益与经济效益的关系。”该办法还规定，高等教育自学考试开考专业，应以专科为主，适当发展本科。根据专业特点和实际需要，可拓宽专业服务范围，增设选考课或设置专业方向，以增强适应性。为了保证培养人才的质量，该办法对“课程自学考试大纲与教材”“专业考试计划”“监督与检查”等方面也做出了具体的规定。

（三）高层次岗位培训

1987年6月由国务院正式转批、国家教委提出的《关于改革和发展成人教育的决定》指出成人教育的主要任务之一即对已经走上各种岗位，以及需要转换工作岗位或重新就业的工人、农民、干部、专业技术人员和其他从业人员，进行相应的岗位培训，使他们在政治思想、职业道德、文化知识、专业技术和实际能力等方面达到本岗位的规范要求；要求把开展岗位培训作为成人教育的重点，把提高从业人员本岗位需要的工作能力和生产技能作为开展岗位培训的重点。而制定岗位规范，是开展岗位培训的前提和基础，也是劳动人事制度逐步科学化的一项重要内容。岗位规范一般应包括政治思想和职业道德、文化程度、专业知识、实际技能和工作经历等方面的要求。这项工作应组织各方面的专家和有丰富实践经验的人员进行科学论证，采取上下结合的方式，有步骤有重点地进行。该决定还指出广泛地开展岗位培训是成人教育的一项重大改革，也是提高劳动生产率和工作效率的重要手段。做到各类从业人员走上岗位以前，都按照岗位规范的要求进行培训，走上岗位以后和转换岗位时，还要根据生产和工作中提出的新要求，经常地培训提高。岗位培训要区分不同情况提出不同要求，有计划、有步骤地展开。主要岗位的培训必须逐步规范化、制度化；对各级各类干部，特别是县以上领导干部也要进行马克思主义理论、党的路线和方针政策、现代管理理论和方法以及必备专业知识的岗位培训。在工人中，要着重抓好班组长、生产骨干、业务骨干和关键岗位人员的培训。技术工人要按岗位要求开展技术等级培训；积极开展高级技术工人、技师的系统培训和传统工艺技术的传授。农村成人教育应从农村的实际出发，适应农村经济向专业化、商品化、现代化转变的需要和农民致富的愿望，对不同地区、不同行业、不同对象分别提出不同的培训要求。对农村基层干部、专业技术人员、乡镇企业职工，要有计划地开展岗位培训；对青壮年农民要根据产业结构调整的需要进行周期短、见效快的实用技术培训，并同科学实验、技术推广结合起来。要把初、高中毕业的在乡知识青年作为培训重点。

开展岗位培训，应当以行业为主，有关部门要明确分工，通力协作。中央和地方各业务主管部门要组织制订本行业、本地区指导性的总体规划和主要岗位的规范；制订指导性的培训计划、教学大纲，编写教材，提供各种教学服务，评估培训质量；要按行业分级建立岗位培训的考核机构，发挥工程技术人员、各方面专家和学术团体在考核中的作用。接受岗位培训的人员，经考核合格，由考核机构颁发岗位合格证书。为适应科学技术进步的要求，对某些重要岗位的人员，还应定期复核。岗位培训的方法要灵活多样，在职期间的培训一般应以短期为主、业余为主、自学为主。开展岗位培训要从我国目前的实际可能出发，充分利用现有的教育、科学、文化设施，各部门、各地方和各基层单位要提供必要的条件，并充分发挥其他各种社会力量的作用。

1993年由国务院办公厅转发、国家教委提出的《关于进一步改革和发展成人高等教育的意见》指出高等层次岗位培训作为成人高等教育的重点，需要制定相应的政策和措施鼓励、促进其大力发展。意见还明确规定实行高等层次岗位培训和考核，要以行业为主，制定岗位分类和岗位规范，使培训和考核制度化；经过多年发展实践的证明，岗位培训在提高职工整体素质和工作能力，促进经济建设向依靠科技进步和提高劳动者素质的轨道转移的过程中发挥着日益显著的作用。

（四）大学后继续教育制度

大学后继续教育的对象是已具有大学专科以上学历或中级以上专业技术职务的在职专业技术人员和管理人员，重点是中、青年骨干。大学后继续教育，对于提高专业技术人员、管理人员素质，提高我国新技术、高技术发展水平和现代化管理水平，具有极其重要的作用。1987 年 6 月国家教委《关于改革和发展成人教育的决定》提倡要积极开展大学后继续教育和专业培训、实践培训，同时规定：大学后继续教育的主要任务是，对具有大学专科以上学历和中级以上职称的专业技术人员和管理人员经常地进行扩展知识、提高技能的教育，以保持他们知识结构的先进性，提高他们的综合技术能力和科学管理水平，帮助他们消化、吸收先进科学技术、现代管理知识和科学技术的新成果。大学后继续教育的内容应根据不同层次人员的知识基础和实际需要，注重实用性、针对性和先进性。继续教育的方式应当灵活多样。

对新毕业的大学生要根据工作岗位的需要，进行专业培训、实践培训，扩展、补充所需的知识，打好专业技术工作的实践基础，以加快人才的成长。专业培训、实践培训和继续教育是与研究生教育相并行的、培养高级专门人才的一条基本途径。为此，应制定相应的政策和制度。有条件的高等学校要把开展继续教育作为一项重要任务，并对新毕业大学生的专业培训、实践培训进行指导。科研机构、大型企业事业单位和学术团体等也要开展继续教育工作。各地区、各部门要认真总结经验，提出开展继续教育的具体任务、目标和重点，国家有关部门要建立和逐步完善继续教育制度。

为适应社会主义现代化建设和社会发展对人才素质的要求，逐步建立和完善大学后继续教育制度，1987 年 12 月，国家教育委员会、国家科学技术委员会、国家经济委员会、劳动人事部、财政部、中国科学技术协会联合发布了《关于开展大学后继续教育的暂行规定》的通知，该规定详细规定了大学后继续教育制度的实施办法，对大学后继续教育的开展起到了极大的推动作用。

三、国外成人高等教育法律制度

随着资本主义时代的到来，资本主义经济的发展要求教育具有继续性，所以资本主义国家的成人教育开始得较早，其制度也较早得以发展和完善。早在第一次世界大战以前，英国、美国、日本等国家就制定了若干有关成人教育的法规，特别是 20 世纪

60年代后，为适应技术革命的需要，加强国际竞争地位，成人职业技术教育的发展越来越受重视，发展的速度也越来越快。

（一）英国成人高等教育法律制度

英国被称为“世界继续教育之乡”，其成人教育对西方及世界各地的成人教育的发展都产生过极其深远的影响。分析英国成人教育法规体系建设历程，不难发现，其大致经历了立法萌芽、初步发展和法规体系形成三个阶段。

在立法的萌芽阶段，非正式的成人教育法规主要有：1919年颁布的《史密斯报告》和1924年颁布的《成人教育章程》。这一时期，英国通过的关于成人教育的文件虽然不属于立法范畴，但对以后英国政府的相关立法活动产生了强烈影响，为以后制定法律规范奠定了理论基础。

在初步发展阶段，与成人教育有关的正式法律法规主要有1944年的《巴勒特法案》、1957年的《继续教育法案》、1964年的《工业培训法案》、1973年的《就业与培训法案》、1983年的《教育资助法案》和1988年的《教育改革法案》。可见，自第二次世界大战后至20世纪80年代末，英国政府高度重视成人教育事业的发展，进行了一系列立法活动，对成人教育发展的性质、管理体制、课程设置、资金保障、办学主体等方面做出了明确规定，为这一时期的成人教育提供了充分的法律保障。

在成人教育法律体系形成阶段，英国作为成人教育的发源地之一，也于20世纪90年代迎来了终身学习的大发展时期，成人教育理念的深化和实践的发展有力地推动了英国成人教育立法工作的快速发展，从此英国成人教育法律体系基本形成。与成人教育相关的正式法律法规主要有：1992年的《继续教育和高等教育法》、2000年的《学习与技能法》、2003年的《21世纪技能实现我们的潜能》和2006年的《继续教育——提高技能并改善生活机会》。

从此，英国的成人教育走上了制度化、法制化、规范化的道路，并在社会的变化中适时地调整，保证成人教育的健康发展。

（二）美国成人高等教育法律制度

美国成人教育在17、18世纪时，主要是完成成人扫盲任务。20世纪初，在日益加剧的工业化、移民和都市化的强烈影响下，美国成人教育开始从一般知识课程和启蒙教育转换到职业教育与继续教育、美国化教育和公共事务教育等方面，从此偏重职业技术教育和成人教育。早在1917年美国出台了《史密斯—休斯法》，向14岁以上的青年工人传授职业知识，为就业做准备。1937年美国制定了《菲茨法法案》，规定联邦政府设立机构，制定提高学徒训练的标准。从1960年开始，国会通过了《地区再发展方案》《人力发展与训练方案》《经济机会方案》《综合就业与训练方案》等一系列人力发展方案，1966年公布了《成人教育法案》。至20世纪80年代，终身教育思想深入人心，美国成人教育便开始提倡“个性教育”，并且明确提出要创建“学习化社会”，强调为每个人提供足够的学习机会。社会进步与个体发展的需求是英美两国成人教育得以迅速发展的原动力。

（三）日本成人高等教育法律制度

1893 年起日本先后颁布了《实业补习学校规程》《徒弟学校规程》等一系列法案，还有 20 世纪 50 年代和 60 年代制定的《职业训练法草案》《新职业训练法》等等，1988 年力主建立终身教育体制并于 1990 年颁布《终身学习振兴法》。日本虽然没有制定综合性成人教育法，但是上述的诸种法律中已经包含了成人教育的各个重要方面。

第六章

民办高等教育法律制度

改革开放以后,我国民办高等教育获得了较大发展。根据教育部发布的2018年教育统计数据,截至2018年,我国的民办高校有750所(含独立学院265所,成人高校1所),在校总人数达到649.60万人。经过改革开放后42年的发展,我国民办高等教育取得了显著成果,已成为高等教育事业的重要组成部分,为高等教育大众化和教育权公平化做出了积极贡献,但在其成长的道路中,也出现了一些刚性与柔性的矛盾,有待解决。本章主要介绍民办高等学校的地位、类型、内部管理体制、资产财务管理、教师和学生的权益保障等内容。

第一节 民办高等学校的类型和地位

改革开放以来，我国民办高等学校蓬勃发展，从无到有、从小到大，成绩斐然。自1982年《宪法》提出要鼓励社会力量依照法律规定举办各种教育事业之后，国家为促进民办教育发展，保障民办学校权益，积极出台了一系列政策，制定了相关的法律，1985年发布的《中共中央关于教育体制改革的决定》，1993年出台的《中国教育改革和发展纲要》和《民办高等学校设置暂行规定》以及2002年颁布的《民办教育促进法》。根据教育部发布的2018年教育统计数据，截至2018年，全国共有各级各类民办学校(教育机构)18.35万所，比上年增加5815所，其中，民办高校750所(含独立学院265所，成人高校1所)，比上年增加3所。

一、民办高等学校的界定

在《民办教育促进法》颁布之前，我国主要依据1982年《宪法》，将之称呼为“社会力量办学”，但当前我国公民社会尚未发育成熟，用“社会力量办学”的概念，难以彰显其与国家办学在属性上的差别，且表述不够简洁。在国外，通常将之称呼为“私立学校”，但在我国考虑到非政府办学的民间属性，通常称之为“民办学校”。

在我国政府出台的一系列文件中，1993年颁布的《民办高等学校设置暂行规定》总则(已失效)第二条规定，民办高等学校“系指除国家机关和国有企事业组织以外的各种社会组织以及公民个人，自筹资金，依照本规定设立的实施高等学历教育的教育机构”。2002年颁布的《民办教育促进法》将之定义为“国家机构以外的社会组织或者个人，利用非国家财政性经费，面向社会举办学校及其他教育机构的活动”。

综上所述，民办高等学校的概念界定主要有三个要素，即非国家机构举办、非国家财政性经费来源、面向社会。具体来说，一是以举办者的性质为划分标准，将由各级政府及国有企事业组织举办的高等学校称为“公立高等学校”；将凡是由非政府机关和国有企事业组织的民间团体和公民个人等其他一切社会力量所举办的或参与举办的高等学校称为“私立高等学校”或“民办高校”。二是以学校的投资主要来源为标准，凡属国有资金办学的，包括办学资金来源于国家财政和全民所有制企事业单位的高等学校，都属于“公立高等学校”；否则为“民办高校”。三是以办学层次为标准，“民办高校”区别于“民办中等教育学校”和“民办基础教育学校”，它是按照高等教育有关法规设立举办的，从事高等学历教育的民办教育机构。因此，可从这三个方面给民办高等学校下一个操作性定义：民办高等学校是国家机构以外的社会组织或公民个人，主要利用非财政性资金，面向社会合资、合伙、合作举办的并由上述有关组织或公民个人经营的实施高等学历教育和非学历教育的教育形式。

二、民办高等学校的类型

关于民办高等学校类型的划分标准可谓仁者见仁智者见智，不同的学者持有不同的观点，而且当前的法律条文也未做出相关划分。

（一）以办学主体为标准

1. 民办普通高等院校

1993 年 8 月，国家教育委员会发布的《民办高等学校设置暂行规定》明确规定："国家鼓励设置专科层次的民办高等学校。设置本科层次的民办高等学校，其标准需参照《普通高等学校设置暂行条例》的规定执行。"并指出："民办高等学校及其教师和学生享有与国家举办的高等学校及其教师和学生平等的法律地位。民办高等学校招收接受学历教育的学生，纳入高等教育招生计划。学生毕业后自主择业，国家承认学历。"因此，可看出这一类学校由国家批准独立建制，经过教育行政部门审批，具有颁发国家承认的学历文凭的资格，招生时与所有公办学历高等学校一起列入政府安排的年度计划，绝大多数属于民办高等专科学院和高等职业技术学院，也有少量本科或本专科相结合的民办高校，这类学校发展势头良好，属于民办高等学校的主体。

2. 独立学院

2008 年 2 月教育部通过的《独立学院设置与管理办法》指出："独立学院是民办高等教育的重要组成部分，属于公益性事业。"这类学校通常是指实施本科以上学历教育的普通高等学校与国家机构以外的社会组织或者个人合作，利用非国家财政性经费举办的实施本科学历教育的高等学校，也就是我们耳熟能详的高考招生录取中所称的"三本院校"。它又可分为两类：一类是在国办普通高校中设置的独立学院，具有独立法人资格，是挂靠普通高校的民办高等学校，利用普通高校在社会上的较好声誉、师资，甚至颁发普通高校的文凭，是有相当大比例的民间资金投入和具有自主运行、自负盈亏机制的新型学校。另一类是民办高校（教育机构）和国办普通高校联合办学，办特色、优势专业，相当于国办普通高校的分校或教学点。但值得注意的是，这类院校的经费来源、运行机制和管理体制等方面与纯粹的民办高校有明显差异。

3. 国有民营民办高校

在比较薄弱的国有普通高校的基础上应用民办机制运行的高校，这类学校基础条件、师资力量都不错，但它的"所有权"和"管理权"分离，而这又是不同层次的概念。"所有权"在于"立"，是"设立"问题，反映学校是谁设立的，为谁所有；"管理权"在于"办"，是"经营""管理"之意，反映学校被谁管理和经营。因此，它姓"公"姓"民"，一直争论不休。

（二）以经费来源渠道为标准

民办高等院校的融资渠道比较复杂，根据出资模式的不同可将之分为：完全由民间资本投资；公立高校与企业合作；公立高校吸收民办高校；完全由公立高校投资；以公立高校为主同时向社会融资；企业投资等。除完全由公立高校投资这类之外，其他类型的融资都较复杂，牵制较多。

（三）以具备颁发学历文凭资格为标准

1. 具备颁发学历文凭资格的民办高等学校

这类民办高等院校除了前文指出的民办普通高等院校和独立学院之外，还包括高等教育学历文凭考试试点学校。这种学校的入学资格比较宽松，由学校面向社会自主招生，但是，受教育者如要获得国家承认的学历文凭，须通过由政府指定的同一水平的高等教育学历文凭考试。学生毕业时由教育部、院校所在省市级高等教育自学考试委员会和学历文凭考试学校联合组织考试，联合盖章，发给毕业证书，国家承认学历。但2004年6月28日下达的《教育部关于取消高等教育学历文凭考试的通知》指出要结束文凭考试试点工作，取消文凭考试。自此之后，这类学校先后转型，现在已经不再存在了。

2. 不具有颁发国家承认的学历文凭的高等教育机构

20世纪80年代初，我国创立了高等教育自学考试制度。自学考试是国家面向社会认定高等教育学历资格的考试，具有权威性、公正性，产生了极大的社会吸引力。而由此就应运而生出各类辅导机构、培训机构，这些机构多为省（自治区、直辖市）审批，大多数属于高等教育自学考试助学辅导机构，少数属于高中后的非学历职业教育培训机构，由于其不具备颁发国家承认的学历文凭的资格，所以在国家教育统计指标中，不称其为“学校”，只称作“机构”。但这类机构给未能步入普通高校的有志青年和从业人员注入了学习的动力，自学考试教育培训机构为广大社会青年提供、创造了学习园地。

（四）以产权为标准

产权是人们围绕财产而结成的一组权利关系，包括所有权、占有权、支配权、使用权和处分权，因此，按照此标准，公办学校的产权归属于（或基本归属于）政府，而民办学校的产权既可以归属于某一个体或团体，也可归属于若干个体或团体。但这一标准实际解决的是“立”的问题，即“公立”还是“私立”的争论，而没有解决“办”的问题，即“公办”与“民办”矛盾，譬如我国许多的国有民办学校、美国类似的特许学校等，其产权归属显然归属于政府，但它们是否就是公办学校？一些由社会热心人士无偿捐资兴建，但由政府托管的学校，其产权既非归属政府，又不属于捐资者，而是学校本身，但它们是否就是民办学校？除此之外，还有许多由国办学校与民间团体或人士合作建立的另类学校，如一些大学内的二级学院，其产权归属要么不是十分清楚，要么归属两方，那么它应该是公办还是民办？

（五）多元的划分标准

以上单一的划分标准都存在或多或少的缺陷，不妨采用多元的界定基点，如根据办学主体和经费来源，可划分为公立、民办、私立三种学校；根据所有权和管理权两个维度，划分为国立学校、公立学校、民办学校、私立学校等；根据所有权、经营权和管理权，划分为公立学校、公立民办学校、合作制学校、某某团体或企业附属学校、私立学校、联合学校等。这种划分标准较合理和贴近实际，但不可否定的是，它需要准确把握现实的存在状况与动态发展过程，这就造成分类系统的复杂性，进而带来操作的不便性。

三、民办高等学校的地位

民办高等学校的地位可分为三类：社会地位、法律关系地位、法人地位，而大家探讨最多的也最具有争议的是其法人地位。

（一）社会地位

1.民办高等学校是国家教育体系的一部分

我国《民办教育促进法》第三条规定："民办教育事业属于公益性事业，是社会主义教育事业的组成部分。"《高等教育法》第六十八条规定："本法所称高等学校是指大学、独立设置的学院和高等专科学校，其中包括高等职业学校和成人高等学校。"由此可看出，民办高等学校属于我国教育体系的范畴，更是高等教育不可或缺的一部分。但其重要地位却没有得到彰显，主要表现在：一是没有明确的管理主体，当前管理民办高等学校的行政部门为教育部高教司，以及挂靠在发展规划处的社会力量办学管理办公室，由于各部门只负责相关方面的工作，部门之间的协调困难，如高教司只负责教学、评估管理，而不负责学籍方面的管理。同时在地方上，大多数省份都将民办高等学校挂靠在省教育厅成人教育处管理，而国家成教司又不管理民办高等学校，造成其缺乏上级行政部门的直接领导。二是民办高等学校与公办高等学校存在大量不平等现象，主要表现在政府政策、招生、师生待遇等方面。

2.民办高校的发展是实现高等教育大众化的必由之路

《国家中长期教育改革和发展规划纲要（2010—2020年）》指出，到2020年，高等教育在学总规模要实现3550万人，毛入学率要达到40%。截至2018年，相关统计数据显示，我国高等教育在学总规模为3833万人，毛入学率为48.1%，提前实现了高等教育发展的目标，这是我国近年来大力发展高等教育的结果。但是与此同时，现阶段我国发展高等教育的最大困难是经费不足，只靠政府的有限投资远远无法满足高等教育大众化发展的需求。因此，必须要发展民办高等教育，才能解决教育需求与有限的政府投入间的矛盾关系。

3.民办高校的发展是实现高等教育多样化的重要途径

当前我国正处于社会转型期，社会就业需求和职业结构正处于深刻的变革之中，社会各行各业所需要的人才是多种类、多层次的，这些人才需要在不同类型的学校里进行培养，且必须以相应的高等教育机构为依托，才能为我国经济振兴、科技进步和社会发展服务。而民办高等教育以多样化来回应社会对人才要求的多样性和多层次性，为社会发展提供有力的人才支持。

（二）法律关系地位

1.民办高等学校具有教育民事法律关系的主体地位

民办高等学校不仅具有公益性的特征，而且有营利性特征，这就彰显了其产权属性。作为独立的法人，其民事法律关系主要表现在：财产的所有、土地的所有与流转、人才培养合同、学校收益的处置、智力成果的转让、向学生收取必要的费用、教师的聘任以及国内外教育机构联合办学等。

2.民办高等学校具有教育行政法的主体地位

教育行政部门应该按照国家相关法律的规定来领导、组织和管理民办教育活动，也就是说，当两者发生法律关系时，应以国家政府的名义出现并行使法律规定的职权。在民办高等学校不履行时，教育行政部门可以强制其履行，而政府不履行时，民办高等学校应通过向有关国家机关申诉或以诉讼方式解决。

（三）法人地位

根据《民法典》的规定，不同的法人享有不同的权利，承担不同的义务，其活动范围和活动方式也就有所不同。《教育法》第三十二条规定："学校及其他教育机构具备法人条件的，自批准设立或者登记注册之日起取得法人资格。学校及其他教育机构在民事活动中依法享有民事权利，承担民事责任。"《民办教育促进法》第五条规定，民办学校与公办学校具有同等的法律地位，国家保障民办学校的办学自主权。第三十六条规定，民办学校对举办者投入民办学校的资产、国有资产、受赠的财产以及办学积累，享有法人财产权。因此，我国对民办高等学校的法律定位是比照公立高等学校实行的，但这一规定并不能有效解决民办高等学校的法人属性问题。我国对高等学校法人登记的惯例，公立高等学校属于事业法人，而公立高等学校与民办高等学校存在较大差异，因而这种界定存在诸多问题。《民办教育促进法》颁布之前及实施后，专家学者们对民办高校的营利问题、合理回报问题的争议等无不与民办高校法人属性不明确有关。

国外的民法理论和实践通常把法人划分为“社团法人”和“财团法人”两大类。两者的区别在于，社团法人的设立可以为了营利（营利社团法人），也可为了公益（公益社团法人），而财团法人的设立只能为了公益，即财团法人只能是公益法人。参照此分类以及根据我国《教育法》“不以营利为目的”的规定，我国现行民办高校当属财团法人。但同时根据我国《民办教育促进法》将民办学校划分为营利性和非营利性两类的处理方法，民办高等学校也可以是营利性社团法人。

为适应民办教育的实际情况，我国的《民办教育促进法》对此问题进行了折中处理。即一方面沿袭《教育法》第八条和第二十六条的规定，强调民办教育的公益性，同时又通过奖励与扶持的变相方式确认了举办者的合理回报权，并对此在《民办教育促进法实施条例》中规定了相应的限制措施。

四、民办高校应属于特殊法人地位

（一）民办高等学校法人的特殊性

民办高等学校法人除了具备一般高等学校的特点之外，与公立高等学校相比，还具有自己的特殊性。

第一，民办高等学校举办主体的非政府性。《高等教育法》第六条规定，国家根据经济建设和社会发展的需要，制定高等教育发展规划，举办高等学校，并采取多种形式积极发展高等教育事业。《民办教育促进法》第二条规定，国家机构以外的社会组织或者个人，利用非国家财政性经费，面向社会举办学校及其他教育机构的活动，适用该法。由此可以看出，公立高等学校是由各级政府举办的，而民办高等学校是由政府以外的其他社会组织或个人举办的。按前面所论及的法人分类标准，由政府举办的公立高等学校显然属于公法人。而由政府以外的其他组织或个人举办的民办高等学校既可以归属公法人，也可以归属私法人（当然这并不排斥国家可以授予其一定的公权力）。作为公法人的公立高等学校主要受公法的调节，而民办高等学校既要接受公法的调节，同时也要接受私法的调节。

第二，民办高等学校介于营利性和非营利性之间。作为公法人的公立高等学校是国家为实现社会公共利益而设立的，因而排除了营利性的可能。而民办高等学校从理论上讲是可以具有营利性的。同时，在我国现有教育资源严重不足的情况下承认其营利性有助于调动投资者的办学积极性，从而吸引更多的社会资源流入高等教育领域。但教育活动的特殊性又要求民办高等学校不能把营利作为唯一目标，其办学目标的复杂性使得其具有公益性的特征，或者说它是一种特殊的私立公益性组织。介于营利和非营利之间的民办高等学校法人有着比公立高等学校更为复杂的办学目标和活动方式。

第三，民办高等学校内部组织结构的特殊性。长期以来，依靠行政力量举办起来的公立高等学校在组织结构上更像一个行政组织。学校校长由政府通过行政命令的方式产生，校长作为学校的法定代表人享有学校内部的行政管理权，以及根据政府的授权代表学校与各种社会力量建立法律关系。学校内部也像政府一样形成各种科层组织。学校内部各个组织及个人之间不是基于财产关系而是基于行政隶属关系来做出相应的行为。而民办高等学校不是基于行政力量而是基于财产权的组合形成的，为确保财产利益，财产投入人必然要求进入学校的权力机构对学校办学中的重大问题（包括财产处理问题）行使相应的权利。因此，举办者或其代表人纷纷进入学校董事会，并通过对董事会的控制达成对学校的控制（这种控制力度的大小主要受两个方面的影响：其一是举办者的办学目的，其二是法律对董事会权力的强制性限定的程度）。

第四，国家对民办高等学校控制方式的差异性。国家对公立高等学校的控制是通过其建立的各级教育科层组织实现的。国家对公立高等学校的控制更多是一种行政控制，这种控制主要通过对高等学校领导人的任命以及对行政管理权的各级划分来实现的。而对民办高等学校的控制方式与此不同，由于国家不是民办高等学校的举办者，对其采取行政控制方式就显得“名不正言不顺，理不直气不壮”，同时还可能背上一个滥用行政权力的罪名，因而国家基本上是通过制定相应的法律来实行法律控制，这在一定程度上保证了民办高等学校比公立高等学校拥有更多的办学自主性。

（二）民办高等学校应为特殊法人

从上面的分析可以看出，无论是我国《民法通则》规定的法人类型，还是按照大陆法系中传统的法人类型，都无法涵盖民办高等学校法人的所有特点（当然也包括民办中小学）。有鉴于此，本章认为应重新设立一种新的法人类型——“学校法人”。凡依法设立的民办学校都属于“学校法人”。“学校法人”的性质基本上等同于大陆法系上的社团法人。有学者提出应将民办学校定位为财团法人，本章认为这种主张并不恰当。其原因在于：第一，财团法人是财产的集合体，是财产的法律人格化的法人，对财产拥有经营、支配、使用和占有权利的人不是财团法人的成员，而是财产的保管者和管理者，这些人员的变更并不影响财团的存在及其运行方式。而社团法人是人的集合体，有着自己的社员或成员，由社员组成的权力机构行使财产的占有权和使用权，其社员或成员的变更会影响社团的存在。财团法人的举办者并不在财团中担任任何职务，而社团法人的举办者可以在社团中担任相应职务。《民办教育促进法》第二十一条规定，学校理事会或者董事会由举办者或者其代表、校长、教职工代表等人员组成。实际上确认了举办者在学校中的地位。第二，从西方国家看，财团法人只能是非营利性法人。财团法人所获得的收益只能用于举办者指定的公益性机构使用（法律排除了自己受益的可能性），因此财团法人通常都是捐资举办。我国完全由捐赠资金举办的民办高等学校即属于此类，但我国目前只有一所这类高等学校。而社团法人既可以是营利性法人，也可以是非营利性法人，举办者既可以根据法律规定获得收益权，也可以放弃这种收益权。《民办教育促进法》中将民办学校分为营利性民办学校和非营利性民办学校，充分反映了我国民办教育的现实。因此，将其定位为社团法人更符合我国民办教育的实际。但在两方面与社团法人有所差异：其一是与公法人社团法人相比，允许“学校法人”的设立者可以享有有限的收益权；其二是与私法人社团法人相比，组成“学校法人”的成员并不都是举办者或其代表，同时也包括法律所确认的其他自然人。这是作为社团法人的学校和作为社团法人的企业的差异之所在。

第二节　民办高等学校的举办

在民办高等学校的举办过程中，主要涉及举办主体、经费来源、服务对象和范围、设置标准、举办程序。其中，举办主体、经费来源、服务对象和范围是民办高等学校举办的三个基本要素，设置标准和举办程序是促进其发展的重要保障。

一、民办高等学校举办的三个基本要素

民办高等学校举办的三个基本要素是：非国家机构举办、非国家财政性经费来源、面向社会。

（一）民办高等学校的举办主体

《民办教育促进法》第二条规定：“国家机构以外的社会组织或者个人，利用非国家财政性经费，面向社会举办学校及其他教育机构的活动，适用本法。”《民办教育促进法实施条例》第二条规定：国家机构以外的社会组织或者个人可以利用非国家财政性经费举办各级各类民办学校。第四条规定：国家机构以外的社会组织或者个人可以单独或者联合举办民办学校。《高等教育法》第六条规定：国家鼓励企业事业组织、社会团体及其他社会组织和公民等社会力量依法举办高等学校。由此可看出，举办民办高等学校及其他教育机构的主体是国家机构以外的社会组织和公民个人，即除了权力机关、行政机关、司法机关、军事和警察机关等国家机构以外的社会组织和公民个人都可以举办民办高等学校。它包括具有法人资格的集体经济组织、个体经济、私营经济、外资经济、民主党派、人民团体、社会学术团体以及公民个人等。

（二）民办高等学校的经费来源

《民办教育促进法》第二条规定了民办教育经费的来源为“非国家财政性经费”。《民办教育促进法实施条例》第六条规定：“举办民办学校的社会组织或者个人应当有良好的信用状况。举办民办学校可以用货币出资，也可以用实物、建设用地使用权、知识产权等可以用货币估价并可以依法转让的非货币财产作价出资；但是，法律、行政法

规规定不得作为出资的财产除外。”第七条规定：“公办学校举办或者参与举办民办学校，不得利用国家财政性经费，不得影响公办学校教学活动，不得仅以品牌输出方式参与办学，并应当经其主管部门批准。公办学校举办或者参与举办非营利性民办学校，不得以管理费等方式取得或者变相取得办学收益。”《民办高等学校办学管理若干规定》第六条规定：“民办高校的借款、向学生收取的学费、接受的捐赠财产和国家的资助，不属于举办者的出资。”

（三）民办高等学校的服务对象

《高等教育法》第十一条规定：“高等学校应当面向社会，依法自主办学，实行民主管理。”《民办教育促进法》第二条规定了民办学校应“面向社会举办”。由此从服务对象和范围来看，民办高等学校是面向社会举办的教育教学活动，而不包括那些企事业单位、社会组织面向自身而举办的各种教育培训活动。

二、民办高等学校的举办

（一）民办高等学校的设置标准

民办高等学校的设置标准，有其独特性，有别于普通高等学校和成人高等学校的设置标准。我国《高等教育法》第二十四条规定：“设立高等学校，应当符合国家高等教育发展规划。”第二十五条规定：“设立高等学校，应当具备教育法规定的基本条件。”《民办教育促进法》第十一条规定：“民办学校的设置标准参照同级同类公办学校的设置标准执行。”《民办高等学校办学管理若干规定》第五条规定：“民办高校的办学条件必须符合国家规定的设置标准和普通高等学校基本办学条件指标的要求。”具体设置标准可结合《普通高等学校设置暂行条例》和《民办高等学校办学管理若干规定》的相关规定，如下所示：

1. 负责人标准

《普通高等学校设置暂行条例》第六条规定：设置普通高等学校，应当配备具有较高政治素质和管理高等教育工作的能力、达到大学本科毕业文化水平的专职校（院）长和副校（院）长。同时，还应当配备专职思想政治工作和系科、专业的负责人。”《民办高等学校办学管理若干规定》第二条规定：“民办高校及其举办者应当遵守法律、法规、规章和国家有关规定，贯彻国家的教育方针，坚持社会主义办学方向和教育公益性原则，保证教育质量。”第十条规定：“民办高校校长应当具备国家规定的任职条件，具有 10 年以上从事高等教育管理经历，年龄不超过 70 岁。校长任期原则上为 4 年。”

2. 教师队伍标准

《普通高等学校设置暂行条例》第七条规定：设置普通高等学校，须按下列规定配备与学校的专业设置、学生人数相适应的合格教师。(一)大学及学院在建校招生时，各门公共必修课程和专业基础必修课程，至少应当分别配备具有讲师职务以上的专任教师二人；各门专业必修课程，至少应当分别配备具有讲师职务以上的专任教师一人。具有副教授职务以上的专任教师人数，应当不低于本校(院)专任教师总数的10%。(二)高等专科学校及高等职业学校在建校招生时，各门公共必修课程和专业基础必修课程，至少应当分别配备具有讲师职务以上的专任教师二人；各门主要专业课程至少应当分别配备具有讲师职务以上的专任教师一人，具有副教授职务以上的专任教师人数，应当不低于本校专任教师总数的5%。(三)大学及学院的兼任教师人数，应当不超过本校(院)专任教师人数的四分之一；高等专科学校的兼任教师人数，应当不超过本校专任教师的三分之一；高等职业学校的兼任教师人数，应当不超过本校兼任教师的二分之一。

3. 招收学生标准

《民办高等学校办学管理若干规定》第十一条规定："未列入国务院教育行政部门当年公布的具有学历教育招生资格学校名单的民办高校，不得招收学历教育学生。"第十三条规定："民办高校招收学历教育学生的，必须严格执行国家下达的招生计划，按照国家招生规定和程序招收学生。对纳入国家计划、经省级招生部门统一录取的学生发放录取通知书。"第十五条规定："民办高校自行招收的学生为非学历教育学生，学校对其发放学习通知书。学习通知书必须明确学习形式、学习年限、取得学习证书办法等。"

4. 土地和校舍标准

《普通高等学校设置暂行条例》第八条规定："设置普通高等学校，须有与学校的学科门类和规模相适应的土地和校舍，保证教学、生活、体育锻炼及学校长远发展的需要，普通高等学校的占地面积及校舍建筑面积，参照国家规定的一般高等学校校舍规划面积的定额核算。普通高等学校的校舍可分期建设，但其可供使用的校舍面积，应当保证各年度招生的需要。"

5. 教学资源标准

《普通高等学校设置暂行条例》第九条规定："普通高等学校在建校招生时，大学及学院的适用图书，文科、政法、财经院校应当不少于八万册；理、工、农、医院校应当不少于六万册。高等专科学校及高等职业学校的适用图书，文科、政法、财经学校应当不少于五万册；理、工、农、医学校应当不少于四万册。并应当按照专业性质、学生人数分别配置必需的仪器、设备、标本、模型。理、工、农院校应当有必需的教学实习工厂或农(林)场和固定的生产实习基地；师范院校应当有附属的实验学校或固定的实习学校；医学院校至少应当有一所附属医院和适应需要教学医院。"

6. 经费标准

《普通高等学校设置暂行条例》第十条规定："设置普通高等学校所需的基本建设

投资和教育事业费，须有稳定的来源和切实的保证。"《民办高等学校办学管理若干规定》第二十二条规定："民办高校必须严格执行政府有关部门批准的收费项目和标准。收取的费用主要用于教育教学活动和改善办学条件。"

（二）民办高等学校的举办程序

民办高等学校的举办需要遵循法律法规所规定的申请程序。我国《高等教育法》第二十九条规定：设立实施本科及以上教育的高等学校，由国务院教育行政部门审批；设立实施专科教育的高等学校，由省、自治区、直辖市人民政府审批，报国务院教育行政部门备案；设立其他高等教育机构，由省、自治区、直辖市人民政府教育行政部门审批。把由国务院教育行政部门审批设立的高等学校限定为实施本科及以上教育；设立实施专科教育的高等学校取消原先的经国务院授权，直接由省、自治区、直辖市人民政府审批；设立其他高等教育机构取消由国务院授权的有关部门审批这一选项，直接由省、自治区、直辖市人民政府教育行政部门审批。

我国《民办教育促进法》把民办学校的设立分为申请筹设、审批机关审批、申请正式设立等步骤。

1. 申请筹办阶段

《民办教育促进法》第十三条规定了申请筹设民办学校所要提交的四项材料：(1)申办报告，内容应当主要包括：举办者、培养目标、办学规模、办学层次、办学形式、办学条件、内部管理体制、经费筹措与管理使用等；(2)举办者的姓名、住址或者名称、地址；(3)资产来源、资金数额及有效证明文件，并载明产权；(4)属捐赠性质的校产须提交捐赠协议，载明捐赠人的姓名、所捐资产的数额、用途和管理方法及相关有效证明文件。

2. 正式建校阶段

《民办教育促进法》第十五条规定了申请正式设立民办学校所要提交的五项材料：(1)筹设批准书；(2)筹设情况报告；(3)学校章程、首届学校理事会、董事会或者其他决策机构组成人员名单；(4)学校资产的有效证明文件；(5)校长、教师、财会人员的资格证明文件。

3. 评议审批阶段

《民办教育促进法》第十四条规定："审批机关应当自受理筹设民办学校的申请之日起三十日内以书面形式作出是否同意的决定。同意筹设的，发给筹设批准书。不同意筹设的，应当说明理由。筹设期不得超过三年。超过三年的，举办者应当重新申报。"第十七条规定："申请正式设立民办学校的，审批机关应当自受理之日起三个月内以书面形式作出是否批准的决定，并送达申请人；其中申请正式设立民办高等学校的，审批机关也可以自受理之日起六个月内以书面形式作出是否批准的决定，并送达申请人。"

第三节　民办高等学校的内部管理体制

《高等教育法》第三十九条规定“社会力量举办的高等学校的内部管理体制按照国家有关社会力量办学的规定确定”。《民办教育促进法》第十三条规定，申请筹设民办学校的申办报告中应包括内部管理体制。当前，我国民办高等教育的内部管理体制主要存在三种类型：一是校长负责制；二是主办单位领导下的校长负责制；三是董事会领导下的校长负责制。

董事会领导下的校长负责制是我国民办高等教育内部管理体制采用的主要形式，本章将着重讲述这种形式。

一、我国民办高等学校内部管理体制的现状

既有的三种内部管理体制各有优缺点：校长负责制的特点是校长集投资者（即办学者）与管理者于一身，双重角色定位利于节约程序成本，提高办事效率，避免部门间的相互推诿，但也使其负担过重，难以发挥其职能，缺乏有效的民主监督机制，管理的随意性较大。主办单位领导下的校长负责制利于实现单位的利益，代表单位意志取向，但其最大弊端是主办单位干预太多，往往一项与学校教育发展密切相关的决策由于与主办单位的利益不符而被否决掉，缺乏决策约束机制，易造成学校内部管理的内讧，降低管理效率。董事会领导下的校长负责制的价值将在下文具体探讨，但不可否定的是当前我国民办高等学校董事会领导下的校长负责制存在一些弊端，如在成员构成方面，绝大多数为离退休的原普通高等学校的专家与教授，还有一部分是政府机关、社会团体的领导干部，企业界的代表凤毛麟角；再者，董事会成员年龄结构偏大，挂名的没有尽职尽责的较多，使董事会形同虚设；同时《民办教育促进法》第二十二条规定学校理事会或者董事会享有七项职权，但在实际运行中，仅充当参考与顾问的角色，并没有发挥其本质职责；还有一点是董事会与校长的职责不分，有些学校董事长既是经营者的身份，又是学校管理者的身份，二者之间没有明确的职能分工。

二、董事会领导下的校长负责制的价值

尽管董事会领导下的校长负责制存在这样那样的缺点和弊端，但在目前，它是我国民办高等学校选择最多、选择最佳的一种形式。

（一）它符合当前国际私立学校内部管理体制的发展趋势

在国外私立教育比较发达的国家或地区基本上都采用理事会或者董事会领导下的校长负责制。

（二）是一个完善的学校法人的本质要求

一个完善的学校法人，其内部机构的配置应该具有科学性与系统性，有决策形成机关、决策执行机关与监督机关。而反观董事会领导下的校长负责制，董事会、校长与监事会相互监督、相互促进、相互发展，这就能为民办高等学校的良性发展提供内部制度保障。

（三）保证民办高等学校质量的提高

民办高等学校的良好发展不仅需要外部机制的促进，依靠政治、经济、社会、文化环境的调节，特别是外部法律环境的规范和管理，更要依靠其灵活的内部机制与科学的管理体制。尤其是当前外部环境无法及时改变的情况下，内部管理体制的价值就极其重要，以便更好促进民办高等学校质量的提升。

三、董事会领导下的校长负责制的权利与义务

（一）董事会的权利与义务

民办高等学校的董事会是学校的最高决策机构，是决策的核心与灵魂。我国《民办教育促进法》第二十条规定："民办学校应当设立学校理事会、董事会或者其他形式的决策机构并建立相应的监督机制。"第二十一条规定："学校理事会或者董事会由举办者或者其代表、校长、教职工代表等人员组成。其中三分之一以上的理事或者董事应当具有五年以上教育教学经验。学校理事会或者董事会由五人以上组成，设理事长或者董事长一人。理事长、理事或者董事长、董事名单报审批机关备案。"同时，第二十二条规定了学校理事会或者董事会的七项职权："（一）聘任和解聘校长；（二）修改学校章程和制定学校的规章制度；（三）制定发展规划，批准年度工作计划；（四）筹集办学经费，审核预算、决算；（五）决定教职工的编制定额和工资标准；（六）决定学校的分立、合并、终止；（七）决定其他重大事项。"

（二）校长的权利与义务

民办高等学校的校长是学校的行政首长，我国《民办教育促进法》第二十五条规定"民办学校校长负责学校的教育教学和行政管理工作。"同时也规定它的六项职权"（1）执行学校理事会、董事会或者其他形式决策机构的决定；（2）实施发展规划，拟订

年度工作计划、财务预算和学校规章制度;(3)聘任和解聘学校工作人员,实施奖惩;(4)组织教育教学、科学研究活动,保证教育教学质量;(5)负责学校日常管理工作;(6)学校理事会、董事会或者其他形式决策机构的其他授权。”而这些权利的有效实施,就需要校长具有崇高的思想道德素质,不能把教育当作营利性事业来办,同时也要有坚韧和宽容的性格,以及较好的身体素质,但更离不开独特的办学理念和创新的思维,譬如私立康奈尔大学的创建者埃兹拉·康奈尔和安德鲁·怀特在创学时,以农学特色为基础进而发展成为一所教学、科研以及为社会服务三结合的高水平大学。

(三)监事会的权利与义务

当前我国普通高等学校实行的是集政府、党、群、教职工代表大会为一体的监督体系,有效地保证了普通高等学校的正常运转。但此监督体系却不适宜照搬在民办高等学校之中。

因此,可效仿国外成功经验,结合我国实际情况,设立监事会,其成员一般应由熟悉教育或精通财务的专家担任,人数限制在四人左右,由民办高等学校推荐,报教育行政部门审批,但不能由与学校有直接权利与义务关系的教职员工担任。具体来说,主要有三项职权:监督、检查学校法人财产;监督、检查董事会工作;监督、检查学校办学质量。

第四节　民办高等学校的分类管理

加强民办高等学校资产、财务的管理和使用,是民办高等学校正常开展教育教学活动的重要保证。我国《高等教育法》第六十五条规定:“高等学校应当依法建立、健全财务管理制度,合理使用、严格管理教育经费,提高教育投资效益。高等学校的财务活动应当依法接受监督。”《民办教育促进法》第三十五条规定:“民办学校应当依法建立财务、会计制度和资产管理制度,并按照国家有关规定设置会计账簿。”

一、民办高等学校的资产管理

(一)资产管理的内容

民办高等学校的资产管理制度是指民办高等学校物资资产的保管、配置、使用等方面的规定,主要指:校舍、教学仪器设备等的保管维修制度,财产物资的管理和配置、使用制度。我国《民办教育促进法》第三十七条规定:“民办学校存续期间,所有资产由民办学校依法管理和使用,任何组织和个人不得侵占。”具体说来,民办高校中的国有资产主要是指民办学校占有、控制和使用的，在法律上确认为国家所有，能以货币数量计量的各种经济资源的总和。所依照的国家有关规定，主要是指行政事业单位、企业国有资产管理方面的有关规定，以及国有资产评估管理方面的有关规定等一系列法律、行政法规、部门规章和规范性文件。由此，可具体将民办高校的资产管理制度分为：财产分类账制度，物品采购登记制度，物品进出库制度，物品损坏及报废制度，办公用品发放制度等。因此，民办高等学校应建立资产管理制度，在管好资金的同时，要管好资产，更要划清固定资产和低值易耗品的界限，设置固定资产账卡，以防止因财、物管理不善造成浪费、破损、丢失，并努力克服管理中重财轻物的倾向。

（二）法人财产权的享有

《民办教育促进法》第三十六条规定："民办学校对举办者投入民办学校的资产、国有资产、受赠的财产以及办学积累，享有法人财产权。"这就直接规定了民办学校在存续期间，对其所有资产享有法人财产权，同时也间接地表明举办者投入民办学校的资产的最终所有权属于投入者，国有资产属于国家所有，社会资产属于社会所有。再者，根据《民法典》第八十八条规定："具备法人条件，为适应经济社会发展需要，提供公益服务设立的事业单位，经依法登记成立，取得事业单位法人资格；依法不需要办理法人登记的，从成立之日起，具有事业单位法人资格。"民办学校是以自筹资金面向社会举办教育教学活动的，当它取得法人资格后，就对民办学校的财产享有法人财产权，这是由我国的法人财产制度所决定的。

根据法人独立财产制，民办高等学校法人财产权具有以下法律含义：

(1)民办高等学校法人的财产来源于举办者的投入、社会捐赠、国家的支持，不同部分投入的所有权还是归原投入者所有，法人独立财产制并没有改变原所有者对投入财产的所有权。

(2)民办高等学校对其财产拥有独立支配权，民办学校根据学校决策机构的决定，为履行教育教学活动的职责，独立地、自主地支配其校产，即对校产享有占有、使用和依法处分的权利；民办高等教育机构的法人财产权，是一种对使用权加以一定限制的财产所有权形式。其限制和排除的目的，在于保证教育机构不以营利为目的和实施正常的教育教学活动，同时也是为了保证出资人的财产利益不受侵害，防止出资财产的流失。

(3)在民办高等学校存续期间，校产的原投入者不能因对其投入资产的所有权而随意从校产中撤回投入的资产。民办学校经批准设立、取得办学许可证并按照国家有关规定办理登记后，具有学校法人资格。教育机构设立后，举办民办高等学校的有关组织、个人用于出资办学的财产即与举办者的其他财产相分离。在民办高等学校存续期间，举办者用于办学的财产属于学校法人财产，由教育机构直接行使占有、管理、使用权利。举办者不得再直接支配这部分财产，也不得随意从教育机构抽回。民办高等学校在存续期间通过收取学费、接受捐赠、取得校办产业收益以及通过其他方式依法取得的全部收入以及固定资产，均归民办高等学校所有。

民办高等学校的法人财产受到法律保护，任何组织和个人不得侵占教育机构的财产，是指任何组织、个人不得非法占有、使用民办学校的校舍、场地、仪器设备及其他教育教学设施或将民办高等学校财物非法据为己有。对侵占或变相侵占民办高等学校的校舍、场地及其他财产的行为，各级教育行政部门、公安、监察及其他有关部门，要按照各自的管理职责采取有效措施，坚决制止并依法查处直接责任者。对构成犯罪的行为，由司法机关依法追究行为人的刑事责任。

二、民办高等学校的财务管理

（一）财务管理的内容

我国《中华人民共和国会计法》(以下简称《会计法》)第二条规定："国家机关、社会团体、公司、企业、事业单位和其他组织必须依照本法办理会计事务。"第五十条规定："国家统一的会计制度，是指国务院财政部门根据本法制定的关于会计核算、会计监督、会计机构和会计人员以及会计工作管理的制度。"因此，民办高等学校也不例外，必须以《会计法》作为其会计活动的基本依据，根据《民办教育促进法》第三十五条："民办学校应当依法建立财务、会计制度和资产管理制度，并按照国家有关规定设置会计账簿。"但与国家拨款的行政事业单位相比，民办高等学校的财务会计制度有很多特殊性，特别是在实践中，由于民办高等学校难以适用行政事业单位会计制度，不少民办高等学校账务混乱，行政机关难以监管。具体而言，民办高等学校须建立会计工作通则、会计核算原则、会计科目、会计凭证、会计报表、会计监督、会计交接、会计档案等。

因此，民办高等学校应依据国家有关法律、法规，建立健全财务、会计管理制度，设置财务机构，配备专职财会人员；要按照国家的有关规定设置会计账簿，按照会计法认真搞好日常会计核算和监督工作；要分清教育机构中的国有财产、创办者投入教育机构的财产和教育机构通过办学积累的财产，并分别登记建账；及时记账、结账、对账及编报各种财会报表，做到账证相符、账账相符、账表相符、账物(钱)相符；及时清理往来款项，库存现金不得超过银行核定的限额；要长期保存会计凭证、账簿、报表等档案资料。财会人员调离工作时，必须与接管人员办理交接手续；要定期向批准办学的行政机关报送财务报表并接受有关部门的检查、监督；内部应加强财务管理的民主监督，民主理财，财务公开，定期向教职工公布财务收支账目。

（二）财务的监督与审计

我国《民办教育促进法》第三十九条规定："民办学校应当在每个会计年度结束时制作财务会计报告，委托会计师事务所依法进行审计，并公布审计结果。"财务会计报告主要是为了说明民办高等学校的收入及其支出、结余及其分配、资产负债变动、专用基金变动情况，对本年度或下一年度财务状况发生重大影响的事项，以及需要说明或者审批机关要求说明的其他事项，包括：资产负债表、收支盈余结算表、收支盈余分配表、所有者权益明细表、固定资产明细表、专用基金变动情况表、财务以及审批机关要求报送的其他财务会计报表。

这就要求民办高等学校必须接受审批机关和审计机关依照法律和国家有关规定进行的监督审计，如实提供会计凭证、会计账簿、会计报表和其他会计资料以及需要提供的有关情况，不得拒绝、隐匿、谎报。同时要根据审批机关的要求，委托审批机关指定的社会审计机构对其进行专项或全面审计，并在审批机关指定的日期内提交审计报告，并建立财务会计档案，长期保存。

对民办高等学校进行财产财务审计，既是对其的监督管理，又能有效地防止教育机构的资产被侵占、分配、挪用、变卖或用于校外投资，引导教育机构科学、合理地使用其财产。这就要求审批机关要加强对民办学校财产、财务的日常管理和监督，对民办高等学校财产、财务管理中出现的问题，要及时提出改正意见；对民办高等学校财产财务管理极度混乱的，要进行限期整顿；对民办高等学校在财产、财务管理中出现的违法、违规行为，应当依据有关法律、法规进行处罚。

三、民办高等学校发展基金的提取办法以及主要用途

《民办教育促进法实施条例》第四十六条规定：“在每个会计年度结束时，民办学校应当委托会计师事务所对年度财务报告进行审计。非营利性民办学校应当从经审计的年度非限定性净资产增加额中，营利性民办学校应当从经审计的年度净收益中，按不低于年度非限定性净资产增加额或者净收益的10%的比例提取发展基金，用于学校的发展。”可见，预留发展基金是民办学校给予出资人合理回报的前提条件之一。

（一）发展基金的提取时间

民办高等学校应在每个会计年度结束时提取发展基金。而在我国，会计年度与日历年度相同，自每年公历1月1日起至12月31日止，因此，民办高等学校应当在每年12月31日后提取发展基金。

（二）发展基金的提取基数

财务会计制度的不同决定了民办高等学校提取发展基金基数的不同。捐资举办的民办高等学校和出资人不要求取得合理回报的，民办高等学校应当以年度净资产增加额作为发展基金的基数；而出资人要求取得合理回报的，民办高等学校则应当以年度净收益作为提取发展基金的基数。

（三）发展基金的提取比例

我国《中华人民共和国公司法》（以下简称《公司法》）第一百六十六条规定："公司分配当年税后利润时，应当提取利润的10%列入公司法定公积金。……公司从税后利润中提取法定公积金后，经股东会或者股东大会决议，还可以从税后利润中提取任意公积金。"民办高等学校提取的发展基金类似于公司法所规定的法定公积金，但它又作为提供教育服务的公益性机构，应当以适当高于公司法所规定的提取比例为宜。所确立的不低于年度净资产增加额或者净收益的25%的比例提取发展基金，只是最低比例，民办高等学校可根据其实际情况和发展需要，以更高的比例提取发展基金。

（四）发展基金的主要用途

发展基金是保证民办高等学校可持续发展的储备资金，应当主要用于民办高等学校的进一步发展。具体来说，民办高等学校的发展基金应当主要用于学校的建设、维护和教学设备的添置、更新等。其中，学校的建设、维护主要包括兴建、修缮校舍，改善校园环境等；教学设备的添置、更新主要包括桌椅、图书资料、实验器材、体育器材、专业设备等的添置和更新。

四、民办高等学校的收费

根据我国《民办教育促进法》等法律的规定民办高等学校的收费主要包括四个方面内容：

（一）民办高等学校自主制定收费项目和标准

从我国民办高等教育的实际情况出发，允许民办高等学校向本校的受教育者收取费用，这是民办高等学校的重要经费来源，是民办高等学校办学自主权的体现，是民办高等学校开展正常教育教学活动的基本保证。民办高等学校可以按照国家有关规定向受教育者收取学费、杂费以及住宿费等学习期间必要的费用。

进行学历教育的民办高等学校可以根据办学成本自主制定收费标准，报教育行政部门或劳动和社会保障部门、物价行政部门批准，但它只能按批准的收费标准向受教育者收取费用。而实施非学历教育的民办高等学校，可以根据办学成本、自主确定收费标准，并报审批部门和物价行政部门备案后，向受教育者收取费用。所收取的费用必须纳入教育机构财务统一核算，统筹用于正常办学费用支出，任何部门、单位和个人不得截留、挤占和挪用。所办学校的学生退学，应按学生实际学习时间核退所收费用，以及因刊登、散发虚假招生广告（简章）等违反国家规定造成学生退学的，应退还所收的全部费用。

同时，审批机关和财政、物价部门要加强对教育机构收费的管理和监督，督促民办高等学校严格执行国家有关教育收费管理的政策和规定，建立健全收费管理的规章制度，对巧立名目、扩大收费范围和提高收费标准的要按国家有关规定予以严肃查处。对乱收费屡禁不止、屡查屡犯、情节严重的，要按国家有关规定对其负责人予以行政处分。

（二）民办高等学校收费标准必须公示

民办高等学校的收费标准经过有关部门的批准或者备案后，必须遵照国家的《教育收费公示制度》向社会公示。公示内容主要包括：收费项目、收费标准、收费依据（批准机关及文号）、收费范围、计费单位、投诉电话、对家庭经济困难学生实行收费减免的政策等。公示方式主要通过公示栏、公示牌、公示墙等方式，向学生公示收费项目、收费标准等内容。学校在招生简章中要注明有关收费项目和标准；在开学时或学期结束后，通过收费报告单等方式向学生家长报告本学期学校收费情况。通过教育收费的公示，来规范民办高等学校的收费行为，完善监督管理措施，增加经费使用透明度，治理乱收费，维护受教育者的合法权益。

（三）民办高等学校收取的费用主要用于教育教学活动

民办高等学校收取的费用，主要用于民办高等学校改善办学条件和满足教育教学活动，以保障正常的教学活动，努力提高教学质量。至于民办高等学校用公共积累举办校办产业和开展社会服务，组织开展科研技术开发或编著教学研究书籍等，都属于其自身建设发展范围。

第五节　民办高等学校教师与学生权益的保障

民办高等教育已经成为我国高等教育事业发展的重要力量，推进民办高等教育的大力发展，民办高校教师始终是重要力量。民办高等教育更高质量的发展，离不开一支热心教育事业、素质高的教师队伍和一批批综合素质较高的学生，因此，要切实保障好民办高等学校教师和学生的合法权益。《民办教育促进法》第二十八条规定：“民办学校的教师、受教育者与公办学校的教师、受教育者具有同等的法律地位。”

一、民办高校教师权益的保障

（一）民办高校教师的法律地位

《教师法》第三条规定：“教师是履行教育教学职责的专业人员，承担教书育人，培养社会主义事业建设者和接班人、提高民族素质的使命。”这一规定确定了教师工作的性质、职责，从内涵上界定了教师的法律地位，具体有两方面的含义：(1)履行教育教学职责、教书育人是教师的职业特征。只有直接承担起教育教学工作职责的人，才具备教师的最基本的条件。对于在学校中，不直接从事教育教学工作，未履行教育教学职责的校办产业公司人员、教学辅助人员以及后勤总务服务人员等，就不能认为是教师，而把他们分为教育职员或其他相应的专业技术职务序列。(2)同医生、律师一样，教师是从事专门职业活动的专业人员，即教师必须具备专门规定的从教资格，并符合特定的要求，专业人员是教师的身份特征。这里的"专业人员"有三个意思：一是教师要达到符合规定的相应学历；二是教师要具备相应的专业知识；三是教师要符合与其职业相称的其他有关规定，如语言表达能力、身体健康状况等。

（二）民办高校教师的法律权利

《教师法》第七条规定："教师享有下列权利：(一)进行教育教学活动，开展教育教学改革和实验；(二)从事科学研究、学术交流，参加专业的学术团体，在学术活动中充分发表意见；(三)指导学生的学习和发展，评定学生的品行和学业成绩；(四)按时获取工资报酬，享受国家规定的福利待遇以及寒暑假期的带薪休假；(五)对学校教育教学、管理工作和教育行政部门的工作提出意见和建议，通过教职工代表大会或者其他形式，参与学校的民主管理；(六)参加进修或者其他方式的培训。"分别可以概括为：教育教学权、学术研究权、指导评定权、薪酬福利权、民主参与权和新修培训权。

1. 民办高校教师公权利

一是教育教学权。教师的首要职责是教书育人，这就决定了教师的首要权利是教育教学权，即进行教育教学活动，开展教育教学改革和实验。教师既是教学活动的组织人员，也是传道授业解惑的主体。在民办高校中，作为开展教学活动的重要要素之一，教师对教学内容、授课方式和课程教材等都享有一定的自主选择权，民办高校也要为其提供必要的教学条件。

二是指导评定权。尽管目前我国很提倡学生自主学习，但是教师仍然是学生学习的引导者，有指导学生的学习和发展，评定学生的品行和学业成绩的权利。学生要根据培养计划，在教师的指导下完成各阶段的学习任务并积累一定的学习成果。教师拥有扎实的专业知识和较高的专业素养以及丰富的人生阅历，能够让学生在学业上和生活中少走弯路。

2. 民办高校教师私权利

一是学术研究权。民办高校的教师与公办高校的教师有同等的法律地位，表现之一就是在申请国家设立的科研项目、课题过程中以及立项后应当平等获得资助经费。高校教师知识体系的更新在很大程度上依赖于学术研究活动的开展，高校教师的学术研究权可以通过社会调研、学术交流等方式来实现，而进行学术研究的目的是全面把握专业知识体系，及时更新专业知识和教学理念，便于更好传道授业解惑。

二是薪酬福利权。依法保障教师待遇，对于真正贯彻国家尊师重教、尊重知识、尊重人才的教育方针，提高教师的经济地位和社会地位，最终促进教育事业的发展具有重要意义。《民办教育促进法》第三十一条规定："民办学校应当依法保障教职工的工资、福利待遇和其他合法权益，并为教职工缴纳社会保险费。国家鼓励民办学校按照国家规定为教职工办理补充养老保险。"第三十二条规定："民办学校教职工在业务培训、职务聘任、教龄和工龄计算、表彰奖励、社会活动等方面依法享有与公办学校教职工同等权利。"

三是民主参与权。学校职工代表大会是学校教职工依法参与学校民主管理和监督的基本形式。《民办教育促进法》第二十七条规定："民办学校依法通过以教师为主体的教职工代表大会等形式，保障教职工参与民主管理和监督。民办学校的教师和其他工作人员，有权依照工会法，建立工会组织，维护其合法权益。"

四是进修培训权。《民办教育促进法》第三十条规定："民办学校应当对教师进行思想品德教育和业务培训。"教育教学工作是一项专业性很强的工作，教师承担着教书育人，培养社会主义事业建设者和接班人，提高民族素质的使命。这要求教师具有较高的思想政治觉悟和教育教学业务水平。随着社会的进步、科学技术的发展、知识的更新，要求教师不断学习，加强自身的思想品德修养、提高自己的政治觉悟，把握知识更新的脉搏，调整自身的知识结构，提高自身的教育教学业务水平，以适应教育教学工作的需要。

（三）民办高校教师权利救济

(1)民办高校教师申诉制度。《教师法》第三十九条规定："教师对学校或者其他教育机构侵犯其合法权益的，或者对学校或者其他教育机构作出的处理不服的，可以向教育行政部门提出申诉，教育行政部门应当在接到申诉的三十日内，作出处理。教师认为当地人民政府有关行政部门侵犯其根据本法规定享有的权利的，可以向同级人民政府或者上一级人民政府有关部门提出申诉，同级人民政府或者上一级人民政府有关部门应当作出处理。"这一条规定了教师可以向教育行政部门提出申诉的两种情形：一是对于学校或其他教育机构侵犯其合法权益，二是对学校或其他教育机构的处理结果不服的。

(2)劳动争议仲裁制度。我国《劳动争议调解仲裁法》第四十七条规定："下列劳动争议，除本法另有规定的外，仲裁裁决为终局裁决，裁决书自作出之日起发生法律效力：(一)追索劳动报酬、工伤医疗费、经济补偿或者赔偿金，不超过当地月最低工资标准十二个月金额的争议；(二)因执行国家的劳动标准在工作时间、休息休假、社会保险等方面发生的争议。"第四十八条规定："劳动者对本法第四十七条规定的仲裁裁决不服的，可以自收到仲裁裁决书之日起十五日内向人民法院提起诉讼。"我国教师任用采用聘任制，教师聘任合同的实质是劳务合同，因此，当民办高校教师与民办高校就教师聘任合同的订立、履行、变更、解除或者终止以及教师的工作时间、社会保险、福利待遇、培训进修、休息休假等事项发生争议,可向当地劳动争议仲裁机构提出仲裁申请。

二、民办高校学生权益的保障

(一)民办高校学生的权利

《教育法》是教育领域的根本法,对受教育者的权利做出了详细规定。第三十七条规定:"受教育者在入学、升学、就业等方面依法享有平等权利。"第四十三条规定:"受教育者享有下列权利:(一)参加教育教学计划安排的各种活动,使用教育教学设施、设备、图书资料;(二)按照国家有关规定获得奖学金、贷学金、助学金;(三)在学业成绩和品行上获得公正评价,完成规定的学业后获得相应的学业证书、学位证书;(四)对学校给予的处分不服向有关部门提出申诉,对学校、教师侵犯其人身权、财产权等合法权益,提出申诉或者依法提起诉讼;(五)法律、法规规定的其他权利。"

《民办教育促进法》第三十四条也规定:"民办学校的受教育者在升学、就业、社会优待以及参加先进评选等方面享有与同级同类公办学校的受教育者同等权利。"具体而言,一是在升学方面享有同等权利。任何学校在考试招生时,对于民办学校的受教育者与公办学校的受教育者要一视同仁,不得对民办学校的受教育者外加条件,或者在同等条件下优先录取公办学校学生。二是在就业方面享有同等权利。用人单位在招聘人才时,对于民办学校与公办学校的学生要同等对待,应当以能力为标准而不应当以毕业的学校为标准录用人才。三是在享受社会优待方面享有同等权利。民办学校的受教育者假期乘车、乘船、乘飞机与公办学校的受教育者应当享受同等优惠待遇,运输部门不得歧视和差别对待。四是在参加先进评选方面享有同等权利。在参加先进评选中,有关单位对民办学校的受教育者与公办学校的受教育者应当一视同仁,不得歧视前者。五是在其他方面享有同等权利。当然,这里必须注意的是,民办学校的受教育者与公办学校的受教育者享有同等权利有一个前提,即只能与同级同类的公办学校享有同等权利。

(二)民办高校学生权利救济

1. 民办高校学生权利的《教育法》保护

受教育者具有双重身份,他(她)既是一位公民,又是一位受教育者。因此,受教育者的合法权益既包括他(她)作为公民而应当享有的权利,也包括他(她)作为受教育者而享有的合法权益。

作为公民,我国《宪法》以及其他各部门法都会保护公民的合法权益。作为受教育者,《教育法》以及其他教育法律会给受教育者的合法权益以特殊的保护。具体而言,《教育法》是我国教育法律的基本法律,它对受教育者的合法权益做出了比较详细的规定，主要包括以下内容：

一是受教育者在入学、升学、就业等方面依法享有平等权利；

二是国家、社会对符合入学条件、家庭经济困难的儿童、少年、青年，提供各种形式的资助；

三是国家、社会、学校及其他教育机构应当根据残疾人身心特性和需要实施教育，并为其提供帮助和便利；

四是国家、社会、家庭、学校及其他教育机构应当为有违法犯罪行为的未成年人接受教育创造条件；

五是受教育者有权利参加教育教学计划安排的各种活动，使用教育教学设施、设备、图书资料，有权利按照国家有关规定获得奖学金、贷学金、助学金，有权利在学业成绩和品行上获得公正评价，完成规定的学业后获得相应的学业证书、学位证书；

六是受教育者对学校给予的处分不服有权向有关部门提出申诉，对学校、教师侵犯其人身权、财产权等合法权益，有权提出申诉或者依法提起诉讼等。教育法规定的上述受教育者的合法权益，民办学校受教育同样享有。

2.民办高校学生的申诉权

《民办教育促进法》第四十三条规定："民办学校侵犯受教育者的合法权益，受教育者及其亲属有权向教育行政部门和其他有关部门申诉，有关部门应当及时予以处理。"本条规定的受教育者申诉包括以下几方面内容：

一是申诉条件。民办学校受教育者申诉的条件必须是民办学校有侵犯其合法权益的行为。不管是民办学校的任何管理人员，只要有侵犯受教育者合法权益的行为，受教育者都可以提出申诉。

二是申诉对象。民办学校受教育者申诉的对象是民办学校。民办学校是独立的法人，只要侵犯了受教育者的合法权益，就必须以学校的名义承担法律责任。当然，这里的侵犯受教育者合法权益，是指民办学校的管理人员代表民办学校所做出的侵权行为，对于代表民办学校做出的侵权行为，由民办学校依法承担法律责任。如果民办学校中的管理人员侵犯受教育者合法权益的行为不属于学校管理行为，而纯属个人侵权行为，那么民办学校则不能承担责任。

三是申诉主体。申诉主体包括受教育者及其亲属。民办学校的受教育者是合法权益直接受到侵犯的人，当然有权直接申诉。

四是申诉途径。民办学校的受教育者根据学校侵权行为的性质，可以依法向有权管理、监督民办学校和处理民办学校违法行为的部门申诉。这些部门包括教育行政主管部门、劳动和社会保障部门以及本级和上级人民政府。

五是对申诉的处理。有关部门收到民办学校受教育者的申诉后，应当依法及时处理，制止民办学校的侵权行为，维护受教育者的合法权益。有关部门如果相互推诿、不予处理侵权行为，当事人可以向人民法院提起诉讼。

第七章

中外合作办学法律制度

中外合作办学有合作设立机构和合作举办项目两种形式。改革开放40余年来，中外合作办学实现了较快的发展。中外合作办学机构和中外合作办学项目由于办学形式的差异，其法律性质亦不同。中外合作办学的法律性质及原则是所有合作办学环节的准入点。明确中外合作办学的法律性质是开展合作办学的最基本要求，它有助于厘清中外合作办学参与主体的职责、定位、办学行为的合法性等内容。

第一节　中外合作办学的性质及原则

一、中外合作办学的含义

（一）中外合作办学机构

根据2019年3月2日修订实施的《中华人民共和国中外合作办学条例》（以下简称《中外合作办学条例》）中的第一章第二条的规定，中外合作办学是指“外国教育机构同中国教育机构（以下简称中外合作办学者）在中国境内合作举办以中国公民为主要招生对象的教育机构（以下简称中外合作办学机构）的活动”。中外合作办学机构在中国本土引进国外的先进教育理念和教学管理机制，并聘用国外的教师来授课，由中外双方共同管理、共同拥有产权，共同教学。学生不用走出国门就可以享受到国外先进的教学内容和教学模式。

（二）中外合作办学项目

关于中外合作办学项目的含义，在2004年6月2日教育部发布的《中华人民共和国中外合作办学条例实施办法》（以下简称《中外合作条例实施办法》）中的第一章第二条规定：“中外合作办学项目是指中国教育机构与外国教育机构以不设立教育机构的方式，在学科、专业、课程等方面，合作开展的以中国公民为主要招生对象的教育教学活动。”

我国各校开展的中外合作办学活动以非独立设置模式的项目为主，通常有两种形式：一种是在学校领导下，由某一个二级学院与外国教育办学机构合作办学，另一种是学校抽调一部分力量以项目的形式与国外机构合作。此外，我国还存在独立设置的中外合作办学模式。独立设置的中外合作办学机构具有独立的法人资格，这是与依附于一级大学的中外合作办学项目以及二级学院的最大不同之处。我国著名的中欧国际工商学院以及宁波诺丁汉大学就属于这一类办学机构。

根据以上的界定，中外合作办学具有以下几个基本特点：

（1）中外合作办学的主体是具有法人资格的中国教育机构和外国教育机构；

（2）中外合作办学的方式必须是合作办学，既不是合资办学，也不允许外国教育机构、其他组织或者个人单独办学；

（3）中外合作办学主要招收中国公民；

（4）教育教学的地点主要在中国境内；

（5）中外合作办学机构和项目都应当依法取得行政许可。

二、中外合作办学的法律性质

（一）境外合作办学的性质

服务贸易的四种提供方式是跨境交付、境外消费、商业存在、自然人流动。按照服务贸易总协定（GATS）规则的规定，中外合作办学在我国的表现形式是世界贸易组织（WTO）四大交付方式之一的“商业存在”。根据经济全球化和贸易自由化的原则，商业存在是指某一世界贸易组织成员的服务提供者在另一成员境内以任何类型的商业或专业机构如分支机构或代表处等商业存在形式提供服务。

境外合作办学形式的商业存在其特点表现为，教育服务提供者直接在东道国投资教育，但是这种超越国界的投资必须遵守东道国有关投资、教育等方面的法律法规和政策，比如说一国企业或者学校可以直接到别国开办独资、合资、合作学校或培训机构。这种在境外投资建立的独资、合资或合作形式的商业性教育机构等商业存在进行教育服务出口已经成为近几年来增长速度最快的一种教育服务贸易方式。较为典型的国家是澳大利亚，澳大利亚在过去的几年里在南非、海湾国家，马来西亚和斐济等国大规模地兴建海外校园，除此之外该国还积极进行教学项目的合作。又比如，希腊共计1370种的学位课程中，与英国大学合作开设的就占到了42%、与法国大学合作开设的占到21%、与美国大学合作开设的占11%。根据日本北九州和其他地方的调查，日本私立大学在国外有分校的占4.5%，另外11.8%的大学正计划在国外建立分校。另外根据经济合作与发展组织（OECD）跨境教育研究的报告，瑞典估计有25000多名学生通过国家学生资助委员会提供的经费就读于瑞典的海外办学机构。在所有商业存在教育服务贸易形式中，兴办学校方式的跨国合作办学形式日益增多，并逐渐占据主导地位。同时，随着服务贸易自由化和教育产业化理念的推进，在境外建立分校、教育分支机构或合作办学的形式将会得到越来越多的大学或其他高等教育机构的采用。可以预见，在不久的将来各国将陆续修改本国相关法律，在法律上和制度上运行各种形式的合作办学跨国举办。据不完全统计，现阶段跨国合作办学主要有六种形式：(1)一国的大学和其他国家的教育机构、文化单位等开展合作办学，并共同授予特定学位或经政府特许之后经营某种学术产品；(2)一国大学与另一个国家达成协定，允许该国家使用其名称举办学校；(3)比较常见的形式就是不同国家大学或院校之间实行学位或学分姐妹或兄弟计划，比如我国的辽宁大学亚澳商学院；(4)一国的教育机构在另一国家设立商业存在，比如代表处、分校等，讲授母校的课程，并颁发母校的学位学历证书；(5)某一跨国公司在其他国家自行举办公司大学并自行颁发学位证书，该合作办学比较特殊，不隶属于任一国家教育系统，但却被很多国家教育部门所承认，如微软证书全球培训；(6)提供“国际化”证书的国际性大学，但它不属于任何具体的教育系统。

（二）中外合作办学机构的法律性质

《中外合作办学条例》第十一条规定，中外合作办学机构应当具备《教育法》《职业教育法》《高等教育法》等法律和有关行政法规规定的基本条件，并具有法人资格。但是，外国教育机构同中国实施学历教育的高等学校设立的实施高等教育的中外合作办学机构，可以不具有法人资格。由此可见，中外合作办学机构可分为不具有法人资格的机构和具有法人资格的机构。《中外合作办学条例实施办法》第十七条规定，不具有法人资格的中外合作办学机构的名称前应当冠以中国高等学校的名称。可见，不具有法人资格的中外合作办学机构必须附属于作为中方合作办学者的高等学校，其法律性质与该高校的内设学院相似。此类性质的中外合作办学机构在上海、北京等地的高校较为常见，例如，上海同济大学就设有“中德工程学院”“中法工程和管理学院”“中意学院”等。

具有法人资格的中外合作办学机构在教育界影响较大，也更令人关注，如宁波诺丁汉大学和西交利物浦大学，但对其法律性质的界定目前还存在争议。那么，中外合作办学机构应列为何类法人呢？它兼有企业法人和事业法人的法律特征。于是学界有主张将其视为事业法人的，也有主张作为新的第五类，即“民办非企业”的。2003 年民政部下发的《关于对中外合作办学机构登记有关问题的通知》指出，中外合作办学机构取得中外合作办学许可证后申请民办非企业单位登记的，根据《中外合作办学条例》第二十条规定，依照《民办非企业单位登记管理暂行条例》第十二条规定，办理民办非企业单位登记。可见，目前的操作实践是将中外合作办学机构作为“民办非企业”登记的。

（三）中外合作办学项目的法律性质

当前，我国高校开展了数以千计的中外合作办学项目。非独立设置的中外合作办学项目与不具有法人资格的中外合作办学机构的法律性质相似，因其必归属于中方合作高校，不能以自己的名义独立承担法律上的责任和义务，所以也不具备法人资格。

（四）有关中外合作办学的现有立法

中外合作办学作为一项涉外服务贸易活动，受许多法律的制约。我国并未制定专门的调整包括中外合作办学形式在内的国际教育服务贸易的法律，而只有一些零星性的与教育服务贸易有关的法律规定，并主要分散在《宪法》《教育法》和《高等教育法》《民办教育促进法》和《职业教育法》之中。其中，《宪法》第十九条规定，国家鼓励集体经济组织、国家企业事业组织和其他社会力量依照法律规定举办各种教育事业。《教育法》第二十六条规定，国家鼓励企业事业组织、社会团体、其他社会组织及公民个人依法举办学校及其他教育机构。《高等教育法》第二条规定，在中华人民共和国境内从事高等教育活动，适用本法。第十二条规定，国家鼓励和支持高等教育事业的国际交流与合作。

目前，有关中外合作办学活动的具体规定主要指国务院根据宪法和法律制定的行政法规，主要包括：1995 年颁布的《中外合作办学暂行规定》（已于 2004 年作废）、2003 年 3 月 1 日颁布并于 2019 年 3 月修正的《中外合作办学条例》、2004 年 6 月出台的《中外合作办学条例实施办法》等。另外，在《民办教育促进法实施条例》中规定的扶持和奖励措施适用于中外合作办学机构。除此之外是省、自治区、直辖市等地方政府或人大出台的地方性法规以及我国教育行政主管部门出台的一些部门规章等政策性文件。

三、中外合作办学的原则

随着中国教育事业的逐步开放，越来越多的外国教育机构积极地在中国寻求合作者，某些经济合作与发展组织成员，尤其是澳大利亚、新西兰和英国政府力促将教育作为一种出口产业，把教育视为一种增加收入的贸易。但过分强调教育服务贸易自由化，尤其是对发展中国家从“教育援助”变为“教育贸易”，有可能进一步扩大发展中国家与发达国家的“教育鸿沟”，会损害发展中国家的利益。追求经济收益不应成为各国跨境教育的主要目标。中外合作办学应遵循以下原则：

（一）科学发展原则

科学发展观的实质就是以人为本，全面、协调、可持续。在合作办学过程中要考虑学校的眼前利益、长远利益，进行合理规划，以提高中外合作办学质量和效益，处理好学校的承载能力、社会对高等教育的需求以及学校的稳定发展三者的关系。国外学校先进的管理经验和优质办学条件、师资力量，为我国通过中外合作尽快缩小同世界一流学校的差距，培养我国经济建设迫切需要的国际化人才提供了有利机遇。国内的高校应当抓住机遇，以中外合作办学促进学校的发展。纵观国内外一流大学，它们之所以长期保持领先地位，主要在于它们拥有一批高水平的、特色鲜明的学科群。抓好了学科建设，也就抓住了学校建设的关键所在，否则，大搞基本建设，楼房修得再高，校园建得再美，也只能给人以一种“虚胖”的假象。国内高校应当抓住机遇以稳定为前提，把教育改革的力度、发展的速度以及学校实际需要三者有机结合起来。

（二）以人为本原则

教育必须树立以人为本的观念，包括以教师和学生为本。著名教育家周培源认为，一所学校办学质量的好坏、水平的高低，其决定因素或根本标志乃是这所大学的教师阵容，教师是学校的主体。有了一流的师资队伍，才可能培养一流的人才。以人为本，提高人才培养质量是中外合作办学的关键和本质。高等学校在中外合作办学过程中必须抓教师质量，重师资队伍建设，在办学理念、管理制度、学科建设、课程设置等方面必须以人为本，真正培养符合社会主义市场经济需求的优秀人才。

（三）公益性原则

《中外合作办学条例》在总则的第三条便提到："中外合作办学属于公益性事业，是中国教育事业的组成部分。"教育部在《关于当前中外合作办学若干问题的意见》也明确指出："坚持中外合作办学的公益性原则。教育是以培养人才为根本目标的崇高的社会公益性事业。教育服务不是货物贸易，也不同于一般的服务贸易。要正确把握中外合作办学的宗旨和性质。"我国关于中外合作办学的公益性事业的目标定位，与某些经济合作与发展组织成员把发展跨境教育作为追求经济利益的目标定位两者之间严重脱节。这种政策性脱节带来了一系列问题，如早些年中外合作办学的地域分布东西失衡，国内合作高校的地域分布东重西轻，东部地区特别是上海、江苏等地中外合作办学成绩喜人，西部地区却举步维艰。但随着"双一流"建设、"一带一路"倡议的提出，中外合作办学的发展迎来了较大转机。2015 年，国务院发布《关于印发统筹推进世界一流大学和一流学科建设总体方案的通知》，明确了"双一流"建设是我国提升教育发展水平，增强国家核心竞争力的战略决策，并将与世界一流大学实质合作，融合国外优质教育资源，开展高水平人才联合培养和科学联合攻关。十九大召开后，中共中央办公厅 国务院办公厅印发了《关于加强和改进中外人文交流工作的若干意见》，指出合作办学是中外人文交流引进来部分的发力点。

第二节　中外合作办学机构的设立

根据《中外合作办学条例》及《中外合作办学条例实施办法》的表述，外国教育机构同中国教育机构在中国境内合作举办以中国公民为主要招生对象的教育机构称为中外合作办学机构。中外合作办学机构的设立能引进和利用国外优质教育资源和教育理念，培养具有知识创新和实践能力的复合型人才。合作办学真正为提高我国教育质量服务的前提是在程序上明确中外合作办学机构设立的基本条件，从法律法规及政策上规范合作办学机构的设立与管理。

一、《中外合作办学条例》关于机构设立的有关规定

（一）申请设立中外合作办学机构的资格条件

《中外合作办学条例》第九条明确规定了申请设立中外合作办学机构的教育机构应当具有法人资格。据此理解，申请合作办学的中方必须是具有独立法人资格的教育机构，而外方除具有法人资格外，还必须是非从事宗教教育的教育机构。同时《中外合作办学条例》第十一条规定，合作办学机构也应当具备有关教育法律和行政法规规定的基本条件，并应具有法人资格。《中外合作办学条例》也规定例外情况，对于那些由外国教育机构和中国实施学历教育的高等学校设立的，实施高等教育的中外合作办学机构，可以不具有法人资格。设立中外合作办学机构，参照国家举办的同级同类教育机构的设置标准执行。增加此两项规定可以被视为是我国政府为了保证合作办学机构的质量，从申请资格上对合作办学机构的双方合作人加以限制。

（二）设立中外合作办学机构的一般程序

设立中外合作办学机构，分为筹备设立和正式设立两个步骤。但是，具备办学条件、达到设置标准的，可以直接申请正式设立。

(1)申请筹备设立中外合作办学机构，应当提交下列文件：①申办报告，内容应当主要包括中外合作办学者、拟设立中外合作办学机构的名称、培养目标、办学规模、办学层次、办学形式、办学条件、内部管理体制、经费筹措与管理使用等；②合作协议，内容应当包括：合作期限、争议解决办法等；③资产来源、资金数额及有效证明文件，并载明产权；④属捐赠性质的校产须提交捐赠协议，载明捐赠人的姓名、所捐资产的数额、用途和管理办法及相关有效证明文件；⑤不低于中外合作办学者资金投入15%的启动资金到位证明。

(2)申请筹备设立中外合作办学机构的，审批机关应当自受理申请之日起45个工作日内做出是否批准的决定。批准的，发给筹备设立批准书；不批准的，应当书面说明理由。

(3)经批准筹备设立中外合作办学机构的，应当自批准之日起3年内提出正式设立申请；超过3年的，中外合作办学者应当重新申报。筹备设立期内，不得招生。

(4)完成筹备设立申请正式设立的，应当提交下列文件：①正式设立申请书；②筹备设立批准书；③筹备设立情况报告；④中外合作办学机构的章程，首届理事会、董事会或者联合管理委员会组成人员名单；⑤中外合作办学机构资产的有效证明文件；⑥校长或者主要行政负责人、教师、财会人员的资格证明文件。

若已具备办学条件和达到设置标准，直接申请正式设立中外合作办学机构的，也需提交前文提到的相关文件：①正式设立申请书；②中外合作办学机构的章程，首届理

事会、董事会或者联合管理委员会组成人员名单；③中外合作办学机构资产的有效证明文件；④校长或者主要行政负责人、教师、财会人员的资格证明文件；⑤合作协议，内容应当包括：合作期限、争议解决办法等；⑥资产来源、资金数额及有效证明文件，并载明产权；⑦属捐赠性质的校产须提交捐赠协议，载明捐赠人的姓名、所捐资产的数额、用途和管理办法及相关有效证明文件。

（4）申请正式设立实施非学历教育的中外合作办学机构的，审批机关应当自受理申请之日起3个月内做出是否批准的决定；申请正式设立实施学历教育的中外合作办学机构的，审批机关应当自受理申请之日起6个月内做出是否批准的决定。批准的，颁发统一格式、统一编号的中外合作办学许可证（中外合作办学许可证由国务院教育行政部门制定式样，由国务院教育行政部门和劳动行政部门按照职责分工分别组织印制；中外合作办学许可证由国务院教育行政部门统一编号，具体办法由国务院教育行政部门会同劳动行政部门确定）；不批准的，应当书面说明理由。

（6）申请正式设立实施学历教育的中外合作办学机构的，审批机关受理申请后，应当组织专家委员会评议，由专家委员会提出咨询意见。

（7）中外合作办学机构取得中外合作办学许可证后，应当依照有关的法律、行政法规进行登记，登记机关应当依照有关规定即时予以办理。

（三）中外合作办学机构设立的规范

《中外合作办学条例》第十八条规定了审批机关对于已批准的中外合作办学机构颁发中外合作办学许可证，该许可证是合作办学机构合法办学的证明。《中外合作办学条例》的附则中又补充规定，对于那些在该条例施行前设立的中外合作办学机构，应当补办该条例规定的中外合作办学许可证。

《中外合作办学条例》对中外合作办学机构在设立过程中的违规违法行为的处理也做了明确规定。其中，第四十九条规定："中外合作办学审批机关及其工作人员，利用职务上的便利收取他人财物或者获取其他利益，滥用职权、玩忽职守，对不符合本条例规定条件者颁发中外合作办学许可证，或者发现违法行为不予以查处，造成严重后果，触犯刑律的，对负有责任的主管人员和其他直接责任人员，依照刑法关于受贿罪、滥用职权罪、玩忽职守罪或者其他罪的规定，依法追究刑事责任；尚不够刑事处罚的，依法给予行政处分。"第五十条规定："超越职权审批中外合作办学机构的，其批准文件无效，由上级机关责令改正；对负有责任的主管人员和其他直接责任人员，依法给予行政处分；致使公共财产、国家和人民利益遭受重大损失的，依照刑法关于滥用职权罪或者其他罪的规定，依法追究刑事责任。"第五十一条规定："未经批准擅自设立中外合作办学机构，或者以不正当手段骗取中外合作办学许可证的，由教育行政部门、劳动行政部门按照职责分工予以取缔或者会同公安机关予以取缔，责令退还向学生收取的费用，并处以10万元以下的罚款；触犯刑律的，依照刑法关于诈骗罪或者其他罪的规定，依法追究刑事责任。"

二、中外合作办学机构的发展现状

（一）中外合作办学机构的数量统计

(1)从地域分布看，中外合作办学机构相对集中在经济、文化较发达的中东部地区。(见图 7-1)

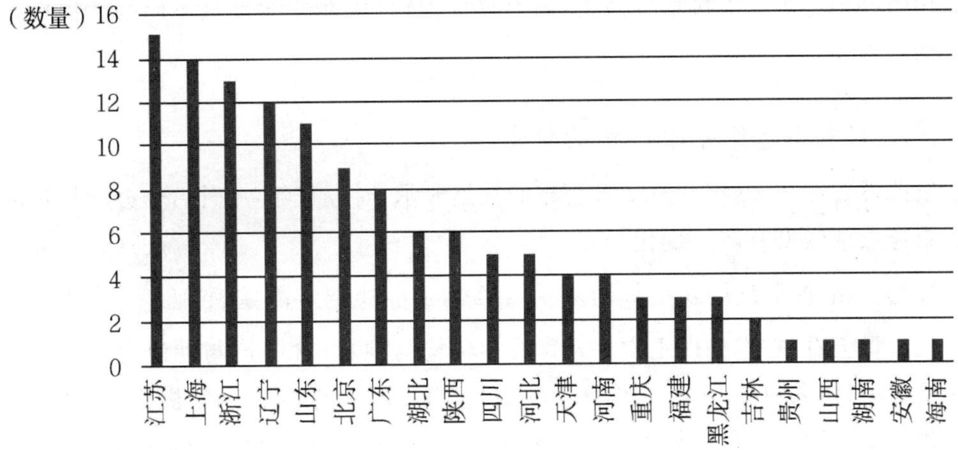

图 7-1　中外合作办学机构地域分布图①

全国共有 22 个省(市)开设了中外合作办学机构，数量排在前五位的分别为：江苏(15)、上海(14)、浙江(13)、辽宁(12)、山东(11)。这种分布形式符合这些地区对各类人才的迫切需求。

(2)从中外合作办学的机构来源来看，主要来自经济文化发达的国家或地区。(见图 7-2)

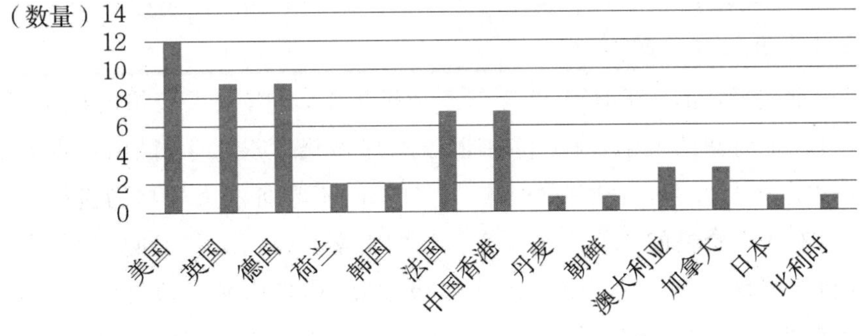

图 7-2　中外合作办学机构来源分布图②

参与中外合作办学的国家(或地区)共有 13 个，主要来自经济文化发达的国家(或

①数据来源：中外合作办学信息监督平台　数据截止日期：2020 年 6 月 2 日

②数据来源：中外合作办学信息监督平台　数据截止日期：2020 年 6 月 2 日

地区)。其中排名前三位的分别是美国、英国、德国。

(3)从办学层次分布看主要是学历教育,而其中高等教育又在学历教育中占多数。

中外合作办学机构以学历教育为主,基本不涉及单独以学历教育为主的学校,实施学历教育与非学历教育两种办学形式结合的办学机构仅占总数的35.1%。其中有45所中外合作办学机构实施学士学位教育,占78.9%;实施硕士学位教育的中外合作办学机构有19所,占33.3%;实施博士学位教育的有10所,占17.5%;实施专科教育的有6所,仅占10.5%;实施两种以上的有20所,占35.1%。由此可见,中外合作办学机构的办学层次以本科教育为主,硕士教育为辅,大部分学校是不同办学层次并举的机构。

(二)中外合作办学机构的特点

根据教育部2020年6月2日公布的数据显示,时隔数年,中外合作办学机构的数量分布特点依然没有多大变化。

1.总体看中外合作办学机构数量远远低于中外合作办学项目

从数量上看,在本科以上中外合作办学机构与项目(含内地与港澳台地区合作办学机构与项目)名单中,中外合作办学项目共930个,中外合作办学机构有128家,中外合作办学机构和项目在数量上相差悬殊。其中,中外合作办学机构的审批难度大应该是重要原因。本科以上中外合作办学机构由教育部审批,高等专科层次中外合作办学机构由省级人民政府审批,中外合作办学许可证均由教育部统一编号,也就意味着即使是专科层次机构的最终审批权仍然在教育部,从机构数量大大低于项目数量也可以看出机构的审批程序更加复杂、难度更大。值得一提的是,尽管机构的审批很难,但有些大学如上海大学、同济大学、上海交通大学、辽宁大学、郑州大学、重庆工商大学等均申办了两家中外合作办学机构。

2.绝大多数中外合作办学机构不具有法人资格,但有些非法人二级学院同样在经营运作上有较大的独立性

获得审批或复核的128家中外合作办学机构中,具有法人资格的机构只有6家(长江商学院、上海纽约大学、西交利物浦大学、宁波诺丁汉大学、昆山杜克大学、北京师范大学-香港浸会大学联合国际学院),占4.7%,不具备法人资格的机构122家,占95.3%。具有法人资格的机构就是一家新建的大学,在运作上和独立学院完全相同。而非法人机构就是一级大学下属的一个二级学院,其名称前必须冠以国内大学的名称,在行政管理、教学管理、教学资源、招生计划等诸多方面仍较大程度地依赖于一级大学,但有的非法人机构的运作则具有极强的独立性。

3.中外合作办学机构的地域分布极不均衡,很多地区还没有取得零的突破

拥有本科以上中外合作办学机构的128家国内大学来自22个省(市),江苏最多(15家),上海次之(14家),浙江(13家)、辽宁(12家)、山东(11家)、北京(9家)、广东

(8家)、陕西和湖北(6家)、四川和河北(5家),河南和天津(4家)、福建、重庆和黑龙江(3家),吉林(2家)、湖南、海南、安徽、山西、贵州(1家),其他省(区、市)均为空白。这说明中外合作办学机构在地域分布上表现出很大的不均衡性。特别值得注意的是,重庆工商大学等六所大学均申办了2所中外合作办学机构。这是否说明,面对同样的政策环境,决定中外合作办学事业能够得到长足发展的关键因素在于地方政府的大力扶持以及高校自身的努力。

第三节　中外合作办学的组织管理

中外合作办学组织管理的目标是通过引进和利用国外优质教育资源和教育理念,培养具有实践能力和知识创新能力的复合型人才,其核心理念是"开放、合作、共赢"。要使中西合璧的教育理念、管理方式和培养模式等发挥其应有的效用,关键是规范权限、明确权责,以规范的制度来保证教学的良好环境,以创新的理念来促使学校各项事业的高效运转,推动和实现合作办学的规范化与高效化管理。

一、《中外合作办学条例》中关于组织管理的规定

除对合作办学机构的设立有明确的规定外,《中外合作办学条例》还对合作办学机构的组织管理提出了详细要求。

(一)中外合作办学机构组织管理层的组成

具有法人资格的中外合作办学机构应当设立理事会或者董事会,其法定代表人,由中外合作办学者协商,在理事长、董事长或者校长中确定。

不具有法人资格的中外合作办学机构应当设立联合管理委员会。理事会、董事会或者联合管理委员会的中方组成人员不得少于1/2。理事会、董事会或者联合管理委员会由5人以上组成,设理事长、副理事长,董事长、副董事长或者主任、副主任各1人。中外合作办学者一方担任理事长、董事长或者主任的,由另一方担任副理事长、副董事长或者副主任。

《中外合作办学条例》对理事会、董事会或者联合管理委员会组成人员的资格标准也做了严格规定:中外合作办学机构的理事会、董事会或者联合管理委员会由中外合作办学者的代表、校长或者主要行政负责人(《中外合作办学条例》第二十五条规定:"中外合作办学机构的校长或者主要行政负责人,应当具有中华人民共和国国籍,在中国境内定居,热爱祖国,品行良好,具有教育、教学经验,并具备相应的专业水平。"中外合作办学机构聘任的校长或者主要行政负责人,应当经审批机关核准)、教职工代表等

组成，其中1/3以上组成人员应当具有5年以上教育、教学经验，并且组成人员名单应当报审批机关备案。

这些规定为中外合作办学的组织管理创造了一个较为民主的议事空间。在做出重大决策时，管理机构能依靠科学的表决机制和相当比例的经验人士的意见，使决策更趋向民主，也更能准确地适应各自办学的需要。

（二）中外合作办学机构组织管理层的职责权限

1. 理事会、董事会或者联合管理委员职权

(1)改选或者补选理事会、董事会或者联合管理委员会组成人员；聘任、解聘校长或者主要行政负责人；修改章程，制定规章制度；制定发展规划，批准年度工作计划；筹集办学经费，审核预算、决算；决定教职工的编制定额和工资标准；决定中外合作办学机构的分立、合并、终止；章程规定的其他职权。

(2)中外合作办学机构的理事会、董事会或者联合管理委员会每年至少召开一次会议。经1/3以上组成人员提议，可以召开理事会、董事会或者联合管理委员会临时会议。中外合作办学机构的理事会、董事会或者联合管理委员会讨论下列重大事项，应当经2/3以上组成人员同意方可通过：①聘任、解聘校长或者主要行政负责人；②修改章程；③制定发展规划；④决定中外合作办学机构的分立、合并、终止；⑤章程规定的其他重大事项。

2. 校长或者主要行政负责人职权

中外合作办学机构的校长或者主要行政负责人行使下列职权：执行理事会、董事会或者联合管理委员会的决定；实施发展规划，拟订年度工作计划、财务预算和规章制度；聘任和解聘工作人员，实施奖惩；组织教育教学、科学研究活动，保证教育教学质量；负责日常管理工作；章程规定的其他职权。

（三）中外合作办学机构对教师、学生的组织管理

《中外合作办学条例》对中外合作办学聘任的外籍人员提出相关要求：中外合作办学机构聘任的外籍教师和外籍管理人员(《中外合作办学条例》第二十九条规定："中外合作办学机构的外籍人员应当遵守外国人在中国就业的有关规定。")，应当具备学士以上学位和相应的职业证书，并具有2年以上教育、教学经验。外方合作办学者应从本教育机构中选派一定数量的教师到中外合作办学机构任教。中外合作办学机构应当依法维护教师、学生的合法权益，保障教职工的工资、福利待遇，并为教职工缴纳社会保险费。中外合作办学机构的教职工依法建立工会等组织，并通过教职工代表大会等形式，参与中外合作办学机构的民主管理。

二、中外合作办学组织管理存在的主要法律问题及建议

中外合作办学作为高层次的办学形式，十几年来，在引进国外优质教育资源，扩大我国的教育投入，满足国民对教育的多元化需求等方面，做出了突出贡献。但对于中外合作办学而言，从其产生的那天起就被管理的问题所困扰。

（一）教育主权问题

教育主权是国家主权的一种延伸，特指一国固有的独立处理国内教育事务和在国际上保持教育独立自主的最高权力，是一国处理教育方面国际事务的最高原则，同时也不违背国际法基本原则的要求。

我国《教育法》第八章第六十七条规定“教育对外交流与合作坚持独立自主、平等互利、相互尊重的原则，不得违反中国法律，不得损害国家主权、安全和社会公共利益。”《中外合作办学条例》的第五条、第六条、第七条、第二十五条、第三十条和第六十二条的内容也对维护我国教育主权做了相关规定。教育部《关于当前中外合作办学若干问题的意见》的第二条指出，中外合作办学要坚持依法办学，规范管理；要增强合作办学的政治敏锐性，牢固树立教育主权的意识，维护好国家安全和社会稳定及正常的教育秩序。

我们在开展高等教育中外合作办学的过程中，应当依法加强中国教育机构的主导地位，积极主动地贯彻国家的教育方针以及相应的法律法规。我国在加入世界贸易组织时就承诺：在市场准入上将允许中外合作办学，外方可获得多数拥有权；在国民待遇上则不做任何承诺。由此看出，经济全球化之下的中外合作办学对我国教育主权有可能产生一定程度的冲击，主要表现为以下几个方面：

1.有限教育资源的大量流失

众所周知，我国教育资源非常短缺。在高等教育中外合作办学中，存在着一定数量的较低层次合作办学机构，收取大量学费来谋求发展是其主要的生存手段，在投入资金较少的情况下，其依然能获得中方按合作办学约定的将一定比例所得学费收入划归外方，最终形成了我国本就不富足的教育资源大量向外流失的情形。可以说，这种情况对我国的高等教育中外合作办学的健康发展十分不利。

2.外国劣质教育资源的流入

在合作办学中，我们的初衷是希望引进国外优质教育资源来发展教育。可是教育发达国家在向发展中国家输出教育的同时，也在转嫁本国教育中的危机，就如同在经济中输出落后生产线和环境污染严重的企业一样，输出的教育机构的可信度很低，教育质量低下。更为过分的是，有些国外教育机构在输入国大办学历教育时而在其本国根本就不具备相应的办学资格，这对那些教育发展中的国家带来的影响是极其不

利的。

3. 办学主导权失位

在高等教育中外合作办学中，为了自身利益的最大化，外方有可能争取办学主导权，这样会导致办学方向背离我国在入世时的相关承诺。允许外方获得多数拥有权，同时，国外合作方具有充足的资金或者先进的教育管理经验等优势，在合作中争夺办学的教育主导权，这样不但侵犯了我国的教育主权而且与合作办学的初心相背离，合作办学也就无意义可言。

4. 文化意识

西方政治文化思想观念的渗入对我国的教育主权的影响是隐性的，容易造成教育主权的隐性流失。在高等教育中外合作办学中，不排除一些带有明显意识形态的外国教育组织和机构以及个人的进入，利用西方发达国家在经济、科技和教育方面的优势，在中国寻找和培养“西方政治思潮”和“文化攻势”的代理人，导致维护社会主义意识形态和反分化的任务变重。

（二）产权问题

中外合作办学机构有的具有独立法人资格，有的没有独立法人资格，但《中外合作办学条例》第三十七条明确规定中外合作办学机构都具有独立的法人财产权。法人财产权属于产权范畴，从整体上讲，属于共有性质，即各共有人对共有财产共享权利，共担义务。产权在法律上的清晰有两条标准：一是指产权要有比较完整的法律地位，二是产权真正得到了法律的保护。

1. 管理的家族化倾向

从现实的情况看，由于中方合作高校多以知识产权出资，缺乏管理学校的动力，土地等国有资产的所有者代表缺位等原因，外国投资者往往架空理事会、董事会或联合管理委员会，成为中外合作办学机构的实际控制者，从而使中外合作办学机构的治理带有明显的家族化倾向。这使得学校的重要职位由国外投资者的家族成员控制，学校对他们缺乏有效的激励与监督，这也造成决策权集中于国外投资人手中，他们不按照科学的决策程序和决策办法进行决策，决策的随意性较大。

2. 损害教职员工的权益

产权不明晰造成了中外合作办学机构理事会（董事会）的不健全，形同虚设，对重大问题的决策（如发展规划、年度计划、审核预决算、确定员工工资标准等）带有很大的盲目性和随意性，这不仅不利于管理结构的稳定，更损害了教职工的利益，易造成优质师资的流失。

3. 侵害教育消费者的利益

优质师资的流失使得中外合作办学机构师资队伍的结构层次不稳定、不合理，便满足不了教学的基本要求。教学效果不佳,不仅影响了学生学习的积极性,也造成消费者虽付出了高额学费却未能享受到优质的教育资源。部分高校为了追逐经济利益,扩大规模,不顾办学基本条件,通过盲目开办新专业,夸大招生宣传等手段,使不少考生盲目入学,最后支付了高昂的学费,却拿不到国家承认的学历文凭。

(三)完善中外合作办学组织管理的对策及法律建议

1.确立正确的教育主权观,完善相关的法律法规

教育主权作为国家主权的一部分,具有不可分割性,是必须坚决维护的。但是随着经济和教育的全球化,教育主权的内涵与形式也发生了变化。这就要求我们树立与时俱进的正确的教育主权观,现阶段最重要的是要做到既维护教育主权又有效开展教育的对外合作。

正如潘懋元先生说的"在过去对教育主权的界定,由于时代条件不同,可能较宽、较多,有些并非主权的含义或因素,也被包括在内。在过去可能不明显,而在新的时代条件下,矛盾就表现出来了"。现如今在高等教育中外合作办学中,应重新审视与教育主权有关的理论,分清教育主权中的核心权利与非核心权利,这样才能做到适度让渡边缘权利,使得更高层次权利的回归,也只有这样才真正有利于高等教育中外合作办学的健康发展。

既然我国加入了世界贸易组织,那么就要遵守它的相关规则,在服务贸易总协定允许的范围内各成员可以根据自身的情况制定目标和自行调整。因此,对于教育服务贸易而言,其绝大部分的规则制定权都掌握在我们自己手中。只要吃透了这些规则并能加以有效地利用,才能坦然应对并解决在竞争中所遇到的突发风险事件,才有能力做到依法规范高等教育中外合作办学的活动。

目前,对高等教育中外合作办学所面临的众多问题,我国正在对《中外合作办学条例》出台前的合作机构以及合作项目进行整顿。相关部门应该规范高等教育中外合作办学行为,积极稳妥地促进合作办学的健康发展。同时应坚持跨国高等教育主权中的实质和核心主权,出让或让渡属于一般国家教育权力范畴中的一般权力,目的是参与国际性的交往实践,实现对国家利益为本的更高层次的回归。此外,认真对待服务贸易总协定规则,在跨国高等教育合作办学中我国相关部门应该严格按照法律法规的要求办事,不能为了一时之利,以致损害我国的教育目的,损害国家的教育主权。

2.建立中外合作办学的现代产权制度

构建中外合作办学现代组织管理结构的前提是构建现代产权制度。

(1)实现产权清晰。中外合作办学产权不清既表现为法律上的不明晰也表现为现实运行过程中各投资主体之间经济上的不清晰。因此要使合作办学在产权上实现清晰,一是要通过立法,明确与中外合作办学法人财产权各项对应的,专属于中外合作办学出资人的类似于股权的出资者权益。这种权益要具备虚拟财产权利的特征,与实体

的法人财产相分离，并可实现资本化，无论是国家财产、集体财产还是个人财产都应享有收益权、转让权和继承权。二是进一步明确各投资主体的产权。对现有的中外合作办学机构的产权进行重新界定。界定产权时，应从实际出发，根据不同情况，弄清投资来源，明确各个投资主体，将其投资及收益形成的资产划归投资者所有，尽可能做到客观公正。

(2)实现投资主体的多元化。当投资人投入学校的资产真正具有股权的性质时，中外合作办学机构就具有有限责任公司的性质，中外合作办学就变成了一个名副其实的经营教育服务产品的“公共公司”。这就为中外合作办学投资主体的多元化创造了条件。投资主体的多元化是现代产权制度的主要特征。与比较单一的产权结构相比具有明显的优势：它可以聚集更多的社会资本，一定程度上解决资金瓶颈问题，使中外合作办学能以较低的资金成本享受规模经济效益；多元化可使更多外部资本内部化，使得中外合作办学的重大决策更加民主科学，可进一步减少失误。多元化产权结构必然要求中外合作办学机构建立和完善各种规章制度，从而在更大程度上减少个人英雄主义行为的出现，使学校更多地在理性层面上运作。当然实现中外合作办学机构投资的多元化的前提是进一步完善我国的资本市场。

第四节　中外合作办学的教育教学

作为在教育领域出现才十几年的新事物，中外合作办学过程中的中外教育差异、中外教学模式的衔接等教育教学问题一直备受关注。教学是办学活动最关键的核心环节。如何因地制宜，选用合理的教育教学模式和内容，是中外合作办学要解决的首要问题。制定有效的质量评价体系，并辅之以监管，是完善中外合作办学教学管理的重要途径。

一、中外合作办学的教育教学基本模式

在中外合作办学过程中，中外双方采取什么方式参与合作是开展教育教学的关键，它决定了教师教什么、怎么教和学生学什么、怎么学。在我国主要有三种中外合作办学教学模式。

（一）嵌合型模式

该模式把中方的教学模式和外方合作学校的教学模式完全融合在一起。其教学特点是：引进外方的教学计划、教学大纲、教材和相关的教学手段；聘请外方教师来讲课并安排中方教师去进修；引入外方的先进且合适的教学方法为我所用，比如课堂讨

论、案例教学等。该模式有助于引进外方教学模式在我国内培养适应国际市场需要的优秀人才,推动我方教学内容、教学方法等的改革。它满足了学生对国外高水平教育的需求,并且减轻了出国求学的经济负担,有利于学生在熟悉的本土环境中逐步接受并适应国外的教学理念及方法。中方学校可以充分利用国内外的教育资源,提供低成本、高质量的教学服务,从实践中学习新的教学方法和管理经验,有利于加强我国师资队伍建设并加快与国际接轨的步伐。

(二)嫁接型模式

这种模式下的中外双方基本保留各自的教学模式,对双方学校开设的课程互相进行评估,评估合格后则互认学分,若学生在双方学校获得的学分累计达到了规定的学分要求,即可获得双方学校颁发的毕业证书和学位证书。目前常见的主要有2+2模式、1+2+1模式和3+1模式等。这些模式使学生有机会出国直接接受国外的教育,能较好地提高学生外语应用水平,便于学生对于不同国家文化的直观认识和切身体会。双方学校颁发的毕业证书和学位证书有利于毕业生进入国际人力资源市场,就业的前景相当广阔。

(三)分散型模式

作为一种渐进型模式,它通常出现在高校教育国际化的初级阶段,被多数学校普遍推行过。该模式通过聘请外方教师来中方讲学、中方教师去外方学习或借鉴国外的教学经验以及学生去外方短期学习或实习等手段来实现教学的国际接轨。对于中方而言,该模式成本较低,有助于通过多种渠道来汲取外方教学的先进经验,并充分利用国际教育资源来提高我国的师资水平和办学质量。因此,它对于我国的高等教育教学改革更加具有实践意义和可操作性。

二、中外合作办学教学管理的主要内容

中外合作办学教学管理一般包括教学计划管理、教学运行管理、教学质量管理与评价,以及教学队伍、教学设施、教学制度等教学基本建设的管理。具体包括:培养方案和教学计划的执行情况;课程设置与教学方式以及教材的选用是否体现了引进外方优质教育资源的特色和优势;是否设置了必要的国情课和实践活动;是否建立了有效的教学质量监督机制;中外双方教学队伍建设及教学设施建设是否符合要求等等。

《中外合作办学条例》对以上教学管理内容做了明确的规定:

课程设置方面,第三十条规定提到:中外合作办学机构应当按照中国对同级同类教育机构的要求开设关于宪法、法律、公民道德、国情等内容的课程。同时引进国内需要、在国际上具有先进性的课程和教材,但须将所开设的课程和引进的教材报审批机关备案。

招生方面，第三十二条规定：“实施高等学历教育的中外合作办学机构招收学生，纳入国家高等学校招生计划。实施其他学历教育的中外合作办学机构招收学生，按照省、自治区、直辖市人民政府教育行政部门的规定执行。中外合作办学机构招收境外学生，按照国家有关规定执行。”第三十三条还要求中外合作办学机构的招生简章和广告报审批机关备案，为了有效防止中外合作办学机构弄虚作假，此条还要求中外合作办学机构将办学类型和层次、专业设置、课程内容和招生规模等有关情况，定期向社会公布。

学历认证方面，第三十四条做了较为详细的规定：(1)实施学历教育的中外合作办学机构，按照国家有关规定颁发学历证书或者其他学业证书(实施高等学历教育的中外合作办学机构，可以按照国家有关规定颁发中国相应的学位证书)。(2)实施非学历教育的中外合作办学机构，按照国家有关规定颁发培训证书或者结业证书。(3)对于接受职业技能培训的学生，经政府批准的职业技能鉴定机构鉴定合格的，可以按照国家有关规定颁发相应的国家职业资格证书。(4)中外合作办学机构颁发的外国教育机构的学历、学位证书，应当与该教育机构在其所属国颁发的学历、学位证书相同，并在该国获得承认。中国对中外合作办学机构颁发的外国教育机构的学历、学位证书的承认，依照中华人民共和国缔结或者加入的国际条约办理，或者按照国家有关规定办理。

教学质量监督和评估方面，第三十五条规定：国务院教育行政部门或者省、自治区、直辖市人民政府教育行政部门及劳动行政部门等其他有关行政部门应当加强对中外合作办学机构的日常监督，组织或者委托社会中介组织对中外合作办学机构的办学水平和教育质量进行评估，并将评估结果向社会公布。

三、中外合作办学教学管理存在的主要问题

中外合作办学教学管理存在很多方面的问题，如管理理念落后、管理组织和结构不合理、师资队伍不能满足需求等。追根溯源，这些问题的实质是中外合作办学的相关法律、法规和政策的不完善，这给中外合作办学的教学管理带来的问题主要表现在以下两个方面。

第一，缺乏有效的审核和评估标准。现行法律法规对中外合作办学的机构设置提出了要求，然而对其办学过程中课程和教学标准的审核和评估却缺乏必要的标准，主要问题在于缺乏量化标准和评估指标。

中外合作办学重在引进优质教育资源，何为优质教育资源，法律上只有原则性规定，提供了引进优质高等教育资源的基础和基本框架，但是对教育资源的质量没有任何水平或技术方面的规定，缺乏量化标准，因此对实际操作会产生影响。

我国对中外合作办学教育质量标准的研究非常滞后，缺少相关的质量保障制度。中国政府对中外合作办学的态度是“合作”，而非简单的对国外教育的进口。尽管教育部已经出台了中外合作办学的评估标准，从管理体系、办学经费管理和使用、培养目标

及方案、培养条件、师资队伍、教学组织培养质量及办学社会效果与优质教育资源引进、办学特色等八个方面对中外合作办学机构和项目进行评估。但是评估内容的标准设置有些过于笼统,而有些是评价标准(指标体系),不是质量标准,并且缺乏量化指标,使得评估缺乏可操作性,不能达到实质效果。

第二,监管体制的缺失。目前中外合作办学质量管理中存在严重的"重审批,轻管理"的现象,办学过程中的广告宣传、质量监管、财务审计等都缺乏监控体系。《中外合作办学条例》对中外合作办学只提出了运行原则和要求,却没有相应的监管方法和指标以及可以有效执行的处罚办法。

中外合作办学设有管理机构,但是没有建立相应的国家、社会的质量管理机构,内部也缺乏教育质量的保障机制。这种状况是多方面原因的造成的,从国内看,中方教育机构自身质量管理系统存在缺陷;从教育输出国看,很多输出国无视建立控制和保障跨境教育质量制度的重要性,简单地认为自己国的一套质量管理程序可以直接用于我国教育中,或者将应在中国国内履行的教育质量管理的责任交给中方;而对于中外合作办学需要在我国进行的教育,输出国对中外合作办学的质量管理也从属于我国的大学,很少建立专门针对中外合作办学的质量监督机构进行质量管理。

同时,中外合作办学也没有相应的处罚措施,这样造成的后果就是即使知道某些中外合作办学存在严重的质量问题,也很难给予相应的法律处罚。

四、完善中外合作办学教学管理的法律建议

《中外合作办学条例》虽然规定了要求外方应提供相应的审批材料,但对外方提供的教育资源的质量却缺乏技术方面的规定。当务之急是通过立法制定中外合作办学运行和监督标准,以法律形式规定建立透明的政府监管及社会评价体系,以保证中外合作办学的教学质量。

第一,建立多位一体的质量评价和监督体系。在高等教育中外合作办学过程中,除了为把好审批关,设立必要的质量标准之外,也需要建立一整套的质量监控体系,保障合作办学按预期目标顺利进行。《中外合作办学条例》中对此监管问题没有作任何规定。因此,政府部门应协同其他相关组织建立多位一体的中外合作办学质量评价和监督体系。有制度、有步骤、分层次地对我国已经开办的中外合作办学机构和项目进行监控和评估。此外还要建立质量控制的预警机制,及时发现问题、解决问题。定期检查,将一些不合格的办学机构向社会曝光,对危害教育消费者利益、损害高等教育中外合作办学声誉的办学机构和项目绝不姑息,及时清理,淘汰出局;积极鼓励和支持遵纪守法、效率高、效益好的机构和项目。

第二,建立有效的社会评价体系。目前我国政府对中外合作办学的管理仅仅体现在行政审批上,政府的监控和社会评价无从谈起。从专业角度来说,建立透明、客观、公正的社会评价体系是对政府行政监管的有力支撑。而社会非营利性组织的技术评

价结果正是政府的监控依据。与政府相比，其与社会公众和专业人士的联系更为紧密，信任度也高。这样将合作办学监管中的专业性工作与行政性工作分开，有利于使政府的行政行为透明、公开，更有利于保证准确高效地执行相关法律。

第三，统一监管模式和标准。目前，由于缺乏对高等教育中外合作办学的监管法制，又缺乏统一的执行标准，各级政府教育行政部门对现有法规的理解各异，造成无监管或监管无力，造成中外合作办学中普遍存在层次偏低、专业单一、区域集中等问题。因此，应通过立法规定教育行政部门的监管模式和标准流程，使各级监管者有统一可行的法律标准。

拓展内容

中外合作办学机构的资产与财务管理

第八章 高等教育法律纠纷与法律救济

随着“依法治教”的提出与实施，教育法律关系主体的权利意识不断提高，教育法律纠纷问题逐步增多，特别是1998年田永诉北京科技大学案以来，高等教育法律纠纷逐渐步入公众视野，对纠纷的处理即对受侵害一方的权利救济亦在不断完善。本章主要在解析高等教育法律纠纷与法律救济概念的基础上介绍了高等学校教师和学生常见的法律纠纷类型、特征，以及相对应的法律救济途径。

第一节　法律纠纷与法律救济概述

一、法律纠纷的概述

（一）法律纠纷的概念解析

何谓纠纷？按《辞海》的解释，纠纷意指纷扰。按《说文解字》的解释，有纠缠、缠绕的意思。在社会学意义上，纠纷或争议都是特定的主体基于利益冲突而产生的一种双边的对抗行为。在西方语义中"纠纷"的单词是"dispute"，在美国纠纷解决理论中，把纠纷视为是冲突的一种类型或一个层次，是一种包含着明确的、可通过法庭裁判的争议的冲突。人类学家劳拉·内德（Laura Nader）和哈利·F. 托德（Harry F. Todd）认为，纠纷应分为冲突和纠纷两个阶段，只有当冲突双方之外的第三方主体介入并充当纠纷处理者之后，冲突才发展成纠纷。通过上述分析，我们可以得出纠纷是指具体而特定的行为主体基于某一价值物或某种利害关系的对立而实施的双边或多边的相对行为。具体分解为：(1)在纠纷的主体上，应该具体和特定；(2)在纠纷的"点火索"上，既包括具体有价值物，也包括某种利害关系；(3)在纠纷行为上，可能是只涉及"A"和"B"的双边行为，也可能是涉及第三主体"C"的行为，甚至更多主体的行为；(4)在纠纷的解决与处理上，有些可以适用于法律规范来调整，而有些则可能通过政治手段或国家暴力加以解决。

法律纠纷是纠纷的一种表现形态。在法学界，受到法律解释学思维的制约，更多是从法律功能的角度去看待纠纷，从而将纠纷看作是一种违反法律规范的行为，是为法律所调整的一种社会现象。具体讲，法律纠纷就是说可以或应当被纳入法律框架或法律程序之内解决的纠纷，也就是说可以或应当属于法律规范调整范围的纠纷，既包括由于法律所确认的权利受到侵害或无法实现时提出的救济诉求，也包括需要并可能通过司法裁决做出判断的各种利益纷争。这里值得注意的是，并不是所有的法律纠纷都适合"可诉性"或"可司法性"。可诉性通常分为两种：法的可诉性与行为的可诉性。前者指的是法律依据是否可诉分为可诉的法与不可诉的法，如果法律具有可诉性，则司法便是任何法律运行的必备要素和任何法律纠纷判断的最权威象征；如果法律不具备可诉性，则法律与司法没有关系。法的可诉性通常包含四个要点：一是法的可诉性所指向的对象是社会纠纷；二是法的可诉性的实现前提是纠纷主体的自愿选择；三是法的可诉性的必然实践方式是司法；四是法的可诉性是法的必备的基本属性。后者指的是民事行为、行政行为、刑事行为等法律行为的可诉性，民事行为和刑事行为在诉讼中的可诉性问题并不突出,但行政行为的可诉性问题就与行政诉讼的范围相联系。基于此,这里所说的法律纠纷中的“法律”有些并不具有可直接在诉讼程序中适用的价值,有些并不能直接作为法院判处的法律依据。这里的“法律”很大程度上是给予纠纷一种法律上的意义。

因此,本章所认定的法律纠纷应该是特定行为主体由于违反法律规范而侵害相对人合法权益的行为,或相对人认为行为主体侵害了其合法权益的行为,这种行为可以或应当属于法律所调整的范围。

(二)法律纠纷的类型

根据纠纷主体、纠纷起因、解决纠纷手段的不同,可将法律纠纷分为民事纠纷、行政纠纷和刑事纠纷等。

1.民事纠纷

民事纠纷是指发生于平等的民事主体之间,以民事权利义务为内容的社会冲突。这种矛盾或冲突的产生,是源于不同的民事主体对同一民事权利或民事权益有不同的看法或主张。值得注意的是民事主体之间是平等的,若国家或国家机关的公法主体不使用公共权力,而作为私法等民事主体的民事商事法律关系时,也被视为与其他民事主体平等的主体,比如公法主体在公共活动或商业活动中引起的纠纷,同样属于民事纠纷。环境侵权纠纷、劳动争议、股权纠纷、国家参与经济活动纠纷等,都属于民事纠纷。

民事纠纷的特点主要有:(1)纠纷主体之间法律地位平等。纠纷主体各方无论自然人还是法人、国家,也无论职业、财富、教育程度,在民事活动中都享有平等的权利,承担平等的义务。(2)民事纠纷的客体是争议的民事权利义务关系。这是区别于行政纠纷、刑事纠纷的关键要素。比如雇主与工人之间的劳动争议,冒用他人商标引起的侵权纠纷等。(3)民事纠纷具有可处分性,即在纠纷发生之时,纠纷主体对纠纷解决的方式和解决程序拥有高度的选择权和处分权,民事诉讼法中的处分原则就充分体现这一点。

2.行政纠纷

行政纠纷一般指在行政关系运行过程中,行政主体与行政相对人之间所产生的直接或间接的纠纷。行政纠纷既可包括因行政许可、行政处罚、处罚强制等具体行为引起的纠纷,又包括因行政主体抽象行政行为引起的纠纷。

行政纠纷的特点主要有:(1)行政纠纷的一方须是行政主体。表明这种纠纷通常不可能在平等主体之间产生,必须一方是法律、法规授权的组织或行政机关委托组织。(2)行政纠纷的起因须是行政相对人对行政主体行使职权的行为或结果不满。比如行政相对人对行政机关工作人员马虎大意行为的不满,对行政机关工作人员滥用职权行为的不满等。(3)行政纠纷的内容必须与行政职权行使直接相关。若行政相对人与行政主体直接因私权产生的纠纷不属于行政纠纷。

3.刑事纠纷

在刑事法领域内，由于涉及国家追诉犯罪与刑事法律的特殊性质，当事人之间的刑事纠纷这一概念并未得到确立。何挺(2011)最先对刑事纠纷做出界定，认为刑事纠纷是指加害人与被害人之间由于利益、情感等方面的原因并通过犯罪这一特殊的外在形式表现出来的不协调关系。

刑事纠纷的特点主要有：(1)刑事纠纷的核心主体是加害人与被害人。虽然在刑事案件成立之时，国家一直代为行使追诉的权利，但刑事纠纷的主体仍然仅仅是加害人与被害人两方，而不包括国家。(2)刑事纠纷的产生早于刑事案件的形成，即在犯罪行为这一纠纷的外在表现形式发生时即已产生。(3)以犯罪为外在表现形式。犯罪的主要特征为刑事违法性、刑罚当罚性和社会危害性。其中，刑事违法性就是指违反现行刑事法律的相关规定，构成了《刑法》所规定的犯罪行为。根据“罪刑法定”原则，刑事纠纷的外在表现，只能是纠纷的外在表现形式构成了《刑法》所规定的犯罪行为。(4)不协调关系具有单一性。单一性并非指犯罪行为与刑事纠纷是一一对应的关系，而是指某个具体加害人与某个具体被害人之间是一一对应的关系。一个犯罪行为可能会引发多起刑事纠纷，而在一起刑事纠纷中亦可能存在多个加害人或多个被害人的情形，须厘清加害人与被加害人之间的单一、不协调的关系。

(三)教育法律纠纷

关于教育法律纠纷的概念，目前研究基本将教育纠纷与教育法律纠纷的概念等同，并未做出明确区分。但值得说明的是，教育纠纷是否等同于教育法律纠纷？有研究者认为教育纠纷作为法律纠纷的一种，也就是将教育纠纷直接作为法律纠纷的二级概念。而教育法律纠纷是否是法律纠纷的一种，以及教育法律纠纷与教育纠纷之间的区别，也使此概念的外延变得含糊。本章认为教育法律纠纷与教育纠纷是两个不同的概念，在教育活动中存在各种各样的纠纷但并不是说所有的教育纠纷都是教育法律纠纷，如学生的故意伤害行为，虽然学生是教育活动的主体，但如果伤害行为不是发生在学校内或学校组织的校外活动中，那么该行为就不属于教育法律纠纷的范畴，只一般民事纠纷的范畴。

通过总结已有概念界定的共性词，关于教育法律纠纷概念界定的关键词基本包含“教育与受教育活动、教育过程中、教育法律关系的主体、违反教育法律规范、侵权行为、通过正式救济渠道解决争议等。”因此，可认为，界定教育法律纠纷的概念须明确“一个性质和五个要素”。“一个性质”是教育法律纠纷所属性质，是基于某种教育法律关系状态的失衡所引发。“五个要素”指教育纠纷的主体、客体、发生域、事实存在、争议程度，当事主体包括教育行政机关、学校、教师、学生和其他主体；客体归类为财产利益和非财产利益、行为；发生域，即发生范围局限于教育活动中；事实存在，即丧失均衡关系的事实存在即作为主体违反法律规范而侵害了其他主体的合法权益或法律关系主体认为自身合法权益受损；争议程度指可以或应当通过正式救济渠道解决争议。(如表 8-1 所示)

表 8-1 教育法律纠纷概念界定的关键词统计

性质	教育法律纠纷所属性质，是基于某种教育法律关系状态的失衡所引发
主体	教育行政机关、学校、教师、学生、其他主体
客体	财产利益和非财产利益、行为
发生域	广义的教育活动中，以及学校以“学校名义”、为“学校目的”的活动
事实存在	违反法律规范而侵害了其他主体的合法权益或法律关系主体认为自身合法权益受损
争议程度	可以或应当通过正式救济渠道解决争议

本章认为，教育法律纠纷是教育纠纷范畴域的法律化表现，是指可以或应当属于法律所调整范围的教育纠纷，包括广义和狭义的概念。广义上的教育法律纠纷，涵盖教育主体与公民、法人和其他组织以及国家行政机关之间纷繁复杂、性质各异的纠纷；狭义上的概念只限于学校、教师、学生三者之间权利义务的冲突。

二、法律救治的概念解析

（一）法律救济的概念解析

何谓“救济”，救济在不同领域有着不同的运用和表达，按《说文解字》的解释，指在日常生活中给予帮助使脱离危险或解脱困境。在西方语义中“救济”的单词是“remedy”，本义是治疗治病，可以指阻止、消除或纠正不良事物的方法，或是具体的治疗过程，抑或是在治疗过程中所使用的某种东西。就法律层面的救济内涵而言，救济是“对已发生或业已造成伤害、危害、损失或损害的不当行为的纠正、矫正或改正”。由此看来，法律意义上的救济实际是权利维护、矫正损害的一种方法。从这个角度延伸理解，法律救济即指损害发生后一切可以被运用来捍卫权利的方式及手段，还包括之后可以实现对生效法律文书进行执行的系列措施。

通过法律救济的基本功能可以对救济进行更好的理解。首先是权利宣示功能。“无救济即无权利”，权利自产生之初便与救济紧密相随，权利一旦脱离了救济很可能就不再是一种真实意义的权利了。相反亦然，“合法权利是救济得以存续的依据”。两面关系合成一个整体，构成了法治社会价值的两个要素。其次是方法保障功能。在权利和权力之间展开救济时，应有切实有效之方法保障救济的顺利实现。值得注意的是，由于造成侵害的事由各异，那么自然也就无法通过一种救济之法就可完全实现救济，应根据不同侵权事由选择具体救济方法。最后是平衡功能。一般来说，完整的救济过程是由“诉讼或请求—命令—强制执行”三个阶段构成。在强制执行阶段，难免会出现各利益之间的对立和分歧，此时救济同样发挥着兼顾实体权利与程序权利、平衡协调公权力与私权利的功能。

（二）法律救济的途径

1.民事纠纷的法律救济途径

根据侵权事由、纠纷主体的不同，法律救济的途径也有所不同。民事纠纷的法律救济途径一般包括从社会途径解决（调解与仲裁）和从国家途径解决（民事诉讼）两种。

社会介入的调解主要是指诉讼外调解，指民事纠纷的双方当事人在第三方主持下，就争议问题进行协调并达成协议的行为。诉讼外调解的特点在于：其一，在双方当事人解决纠纷的过程中有第三方介入；其二，解决程序并非一成不变，而是相对比较灵活；其三，处理结果较能体现当事人的意愿，还能充分反映第三方的劝导作用。

仲裁，是指经双方当事人同意并达成协议，提交第三方由其对争议和纠纷予以裁断的行为。仲裁的特点在于：其一，对象和范围的特定性。并非所有的民事纠纷都可适用仲裁的方式解决，比如涉及人身关系的纠纷，不能提交仲裁；且仲裁只能就双方当事人约定的事项进行，这些事项有时候只是当事人纠纷中的某部分问题。其二，程序的相对规范化。从提出仲裁申请、组织仲裁庭，到审理案件、做出裁决等方面，都有较严格的程序规范。其三，审理和裁决原则上不向社会和民众公开。这是仲裁区别于诉讼的主要特征。这一特征能够保护当事人的隐私、商业秘密，也能将当事人在社会上造成的负面影响减少到最低的程度，成为当事人选择解决纠纷途径主要考虑的因素。其四，仲裁所做出的裁决是有法律约束力和执行力的。

2.行政纠纷的法律救济途径

从世界范围看，行政纠纷的法律救济途径可谓是多种多样，有司法机关受理的行政诉讼；有行政机关受理的如德国的异议审查制度、日本的不服审查制度、美国的行政裁决制度等；有议会或其他权力机关受理的如法国议会救济制度、英国议会救济制度等；还有专员或其他社会组织受理的方式。在我国常用的行政纠纷法律救济途径主要包括司法裁判、行政复议、信访、调解等。

司法判决即通过行政诉讼的方式解决纠纷，行政诉讼是由人民法院内设的专门审判组织依法对行政纠纷做出裁判的诉讼制度，是法治社会主流行政纠纷的解决方式。

行政复议是目前在世界各国广泛存在的一种重要的行政救济制度，是行政系统内部自行解决行政纠纷的重要法律制度。根据《行政复议法》，行政复议是指行政复议机关基于公民、法人或其他组织认为自身合法权益受到具体行政行为侵犯而向其提出申请，而予以受理后，通过调解或审查做出相应决定，从而解决行政纠纷的活动。

根据《信访条例》第二条，信访是指公民、法人或其他组织采用书信、电子邮件、传真、电话、走访等形式，向各级人民政府、县级以上人民政府工作部门反映情况，提出建议、意见或者投诉请求，依法由有关行政机关处理的活动。

行政救济中的调解是指当事人在第三方主持下，就某些争议以国家法律、法规和政策以及社会公德为依据，互相谅解，进行协商，自愿达成协议。一般分为行政诉讼调解、社会力量调解和行政调解三种。

3. 刑事纠纷的法律救济途径

刑事纠纷的法律救济途径，根据其依靠的权力(利)的不同，可分为依靠国家公权力及公权力与私权利相结合两种途径。依靠国家公权力即按照原有的传统刑事诉讼模式进行解决刑事纠纷，是由国家公权力所垄断，现行刑事司法制度所规定的，包括立案、侦查、起诉、审判、执行一系列流程的正规刑事诉讼程序。由公权力与私权利相结合，又可称为刑事和解。从我国现阶段司法实践探索的刑事和解的具体模式来看，大致可以分为以下三种：(1)加害方—被害方的自行和解模式；(2)司法调解模式；(3)人民调解委员会调解模式。

(三) 教育法律救济的途径

教育法律救济主要通过三种方式实现：一是诉讼方式，包括民事诉讼、行政诉讼和刑事诉讼，凡是符合上述条件和备案范围的，可以通过诉讼的途径获得法律救济；二是行政方式，包括行政申诉、行政复议、行政赔偿，行政申诉包括教育行政人员的一般申诉、教师申诉、学生申诉；三是仲裁和调节等方式，主要通过教育组织内部或机构以及其他民间渠道来实施法律救济，例如，教育部颁布的《学生伤害事故处理办法》第十八条、十九条、二十条、二十一条关于学生伤害事故的教育行政调解的规定，就是有效解决此类纠纷的方式。

第二节　高等学校教师常见法律纠纷与救济

一、高校教师聘任纠纷

高校教师聘任是指高校聘用具备相应资格的公民从事高等教育教学工作的行为。高校教师聘任纠纷，从法学角度考量，是指存在聘任关系的高校与教师之间因为权利和价值冲突而产生的纷争。具体包括高校与教师在聘任问题上发生的争议，如因双方契约关系建立而引起的争议，聘用合同的履行所发生的争议，聘用终止所引起的争议，还包括因薪酬待遇发生的争议，如工资报酬、休假、工伤医疗争议等。1985 年《中共中央关于教育体制改革的决定》将教师人事制度的改革作为扩大学校办学自主权的一项重要措施提上议事日程，聘任制开始作为一种新的教师任用方式被引入学校。《高等教育法》规定高等学校实行教师聘任制，教师经评定具备任职条件的，由高等学校按照教师职务的职责、条件和任期聘任。21世纪以后，随着一系列事业单位人事制度改革法律政策的颁布，教师聘任制的特点日益明确，聘任关系平等、聘任关系契约化、实行聘期制、聘任过程社会化和公开化、实行竞争和双向择优机制等。高等学校包括公办高等学校和民办高等学校，两者办学性质不同，在聘任过程中反映的法律问题也不同。在实施教师聘任制的过程中，无论是公办学校还是民办学校，与被聘任教师之间发生聘任合同的签订、履行、终止等各种纠纷激增且日益复杂，引起纠纷的原因也是多方面的。以下介绍公办高校教师聘任纠纷：

1. 公办高等学校与教师的法律关系

公办高等学校属于事业法人的范畴，是拥有民事主体和行政主体双重身份的法人。公办高等学校实行聘任制选拔教师，并根据《高等教育法》规定与教师签订聘任合同，遵循双方地位平等的原则，明确规定双方的权利、义务和责任。这种双方主体平等和遵循自愿的原则具有民事法律关系的一般特征，聘任合同当属具有民事契约性的合同。公办高等学校是由政府举办并维持的，是为社会公益而存在的，办学资金很大一部分来源于国家财政拨款，其中就包括教师的一部分工资。这使得公办学校教师不同于一般企业的职员，具有国家工作人员的性质。因此，作为签订聘任合同的双方主体，教师与公办高等学校的关系绝不是纯粹的民事关系。

目前，我国公办高校在用人机制上主要存在三种形态：其一，人事关系，主要为享有事业编制以及在事业编制方案内的教职工与高校之间基于聘用合同而建立的关系，如教师、管理人员、部分教辅人员等与高校建立的用人关系；其二，劳动关系，主要为不在事业编制内，与高校基于劳动合同而建立的关系，如高校所雇佣的工勤人员，部分教辅人员以及管理人员等与高校建立的用人关系；其三，劳务关系，即通过签订劳务合同或者以劳务派遣形式与高校建立的关系，如离退休后返聘人员等与高校形成的用人关系等。

2. 公办高等学校教师聘任纠纷类型及特点

公办高等学校作为事业单位，在事业编制内与教职工之间签订聘用合同所形成的社会关系即人事关系。公办学校与教师因聘任而产生的纠纷，多体现在聘任关系的建立、聘用合同的履行以及聘任关系的终止上。现行公办学校与教师在聘任过程中出现的纠纷大致有以下几种类型：(1)因人事关系的建立而引起的争议，通常是双方在是否建立人事关系或是否已经建立了人事关系，以及建立人事关系的时间如何确认上存在的争议。多表现为教师因未被聘任、未签合同所产生的纠纷，如“曹某与重庆某学院劳动争议上诉案”中曹某主张2013年8月1日至2014年6月30日未签订书面劳动合同的二倍工资问题。(2)因人事关系的存续及聘用合同履行所发生的争议，主要包括对聘用合同期限、聘用岗位职责要求、岗位工作条件等主要合同条款理解上的争议，双方是否依约履行的争议。例如，“孙某诉北京某大学人事争议案”中因人才流动而不再与学校续签合同引起的争议。(3)人事关系终止所引起的争议，主要包括人事关系是否终止、何时终止所发生的争议,此类纠纷在教师聘任纠纷中占多数,属于较为常见的纠纷。较为典型的案例有"湖南某大学两副教授因解聘与学校引发的纠纷"。公办学校教师聘任纠纷存在以下特点:

(1)解除人事关系的争议居多。在北大法宝网司法案例中,以"大学教师人事争议"为关键词检索到民事判决书 1498 份,85%以上都是因人事关系的解除而引起的纠纷,包括由教师提出解除人事关系和由学校提出解除人事关系。如"孙某诉北京某大学人事争议案"中孙某在聘用合同到期前 10 天以书面形式通知学校聘用合同到期后不再续签,学校认为孙某未履行提前 3 个月通知的义务,双方聘任合同应自动顺延一年,继续保存孙某的人事档案,孙某为此提出诉讼。"湖南某大学两副教授因解聘与学校引发的纠纷"中,前期杨某、黄某因未达到副教授上岗条件被聘至专职科研岗,2015 年学校教学科研系列岗位职务聘用委员会对教学科研人员进行聘用审议时,发现杨某、黄某等人在合同延续期内仍未完成合同约定任务,经专家组投票表决不再续聘,杨某、黄某遂提出行政诉讼。

(2)学校的内部管理规则与聘任合同条款的冲突。体现为学校为了规范管理无视合同条款,对教师做出处罚或变更、解除聘任关系。如"秦某与某大学人事争议案"中某大学以秦某连续两年考核不合格为由解除与其聘用合同关系,但该大学以考核不合格为由辞退秦某缺乏事实和法律依据,属于违法辞退。从以上案例可以看出,学校在内部管理制度和合同条款相冲突的情况下,不能正确处理双方在管理上的隶属与在合同上的平等之间的关系,执行内部管理制度进行处理从而导致法律纠纷。

(3)存在一定的劳动争议比例。公办学校至今仍存在不少因与临聘人员之间未签订劳动合同而引发的纠纷。如"陶某与成都某大学人事争议纠纷上诉案",退休教师陶某退休后仍承担弹性教学任务,但双方并未签订劳动合同。在此案件中,双方没有签订书面合同,却存在事实用工关系,但由于陶某不是在编人员,与学校之间不存在人事关系,双方只存在劳动关系,因此按照《劳动法》《劳动合同法》相关条款作为判决依据。

拓展内容

民办学校教师聘任纠纷

(4)多由学校提出解除人事关系。上述"秦某与某大学人事争议案""湖南某大学两副教授因解聘与学校引发的纠纷"都是由学校提出解除人事关系的案例。

二、高校教师处理纠纷

高校教师处理指做出处理决定的高等学校对出现违反法律法规、学校规章制度或有失职业道德的教师给予相应的处理措施。它包括对教师行为产生负强化作用的一般处理措施、教师处分和教师处罚,其中教师处分是教师处理中常用的惩罚措施。教师处理具体措施有:警告、记过、降低专业技术职务等级、撤销专业技术职务或者行政职务、开除或者解除聘用合同、扣奖金或工资、罚款等。

高校教师处理纠纷是指教师对高校做出的处理不服而与高校产生冲突，进而将法律救济引入冲突解决机制的表现。教师处理纠纷是教育法律纠纷的一种类型。教师对处理结果不服产生冲突，主要表现为教师向教育行政部门、当地人民政府或者上一级人民政府有关部门提出申诉。另外，还有教师将做出处理决定的相关主体诉诸法院，通过司法途径维护自己的合法权益。在此基础上，理解教师处理纠纷还需要掌握以下几点：纠纷的主体不仅是高等学校和校内在职教师还包括教育部、其他教育组织、人事局等相关部门；纠纷的客体是高等学校或教育行政部门对教师不当行为做出的处理结果；纠纷的事实存在是教师认为学校或教育组织做出的处理行为侵犯了自己的合法权益；纠纷可以通过正式的救济渠道解决。

教师处理纠纷的表现类型：

教师处理纠纷具有复杂性，这对于表现类型的划分造成了一定的困难。其复杂性表现在：一方面，按照《教师法》第三十七条规定，有权对教师做出行政处分或者解聘的合法主体有所在学校、其他教育机构或者教育行政部门，而教师处理纠纷相较于教师处分纠纷来说，涵盖更大的纠纷范围，涉及的相关主体可能会更多，更为复杂；另一方面，一般的教师处理纠纷中，对处理结果不满的可能是教师，也有可能是教师所在的学校。另外，争议焦点有事实认定不清、处理程序不正当或者适用法律依据错误，一起案例中可能同时含有几种争议焦点，更加凸显了教师处理纠纷的复杂性所在。

然而引起纠纷的教师处理事件是确定的，因此，为了更加清晰地介绍教师处理纠纷，本章以教师处理事件是否涉及人事关系或劳动合同解除为划分依据，对教师处理纠纷的表现类型进行划分。①

1. 涉及人事关系或劳动合同解除的教师处理纠纷

【陆某某与上海某大学因人事争议纠纷上诉案】上海某大学教师陆某某于2004年8月12日因嫖娼被公安机关查获，被学校先后做出开除党籍的处分、行政开除留用察看处分，留用察看期间陆某某否认嫖娼事实不断向有关部门申诉、信访等，均被驳回。大学多次与陆某某谈话，对其劝告无果后，于2008年6月30日解除与陆某某的聘用关系，陆某某不服向人民法院提出上诉。

该大学与陆某某既处分又解聘的做法是否违反了《教师法》第三十七条的规定，系重复处分？陆某某作为大学教授、博导、院长，为人师表，本应遵守宪法、法律和职业道德，其嫖娼行为已丧失一名教师应具备的素质。该大学给予开除党籍的处分、行政开除留用察看处分并无不妥。其后学校给予陆某某认错悔过机会，然而陆某某对此置之不理，一意孤行，其行为已严重扰乱了学校正常工作秩序，不适合在教学岗位上工作，该大学与陆某某解除人事聘用关系亦无不妥。

---

①其中，不涉及人事关系或劳动合同解除的教师处理结果多种多样，而大多数处理结果中教师均没有诉诸法律寻求司法救济，这类教师处理争议寻求法律救济的较少，此处仅举典型案例进行分析。

2. 不涉及人事关系或劳动合同解除的纠纷

【张某诉安徽某大学人事争议纠纷案】2016 年 12 月 15 日，被告教学工作委员会裁定原告构成一级教学事故。2016 年 12 月 19 日，被告据此给原告做出了降低岗位等级的行政处分决定，并扣发全年奖励性绩效工资，三年内不得申报高一级职称，调离教师岗位，在人事处待聘。

【刘某诉山东某学院处分纠纷案】2009 年 6 月，山东某学院在一次考试中，监考老师发现有学生作弊。学校通过调查后，认定是教师刘某将考试答案泄露给学生。为此，在 2010 年 1 月山东某学院给予刘某“记过处分，并延期三年参加职称评定”的处分。在处理过程中，山东某学院听取山东省教育厅的建议，撤销对刘某的处分决定，重新调查处理。山东省教育厅同意撤销处分决定，认为申诉事项已经撤销，无须再对学校做处理。刘某不服山东省教育厅不予处理的决定，认为省厅没有在法定期限内做出处理决定，违反了行政处理程序性规定。后向山东省政府行政复议办公室提出行政复议申请。

这两起纠纷案的争议点均在于处分是否恰当？这两所学校对各自原告的处分都存在决定依据不适当，证据不够充分，程序不够完善的问题，因此原处分应属于不当处分。而在刘某一案中，申诉事项已经撤销，省教育厅无须再做处理，不属于不作为，因此行政复议被驳回。

拓展内容

教师处理纠纷的特点

三、教师学术评价纠纷

要谈教师学术评价纠纷的概念就有必要提到学术纠纷的概念，学术纠纷是教育法律纠纷的一种类型。有关学术纠纷的概念，目前有以下观点：(1)在各种学术活动和解决与学术相关的各类事务中，各个学术活动主体之间发生以学术权利和义务为内容的纠纷；(2)学术权力的行使导致了学术纠纷；(3)学术纠纷是由于学校在学术活动或者其他与教学相关的活动中利用学术权力，并在实施学术行为过程中与学生或者教师发生的纠纷。总之，学术纠纷是发生在作为教育法律关系主体的高校、教师、学生之间，由于某一主体违反了与学术内容相关的法律规范或者约定俗成的学术规范从而引起的一种非典型性纠纷。

本章的教师学术评价纠纷指教师在利用学术权力，以学术规范为标准对学术活动效果做出价值判断的过程中与高校和学生之间产生的纠纷，诸如教师的导师资格和职称评定、学生学位评定等情况引发的纠纷。其中，学术权力是一种基于学科和专业的权力，它来自专家学者的学术能力和专业水平，因此由教师学术权力的不当行使而引起的教师学术评价纠纷，表现出高度的专业性与技术性。学术权力和行政权力一样需要规制与约束，根据“无救济则无权利”的原则，受到学术权利侵害时学生、教师等主体同样需要相应的法律救济措施，来保障其合法权利。

此外，教师学术评价纠纷不同于教师学术探讨引起的学术纠纷。两种纠纷的内部性特征是一致的，都体现出学术自由，然而在外部性特征上，教师学术评价纠纷不仅仅是一些理论和知识的探讨，更需要利用专业知识和自身学术能力对事物进行学术评价与批判，同时它还牵涉到对外部相关事物的影响，因此教师学术评价纠纷的司法救济需求和可能性更加明显。

（一）教师学术评价纠纷的性质

学术权力是指没有行政权力的学术机构或个人对与学术相关的问题进行的学术评价和学术资源分配的权力。学术评价权是学术权力的一种类型，学术评价权是指根据需要进行考核、考试、评审、评估、奖励以及惩处的权力，例如学生毕业证书的颁发与学位的授予，教师学术岗位的聘用、晋升或者解聘等都是学术评价权的体现。由于学术评价本身的专业性和复杂性，在学术评价权运用的过程中，不可避免地会产生教师学术评价纠纷。

在现代大学治理结构中，学术评价权有别于行政权力，具有自身权力属性和内容，但由于二者都涉及学术成果的评价，并与受评价者的经济、社会、政治利益密切关联，学术评价权逐渐成为行政权力行使的前提和重要依据，与行政权力密不可分。同时，因为我国学术评价权的使用没有有效的法律制度，行政权力也缺乏合理的分权制衡，再加之学术评价权行使会对被评价人学术资源和学术权益等产生极大的影响，所以教师学术评价纠纷兼具了学术评价权和行政权力的双重性质。

（二）教师学术评价纠纷的类型

1.教师学术不端行为产生的纠纷

教师学术不端行为主要是从其作为研究者的角度出发而进行的探讨。《高等学校预防与处理学术不端行为办法》第二十七条对学术不端行为进行了明晰的界定——经调查，确认被举报人在科学研究及相关活动中有下列行为之一的，应当认定为构成学术不端行为：(1)剽窃、抄袭、侵占他人学术成果；(2)篡改他人研究成果；(3)伪造科研数据、资料、文献、注释，或者捏造事实、编造虚假研究成果；(4)未参加研究或创作而在研究成果、学术论文上署名，未经他人许可而不当使用他人署名，虚构合作者共同署名，或者多人共同完成研究而在成果中未注明他人工作、贡献；(5)在申报课题、成果、奖励和职务评审评定、申请学位等过程中提供虚假学术信息；(6)买卖论文、由他人代写或者为他人代写论文；(7)其他根据高等学校或者有关学术组织、相关科研管理机构制定的规则，属于学术不端的行为。在以“抄袭、剽窃、侵吞、篡改、捏造”等造假侵权为特征的诸多高校教师学术不端行为的纠纷中，其聚焦的问题在于如何界定造假行为，以及怎样判定其情节性质的严重性。

【张某学术论文抄袭案】重庆某大学教授张某于2014年被媒体曝光多篇学术论文存在抄袭现象。而张某声称仅是文献引用标准与以前大不相同。经该大学学术委员会审查鉴定后,核实张某曾经的确出现过学术不端行为。该大学对张某做出了以下处理:(1)解除张某教授岗位聘任;(2)撤销其曾在该学校获得的一切学术职务和称号;(3)调离教学工作岗位。

本案是一起因教师学术不端而引起的学术评价纠纷,案件中争论的焦点在于文献过度引用的行为是否构成学术不端。案例中当事人张某否认自己存在学术不端行为,他认为自己论文的写作当时之所以被认定为学术不端是由于论文抄袭的界定标准与前些年并不相同。这说明当时,学术评价制度在学术不端的界定上仍然缺乏一个明晰的标准。该大学对张某的处理结果仅为校内的行政处分,并没有相应的法律法规予以规制。

2.教师因指导、审查学生学位论文而引发的纠纷

学位论文是高校学生根据《学位条例》等有关规定,在毕业之前,结合本人的专业学习和科研方向,在教师的指导下独立完成的一篇总结性的学术论文。从内容来看,学位论文可以分为学士学位论文、硕士学位论文、博士学位论文,它的水平反映了学校的培养质量和学生的学术水平。其撰写的过程作为学位申请的攻坚阶段,是本科生和研究生教育的重要组成部分。我们知道,学生学位论文的写作是在导师的指导下完成的,学位论文作为连接导师与学生之间的纽带,其质量与导师的指导分不开。导师有责任对学生论文的质量和完成的独立性进行严格把关。如果导师在审核学生学位论文时没有及时发现并纠正其论文写作中所存在的抄袭、剽窃或数据篡改的行为,使不合格的学位论文通过了审定,那么当学生论文写作的失范行为遭到败露后,必然会追责导师,在这种情况下因追责导师所产生的教师学术评价纠纷在近些年屡见不鲜。

【陕西某大学研究生论文抄袭案】陕西某大学2009届硕士毕业生赵某的学位论文被媒体曝光涉嫌抄袭山东某大学2007届硕士毕业生张某的学位论文。2016年5月,该大学组织专家进行评审后确认该学生抄袭行为属实,决定撤销该生硕士学位,注销其硕士学位证书,并追责其导师相关责任。

目前,有关学生学位论文的法律纠纷大多关注于学生本身的学术不端问题,而对于导师责任的追究并未有详尽的陈述。本案中,赵某硕士学位论文抄袭,其导师负有科研指导不力、学术规范与道德教育滞后的责任。《关于对学位论文作假行为的暂行处理办法》(征求意见稿)第四条和第八条分别规定:指导教师应当对学位申请者进行学术道德、学术规范教育,对其学位论文研究和撰写过程予以指导,对学位论文是否由其独立完成进行审查;指导教师未尽到学术道德和学术规范教育、论文指导和审查把关等职责,其负责指导的学生学位论文存在购买、他人代写或者抄袭、剽窃等作假情形的,学位授予单位视情节轻重,可暂停其招生、取消指导教师资格,并可给予处分直至解除聘任合同等处理。同时,《国务院学位委员会关于在学位授予工作中加强学术道

德和学术规范建设的意见》第六条规定:学位评定委员会是各学位授予单位负责处理学位授予工作中舞弊作伪行为的评决机构。学位授予单位在处理舞弊作伪行为时,要遵循客观、公正、合法的原则,根据舞弊作伪行为的性质和情节轻重,依据法律、法规和有关规章制度对相关人员做如下处理:(一)对于学位申请者或学位获得者,可分别做出暂缓学位授予、不授予学位或撤销学位授予的处理;(二)对于指导教师,可做出暂停招生、取消导师资格的处理;严重败坏学术道德的,由学位授予单位依据国家有关学术不端行为处理办法进行处理;(三)对于参与舞弊作伪行为的相关人员由学位授予单位按照有关规定进行处理。该意见认为,学生学术不端,导师有责,导师需要为学生的学术造假行为负重要责任。

监督指导学术学位论文是指导教师义不容辞的责任,对学生的学术行为进行合理的引导和有力的监督,是对学术成果的严格把关,也是指导教师实事求是科学态度的重要组成部分。

3.因学术成果影响教师职称评聘而引发的纠纷

教师职称评聘行为是由职称评定行为与职务聘任行为两个行为构成的。《高等教育法》第四十八条规定:“高等学校实行教师聘任制。教师经评定具备任职条件的,由高等学校按照教师职务的职责、条件和任期聘任;”第三十条规定:“高等学校自批准设立之日起取得法人资格。高等学校的校长为高等学校的法定代表人。高等学校在民事活动中依法享有民事权利,承担民事责任。”第四十一条规定高等学校的校长全面负责行使聘任与解聘教师的职权。为了使教师职称的评聘便于操作,高校制定了量化的教师专业技术资格推荐方法,即教师的课题和论文的等级及质量是主要依据,同时学术水平的高低直接关系着教师职称的评聘。在具体操作时,教师发表论文的期刊质量及所承担课题的级别、数量决定了教师学术成果的质量。教师职称的评聘过程中,学术成果占有极其重要的地位,因而也极容易因学术成果影响职称评聘而引发纠纷。

【武汉某大学讲师不满学校职务评审状告教育部败诉案】2002年,武汉某大学讲师王某因没有主持或参加过一项科学研究项目,被评聘委员会认定不符合副教授任职资格。王某则认为自身符合副教授的任职资格,指出学校在职称评定上存在弄虚作假问题,故先后向湖北省教育厅及教育部反映、检举。湖北省教育厅经调查,认为王某反映的问题是不属实的。2003年1月,王某向教育部递交了“行政复议及检举信”。教育部做出行政复议不予受理决定,理由为该校具有制定具体的评聘条件和程序,并组织相应的教师职务评审委员会的法定权力,教师职务评审委员会的评审行为不属于具体行政行为,王某因不符合条件而未能通过教师职务评审,属于学校内部的正常管理活动。

教师职务评聘除满足上述《高等教育法》的基本规定外,由各高校教师职务评审委员会审定,并按照《高等学校教师职务试行条例》第十五条的规定进行备案工作。根据该条规定可知,高等学校教师职称评聘是各个高等学校教师职务评审委员会的自主权，同时根据原国家教委、人事部颁布的《关于高等学校继续做好教师职务评聘工作的意见》可知，国家教委对于高校教师职称评定问题提出了分学科、分高校特点的评审指导意见，要处理好“教学与科研”“理论与实践”的关系，根据自身学校学科的特点，制定更为合理的职称评定标准。

四、高校教师法律纠纷的救济途径

我国现行的高校教师权利救济手段可以分为诉讼救济与非诉讼救济两种。除了诉讼之外的其他权利救济手段，统称为非讼救济。当教师权利遭受侵犯或发生冲突时，当事人可以运用的救济手段主要是申诉、行政复议、仲裁与诉讼。

（一）非诉讼救济

1. 教师申诉制度

《教师法》第三十九条规定：“教师对学校或者其他教育机构侵犯其合法权益的，或者对学校或者其他教育机构做出的处理不服的，可以向教育行政部门提出申诉，教育行政部门应当在接到申诉的三十日内，作出处理。教师认为当地人民政府有关行政部门侵犯其根据本法规定享有的权利的，可以向同级人民政府或者上一级人民政府有关部门提出申诉，同级人民政府或者上一级人民政府有关部门应当作出处理。”

(1)教师申诉范围。由上述《教师法》的规定可以看出，教师可以提出申诉的范围主要包括以下两个方面：

一是教师认为学校或其他教育机构或者有关行政部门侵犯了自己的合法权益提出申诉。教师的合法权益有很多，既包括教师作为一个公民的各项基本权利，也包括教师这一专业人员所特有的权利。我们认为教师申诉应主要指教师这一专业人员所特有的权利以及教师在学校内享有的其他各种权利被侵犯时的申诉。在有关教师与学校的侵权纠纷中，既存在民事纠纷，也存在行政争议。特别是人身权、财产权等的纠纷一般属于民事纠纷。

二是教师对学校做出的处理决定不服提出的申诉。公立学校在对教师进行管理过程中做出处理的行为，在性质上属于公立学校的行政行为，其中大部分又属于内部行政行为，因而有关的争议属于行政争议。教师申诉范围既包括学校与教师之间的行政争议，又包括两者之间的民事争议。

(2)教师申诉程序。教师申诉包括校内申诉和行政申诉两种，当教师对学校的有关处理不服时，可以通过向学校的有关机构进行申诉或辩解，给学校自我纠正的机会，当校内救济途径穷尽时，再向有关行政机关提出申诉。

校内申诉程序与行政申诉程序类似，不同之处在于受理申诉的机关，校内申诉一般是校内教师申诉委员会，行政申诉一般为有关教育行政部门或其他政府部门。一般来说，教师校内申诉主要包括以下程序。

教师申诉的提出：教师申诉应当采取书面形式，因为法律没有对教师申诉的时限做出明确规定，所以教师应自知道自己合法权益遭到侵犯之日起及时行使申诉权，以确保自身利益，以及时纠正有关部门的错误行为或决定。

教师申诉的受理：一般要求教师在收到处分书后于次日起规定时间内提出申诉，大约十日内或三十日内提出。申诉一般应以书面方式提出，详填申诉书，并应检附有关文件及证据，申诉书一般应载明申诉人基本情况、申诉事实及理由、提出申诉日期、有关证据。

教师申诉的处理：申诉委员会以书面审理为主，在全面调查和审理基础上，做出以下处理决定。第一，学校或其他教育机构，以及有关行政部门行为和处理结果符合法定权限和程序，事实清楚，适用法律法规正确，应决定维持原具体行政行为或处理决定；第二，行为或处理决定违反法律法规或规范性文件，越权或滥用职权，依据不足，应撤销原具体行政行为或处理决定，也可责令被申请人重新做出决定；第三，被申请人的具体行政行为或处理决定有形式或程序上的不足，可责成被申请人补正；第四，被申请人违法不履行职责，应决定其在一定期限内依法履行职责；第五，被申请人的具体行政行为和处理决定明显不当的，可以做出变更处理；第六，被申请人的行为和处理结果所依据的内部规章制度与现行法律、法规及规范性文件相抵触的，可依职权撤销其内部规章制度或责令其依法修改。受理机关应将处理决定制作成裁决书，裁决书一经送达即发生法律效力。教师对申诉处理结果不服，如属于行政诉讼受案范围，可在收到裁决书之日起15日内向有管辖权的法院提起行政诉讼。

2. 教育行政复议

教育行政复议，是指学校及其他教育机构、教师或学生认为具有国家职权的机关、组织及其工作人员做出的行政行为侵犯其合法权益、依法向做出该行为的上一级行政机关或法律、法规规定的机关提出复议申请，并由后者依法进行审查并做出复议决定的法律制度。教育行政复议是教育行政机关内部基于隶属或监督关系而依法进行的行政针对行为的合理性和合法性的审查监督，主要针对教育行政处罚、教育行政许可、教育行政检查等可能侵犯行政相对方办学自主权、人身权、财产权、受教育权等合法权益的具体行政行为。相对方对行政复议决定不服可依法提起行政诉讼。

(1)教育行政复议范围。结合《行政复议法》和《教育法》的规定，下列教育纠纷案件属于行政复议的范围：

①认为教育行政机关行使行政职权行为侵犯学校及其他教育机构、教师或学生的合法权益的。如教育行政机关对违法办学的机构和人员做出的警告、罚款、没收违法所得、没收非法财物、停止招生、吊销办学许可证等行政处罚；教育行政机关对在国家举办的公共考试中如高考、研究生入学考试或公共英语四、六级考试中作弊违纪学生进行的取消考试成绩、取消考试资格等行政处理的；对于申请教育行政机关履行保护

公民受教育权法定职责而教育行政机关没有依法履行的；教育行政机关拒绝向符合申请条件的相对人颁发办学许可证或教师资格证等不作为的；教育行政机关违法干预学校办学自主权的行为；教育行政机关违法向学校、教师、学生等征收财物、收取费用的等。

②认为学校不予颁发学位证侵犯其受教育权的。高校颁发学位证的职权来自《学位条例》的授权，因此，在实践中如学校因学生英语四级未过或因违纪被处分而拒绝给学生颁发学位证的，学生不服，可以根据《行政复议法》第十五条第（三）款“对法律、法规授权的组织的具体行政行为不服的，分别向直接管理该组织的地方人民政府……申请行政复议”的规定，向有关机关申请行政复议。

③对学校做出的处理决定不服，依法向教育行政主管机关提起申诉，教育行政机关不予处理或对申诉决定不服的，也可以以教育行政机关为被申请人提出行政复议申请。

（2）教育行政复议程序。依照《行政复议法》的规定，教育行政复议程序一般有以下三个方面：

①行政复议的申请。学校及其他教育机构、教师或学生认为具体行政行为侵犯其合法权益的，可以自知道该具体行政行为之日起六十日内提出行政复议申请；但是法律规定的申请期限超过六十日的除外。因不可抗力或者其他正当理由耽误法定申请期限的，申请期限自障碍消除之日起继续计算。申请人申请行政复议，可以书面申请，也可以口头申请；口头申请的，行政复议机关应当当场记录申请人的基本情况、行政复议请求、申请行政复议的主要事实、理由和时间。

②行政复议的受理。行政复议机关收到行政复议申请后，应当在五日内进行审查，对不符合本法规定的行政复议申请，决定不予受理，并书面告知申请人；对符合本法规定，但是不属于本机关受理的行政复议申请，应当告知申请人向有关行政复议机关提出。除前述规定外，行政复议申请自行政复议机关负责法制工作的机构收到之日起即为受理。公民、法人或者其他组织依法提出行政复议申请，行政复议机关无正当理由不予受理的，上级行政机关应当责令其受理；必要时，上级行政机关也可以直接受理。

③行政复议的处理。行政复议原则上采取书面审查的办法，但是申请人提出要求或者行政复议机关负责法制工作的机构认为有必要时，可以向有关组织和人员调查情况，听取申请人、被申请人和第三人的意见。行政复议机关负责法制工作的机构应当自行政复议申请受理之日起七日内，将行政复议申请书副本或者行政复议申请笔录复印件发送被申请人。被申请人应当自收到申请书副本或者申请笔录复印件之日起十日内，提出书面答复，并提交当初做出具体行政行为的证据、依据和其他有关材料。行政复议机关负责法制工作的机构应当对被申请人做出的具体行政行为进行审查，提出意见，经行政复议机关的负责人同意或者集体讨论通过后做出决定。行政复议机关应当自受理申请之日起六十日内做出行政复议决定；但是法律规定的行政复议期限少于

六十日的除外。情况复杂，不能在规定期限内做出行政复议决定的，经行政复议机关的负责人批准，可以适当延长，并告知申请人和被申请人；但是延长期限最多不超过三十日。

3.教育仲裁

教育仲裁是指通过仲裁机构，裁断平等主体之间教育纠纷的制度。教育仲裁的范围一般为平等教育法律关系主体之间的合同争议和财产性纠纷。就合同纠纷的范围而言，主要包括办学合同、委培合同、贷学金合同和产学合作合同以及教职员的聘任合同和校内用工合同、出国留学合同、合作办学合同等。教育仲裁的特点主要有：

(1)高度专业性和权威性。这主要是指教育仲裁实行由专家组成的仲裁员进行审理裁决。然而法官的专业技术体现在“以何种程序操作诉讼”和“以何种规则认定事实并解决纠纷”等方面。但纠纷复杂化，许多纠纷的发生和解决往往涉及诸多的专业性、技术性问题，查明、正确处理这些纠纷不仅需要精通法律知识，更需要借助各种专业知识。面对种类繁多、纷繁复杂的专业技术问题法官有时会无所适从而难以判决，法官显然不能超越自己的专业知识和经验，以自己的无知去替代专家学者的专业判断，否则势必造成“外行审内行”的荒唐窘境。因此，这就需要由有关各方面的专家学者和专业技术人员担任仲裁员来解决当事人之间的纠纷，这样既可以及时、公正、合理地解决纠纷，又使纠纷的解决过程专业化。因为他们日常工作积累的经验知识使其可以驾轻就熟地解决这些纠纷。由于仲裁在解决纠纷方面简便、迅捷、低耗，还有利于避免其他因素对解决纠纷工作的干涉和渗透。可见，专家仲裁的优势十分明显。

(2)快速、经济性。教育仲裁实行的“一裁终局”是形成仲裁迅捷性、经济性的重要原因。由于不存在法院那样的上诉制度，在时间和费用上当事人可以相对节省。加之实行专家仲裁，因此仲裁的审理、结案一般较法院快，可避免“迟来之正义已是非正义”之遗憾。仲裁的快速、经济性是仲裁的一个价值目标。

(3)准司法性与公正性。就仲裁而言，作为解决争议的一种方式，仲裁实际上是当事人间合理分配程序性和实体性权利与利益的过程，本质上要求把公正作为其最重要价值。教育仲裁具有一般仲裁的特性，在很大程度上大量汲取司法程序的要素，充分保障当事人申辩权和其他正当权利，仲裁员是处于中立的裁判者，不偏不倚地做出裁决。教育仲裁机构是由政府授权设立在教育行政主管部门的一个官方的仲裁机构，但与教育行政主管部门不具有隶属关系，而是保障与指导的关系，以此来保证其独立性与公正性。

(4)具有法律效力。教育仲裁是一项法律制度，其处理结果是法定的教育仲裁机构根据法定的程序依法做出的。因此，教育仲裁委员会的仲裁调解书或裁决书对双方当事人，都具有法律约束力，一旦生效，当事人必须执行。否则，另一方当事人可以申请人民法院强制执行。这是教育仲裁严肃性和权威性的法律保证。

（二）诉讼救济

1.教育民事诉讼

教育民事诉讼是指教育法律关系主体依法向人民法院提出诉讼。教育法律关系主体之间基于平权关系引起的人身权、财产权、受教育权等民事纠纷适用民事诉讼法的规定。

(1)教育民事诉讼的范围。民事诉讼中，主要涉及教师权利的民事权利往往来自与教师财产权相关的部分，比如民办高校迟延支付或者拒绝支付教师的薪酬待遇等。民办高校教师能够以民办高校违反聘任合同为由提起给付之诉，请求法院依法判决民办高校这一义务主体履行其给付义务，但这必须满足一定的前提条件——涉及财产权事项。由于民办高校教师聘任合同本质上是劳动合同。那么根据《劳动法》第七十九条、《劳动争议调解仲裁法》第四十八条之规定，当发生劳动争议后，双方当事人可以通过先调解后申请仲裁，或者以直接申请仲裁的方式来化解劳动争议，只有在对劳动争议仲裁机构做出的劳动仲裁裁决不服的前提之下，作为劳动者的教师才可以依法向人民法院提起民事诉讼。

(2)教育民事诉讼的程序。由于法律诉讼的程序是一样的，各类民事诉讼的程序也基本是一致的，因此教育民事诉讼的程序遵照一般的民事诉讼程序，可参照《民事诉讼法》中的规定。

2.教育行政诉讼

根据《行政诉讼法》及相关司法解释的规定，教育行政诉讼受案范围主要是行政相对方认为教育行政机关做出的具体行政行为侵犯其合法权益，依法提请人民法院对该具体行政行为的合法性进行司法审查的案件。我们认为，教师对学校依法律、法规授权做出的行政行为或对严重影响其合法权益的处理决定不服，应当通过行政诉讼的方式寻求权利救济。

(1)教育行政诉讼的范围。结合《教师法》《行政诉讼法》等法律的相关规定，高校教师可以就行政机关做出的如下行政行为提起行政诉讼：一是对于符合法定条件，但教育行政部门不予颁发教师资格证书或不依法办理审批、登记有关事项的；二是教育行政部门做出变更、中止、撤销教师资格证书决定的；三是教育行政部门违法要求教师集资或者违法要求教师履行其他义务的；四是对教育行政部门做出的申诉处理决定不服的；五是对各级政府或教育行政部门做出的行政复议决定不服的；六是认为劳动行政部门不履行或拒绝履行相关职责的；七是认为行政机关侵犯教师权利的其他行政行为。实际上，根据我国《行政诉讼法》的立法宗旨，只要高校教师“认为行政机关和行政机关工作人员的行政行为侵犯其合法权益”就能够依法向人民法院提起行政诉讼，请求法院对该行政行为的合法性进行审查。

(2)教育行政诉讼的程序。遵照一般的行政诉讼程序，可参考《行政诉讼法》中的规定。

第三节　高等学校学生常见法律纠纷与救济

一、高校学生入学资格纠纷

我国高校拥有更多的办学、招生自主权，故高等教育学生入学资格纠纷较中小学阶段要纷繁复杂得多，影响这类纠纷的因素不仅有国家层面、社会层面，还有学生自身和家长层面。归而概之，高等教育学生入学资格纠纷类型主要有录取标准纠纷和录取程序纠纷两大类，其特点也不尽相同。

（一）高校学生入学资格录取标准纠纷

1.高校自划招录标准引起的质疑

高校从自身条件、资源限度、优质生源、招生自主权等因素出发自划录取标准，以便择优招录本无太大争议。然而，由于执行过程的信息不透明和人为暗箱操作引起了受教育者对招录标准的质疑，其程度在高校各层次又有所差异。

一是在本科招录阶段。引发的纠纷质疑主要呈现为招生比例、专业录分差异、地域录分差异、限录残疾生、同考不同分等。事实上，高校以协调发展为由而自定招录标准引发的入学资格纠纷案例不少，如全国首例高校招生纠纷案——陈某向北京市西城人民法院起诉北京某学院自设招录标准不公和失误纠纷案。高校录取划男女线引争议、高校跨省招生计划引争议等，由自划招录标准引发的入学资格纠纷比比皆是，并且此类纠纷在民办院校尤为凸显。

二是研究生招录阶段。研究生分为硕士研究生和博士研究生，其招录标准也各有所异。如前所述，硕士研究生招录划线标准分为国家划线和自划线两类，自划线院校有 34 所，其余都由国家划定招录最低线；博士研究生招录标准全权由具备资格的院校自行规定。实际上，硕士研究生招录中除了国家最低录取线、自划线院校校级层面最低录取线外，各二级学院依据当年实际情况实行了第二次划线，并获得上级部门默许，而且由于推免生的名额占取，引发了诸多问题与纠纷，如北大、清华、人大、复旦四大名校因增加硕士研究生推免名额比例引发的争议。为夺优质生源，不少院校招录学生以“985”“211”学校的优先，尤其是当第一志愿不足而调剂时更为明显，而且越是重点高校、优质高校越明显。博士研究生招录标准由报考院校自行决定，学校和导师拥有更大的录取标准决定权，因此引发的纠纷案不少，如 2004 年“甘朱事件”。纵横比较，不难发现博士研究入学资格纠纷相比硕士研究生更甚。

2. 高校自主招生标准各异

办学自主权自1979被苏步青、李国豪等大学校长在《人民日报》上发表文章首次提出后，高校办学自主权和招生自主权的落实逐渐步入国家政策视野。国家为促进高校进一步发展与实现高校治理现代化，给予其充足的招生自主权和自主招生名额，学校运行权利制定自主招生标准，其标准差异引发了不少入学资格纠纷。具体而言，具备自主招生资格的院校招录标准各异，试点自主招生高校不仅对考生所在学校做了条件性限定，同时在具体招生指标上明显存在全国各区域之间分配不均衡的情况，西部地区考生录取机会小于东部和中部地区，并设有如限第一志愿报考的考生，高中阶段获评省级以上的三好学生、优秀学生或优秀学生干部，在全国奥林匹克竞赛省级赛区获二等奖以上等霸王条款。并且等级越高的同学通过报名审核、获得自主招生考试资格的概率会更大，这对经济欠发达地区和农村地区的考生造成不公平，一些家庭经济困难的农村学生可能因学习条件“限制”无法达到高水平标准，添之由于信息不对称，给经济条件困难的考生带来不利影响。造成“54.88%的应届考生和家长认为自主招生机会主要为城市学生获得，助长了不公平。”认为自主招生标准和要求具备“劫贫济富”功效，对其争议不断。

（二）高校学生入学资格录取程序纠纷

1. 冒名顶替获取入学资格

依名寻义，冒名顶替获取资格主要指未达录取分数线标准的学生为获取高校入学资格，不顾他人利益通过非法手段盗取他人名字及身份资料获得入学资格，侵害他人公平受教育权的违法行为活动。无疑，录取程序中冒名顶替违犯相关法律法规，剥夺被冒名学生的入学资格，侵犯其直接受教育权。此行径备受正义人士深恶痛绝，教育部也对冒名顶替者一查到底，通过对入学资格严加审查，对事实确凿者取消学籍。但由于人为操纵和相应督促机制的缺位和录取程序上的漏洞，使得部分学生在入学录取程序上得以蒙混过关，引发不少纠纷。从1999年齐某诉陈某冒名入学纠纷案，到2016年真假王娜娜冒名顶替上大学案等冒名顶替入学案例很多，且纷繁复杂。若想杜绝此类事件的发生，除了依法惩处外，还需从录取程序上严格把控，对信息有出入的学生细致审查。

2. 为获入学资格弄虚造假

学生为获入学取资格而弄虚造假也是录取程序纠纷的主要组成部分，其对直接学生利益群体获得公平教育和教育机会均等的损害程度不亚于冒名顶替，全国人民代表大会及其常务委员会审议通过了《教育法》《民办教育促进法》《高等教育法》等相关法律法规及政策给予保障学生获得公平的受教育权，严厉打击弄虚作假者，甚至《宪法》和《世界人权宣言》都对保障公民的受教育权做出明确规定。但一些学生及家长还是铤而走险，为获取入学资格弄虚造假，但这类造假获取入学资格果出多因，主要都是通过非法录取程序实现其目的，很多也在入学程序审查时被发觉，如 2009 年重庆市取消 31 名民族身份造假考生录取资格，无独有偶 2015 年内蒙古取消 16 名弄虚造假考生高考报名资格、2016 年中央民族大学 3 名学生入学资格作假被取消学籍等，表明在高校自主招生过程中弄虚造假形势尤为严峻，这对公平受教育权和录取公信力造成极大破坏。

3.拒录具备入学资格学生

纵览高等院校入学资格纠纷案例，在录取过程中拒录具备入学资格学生而引发的纠纷也不在少数，其纠纷类型大抵分为超额招生拒收被录学生和拒录伤残疾病学生两大类。进一步讲，第一类主要是由学校录取程序行为不当引起。高校为获取优质生源而广撒网，超额发放录取通知书，待学生持录取通知书而以人数已满或床位不足为由直接拒录，剥夺其入学资格，造成录而不取，给学生造成直接性损害很难挽回，当事学生直接成为拒录后的牺牲品。如考生收录取短信后被拒录起诉中国政法大学要求入学纠纷案。

第二类主要为学生自身隐瞒病症被察觉后学校以隐瞒病史不诚信拒录，抑或学校为便于管理而拒录伤残疾病学生。虽然，国家三令五申规定高校不得拒录符合条件的残疾学生，然而此类情况仍有发生，拒录伤残疾病学生，剥夺其公平受教育权资格，譬如女孩高考 583 分因病被多所高校婉拒录取、河南一农村考生因残疾遭大学拒录等。

二、高校学生学籍处分纠纷

学籍是判定学生身份的标志。高等学校新生在开学时按学校有关要求和规定到学校办理入学手续，经复查合格后取得学籍。学籍处分纠纷指由受教育者（学生）对教育实施者（主要指学校）做出的学籍处分决定有异议且不能通过协商或行政救济渠道解决，而将纠纷范畴域法律化的表现，可以或应当属于法律所调整范围的教育纠纷。学籍处分纠纷是教育法律纠纷的一种类型，法律主体是学生与学校，法律事实是学生的违纪违规行为引起学校做出学籍处分决定，学籍处分严重影响到学生的受教育权益。学籍处分纠纷在教育法律纠纷“一个性质和五个要素”中的特征表现为：学籍处分纠纷的性质是基于学生与学校的法律关系状态因为学籍处分决定而失衡引发纠纷；当事主体主要是学生与学校，部分案例还涉及教育行政部门；客体是学籍处分行为；发生范围为教育管理活动；学籍处分行为的事实侵害了学生的受教育权益；此种争议可以通过正式救济渠道解决。

（一）以处分依据和内容为焦点的学籍处分纠纷

【甘某不服广东某大学开除学籍处分案】2005 年，甘某在广东某大学读硕士研究生期间，在参加现代汉语语法课程考核时先后提交两次考试论文均被任课老师认定从互联网上抄袭，其后该大学对甘某做出了开除学籍处分。甘某不服，在向大学申诉无果后向中级人民法院提起行政诉讼，请求撤销该大学做出的开除学籍决定。一审、二审均判决维持了该大学开除学籍处分决定。2011 年 10 月，最高人民法院提审此案，认为该大学给予甘某开除学籍处分违法，判决撤销中级人民法院一审、二审的判决。

本案的争议焦点是该大学对甘某做出开除学籍处分的法律适用正确与否。《普通高等学校学生管理规定》第五十二条列举了八种可以对学生开除学籍处分的情形，其中第四项和第五项分别列举了因考试违纪可以开除学籍和因剽窃、抄袭他人研究成果可以开除学生学籍的情形，并对相应的违纪情节做了明确规定。“剽窃、抄袭他人研究成果”系指高等学校学生在毕业论文、学位论文或者公开发表的学术文章、著作，以及所承担科研课题的研究成果中，存在剽窃、抄袭他人研究成果的情形。所谓“情节严重”，则是指剽窃、抄袭行为具有非法使用他人研究成果数量多、在全部成果中所占的地位重要、比例大，手段恶劣，或者社会影响大、对学校声誉造成不良影响等情形。因此，甘某的课程论文存在抄袭，应当不构成情节严重。由此可以看出，对法律依据的解释和使用对案件审判至关重要。

（二）以处分程序为焦点的学籍处分纠纷

【陈某某不服哈尔滨某大学开除学籍处分案】2015 年 2 月 26 日，陈某某在哈尔滨某大学《理论力学Ⅲ》课程考试中利用手机作弊，后学校校长会议决定对其开除学籍。陈某某认为该大学在做出处分决定时未听取学生的陈述和申辩，亦未将处分决定书送达本人，且该大学不受理申诉，遂以该大学所做开除学籍处分程序违法为由，向中级人民法院提起诉讼。经审理，中级人民法院认定：该大学通过让陈某某填写《学生考试（查）违纪登记表》，已充分尊重了陈某某的陈述申辩权利，申诉亦超过法定期限，该大学不予受理并无不当，陈某某的诉讼请求被驳回。

本案的争议焦点是学校做出开除学籍处分的程序是否合法。高校开除学籍的程序包括从高校发现学生违纪违规行为，到调查举证，再到做出开除学籍处罚决定，直至受处罚学生寻求救济的整个过程，《普通高等学校学生管理规定》对高校学生学籍处分程序做出了明确规定。该规定第五十四条指出了对学生做出处分的总体原则：“学校给予学生处分，应当坚持教育与惩戒相结合，与学生违法、违纪行为的性质和过错的严重程度相适应。学校对学生的处分，应当做到证据充分、依据明确、定性准确、程序正当、处分适当。第五十五条至第六十五条则对处分决定过程、处分决定书送达、告知学生申诉权益、学校受理申诉以及对申诉复查决定不服向教育行政部门提出申诉做出了详细规定。学籍处分的程序正当对学生的重要性可见一斑，学生在此过程中可以对自己受到的处分决定进行申辩从而最大可能维护自己的合法权益，减少损失。因而，程序的正当性和法律适用正确同等重要。学校做出学籍处分决定的程序不正当不仅是对学生这一权益主体的不尊重，也容易构成对学生权益的侵害。

三、高校学生学位纠纷

学位纠纷，即当学位授予单位与学位申请者关于学位授予的标准、过程、结果存在争议时引发的纠纷。目前学者尚没有对学生学位纠纷的含义给出明确的界定。本章认为，学生学位纠纷是指受教育者与学位授予单位以权利、义务为内容，受教育者认为相对人违反了法律规范，侵害了自己的合法利益或者认为其侵害了自己的合法利益而采取的相对行为。在此基础上，对学生学位纠纷的理解还需要明确以下几点：纠纷主体是学生、高等学校、科学研究机构；纠纷客体是学位授予行为与学位撤销行为；纠纷的事实存在是学生认为学位授予单位违反法律侵害了自己的合法权益；纠纷发生在高等教育管理活动中，不存在除此以外的领域中；纠纷是可以通过正式的救济渠道解决的。

拓展内容

学位纠纷的性质

近年来，随着我国高等教育的迅速发展，高等教育领域的教育者与受教育者之间的纠纷也越来越多，特别是关于学生学位的纠纷层出不穷。如田永诉北京科技大学拒绝颁发毕业证、学位证案，于艳茹诉北京大学撤销其博士学位案等，这些案件在社会上引起了巨大反响，案件涉及的内容主要是围绕学位授予问题和学位撤销问题展开。通过对学位纠纷案件的归纳分析发现，学生学位纠纷大致可归为学生学位授予纠纷和学生学位撤销纠纷两大类，产生的主要原因有：学位授予单位行使学位授予权的过程中出现程序不当；学位授予单位做出学位处理决定的法律适用不合理；保障学生权利的救济制度缺失。

1. 学位授予纠纷

学位授予纠纷是指学生认为学位授予单位在行使学位授予权的过程中，侵害了自己的合法权益而采取的相对行为。学位授予纠纷的类型可以分为三类：一是因未达到学位授予标准产生的学位授予纠纷；二是因学生违纪受处分产生的学位授予纠纷；三是因学位授予程序不当产生的学位纠纷。

(1)因未达到学位授予标准产生的学位授予纠纷。学位授予标准是指学位授予单位在行使学位授予权的过程中所需要遵循和依据的各种准则和要求。学位授予标准包括两个层次：一是在国家层面上制定的标准，如《学位条例》第二条规定了学位申请者的政治立场是“拥护中国共产党的领导、拥护社会主义制度”，此外，学生还必须达到一定学术水平才可获得学位。《高等教育法》第二十条规定了接受高等学历教育的学生，由所在高等学校或经审批承担研究生教育任务的科学研究机构根据修业年限、学业成绩等，按照国家有关规定，发给相应的学历证书或其他学业证书。二是各个学位授予单位依法制定的标准，如华中科技大学武昌分校制定的《华中科技大学武昌分校授予本科毕业生学士学位实施细则》、武汉理工大学制定的《学士学位授予暂行办法》。

虽然各个授予单位制定的学位授予标准有所差异,但大部分高校都把未取得全国英语四、六级证书、学习成绩不合格,成绩绩点不达标、毕业论文不合格等事项纳入学位授予的标准。

【何某诉武汉某大学履行法定职责纠纷案】原告何某系武汉某大学武昌分校2003级通信工程专业本科毕业生。该分校无授予学士学位的资格,但根据相关规定,符合条件者可向武汉某大学本部申请授予学士学位,而非外国语专业的申请者通过全国大学英语四级考试是授予学士学位的必备条件之一。2007年6月30日,该分校以何某没有通过全国英语四级考试,不符合学士学位授予条件为由,未向武汉某大学推荐申请授予学士学位。何某遂提起诉讼,一审二审均被驳回。

那么全国英语四六级考试的通过与否能否成为授予学士学位的条件呢?根据《中华人民共和国学位条例暂行实施办法》第二十五条的规定:“学位授予单位可根据本暂行实施办法,制定本单位授予学位的工作细则。”这属于该校的学术自治范畴,属于合法行为。本章认为学位授予单位有权在授权范围内制定实施细则,案例中学校以提高学生学习质量为目的,把通过英语四、六级作为学位授予的条件并不与上位法冲突,这符合法律优先原则。最终法院驳回原告上诉维持原判,充分体现了对高校办学自主权的尊重,拿捏好了司法介入的限度。

(2)因违纪受处分产生的学位授予纠纷。

【田某诉北京某大学拒绝颁发毕业证、学位证案】田某于1996年2月29日在电磁学课程的补考过程中因为携带纸条被北京某大学认定作弊,进行退学处理,但退学处理决定和变更学籍的通知未直接向田某宣布、送达,也未给其办理退学手续,期间田某继续以该校大学生的身份参加正常学习及学校组织的活动。田某在该校的四年学习中成绩全部合格,通过毕业实习、毕业设计及论文答辩,其论文评定为优秀毕业论文及毕业总成绩为全班第九名。北京某大学以田某不具有学籍为由,拒绝为其颁发毕业证书和学位证。田某遂向北京市海淀区人民法院提起行政诉讼。北京市海淀区人民法院判决北京某大学向田某颁发大学本科毕业证书,组织本校有关院、系及学位评定委员会对田某的学士学位资格进行审核以及向当地教育行政部门上报有关田某毕业派遣的有关手续的职责。

“田某案”是我国首例学位纠纷纳入行政诉讼的典型案例。那么北京某大学对田某的退学处分是否合法?本章认为,被告对原告做出的退学决定不合法,不授予原告学位也不合理。该案涉及学校制定的校规校纪不能与上位法相抵触的问题。国家授予高校办学自主权,高校有权依据相应的法律法规制定学校的规章制度,对学生进行教学管理和违纪处分。本案中被告对原告违反考场纪律的行为可按照有关的法律法规进行处理,根据《普通高等学校学生管理规定》(2005年版)的第二十九条规定:退学的本、专科学生,按学校规定期限办理退学手续离校,档案、户口退回其家庭户籍所在地。但被告做出的退学决定是根据该校制定的《关于严格考试管理的紧急通知》,并且退学处理决定和变更学籍的通知未直接向田永宣布、送达,也未给原告办理退学手续。

所以被告的处理程序和制定的通知的适用范围与上位法相冲突。另外，原告根据被告的安排修满课程、实习、通过了论文答辩达到了学位授予的条件，理应获得相应的学位。

(3)因授予程序缺乏正义产生的学位授予纠纷。

本文涉及的程序指法律上的程序。法律程序指人们进行法律行为所必须遵循或履行的法定的时间和空间上的步骤、顺序、形式和手续，是实现实体权利和义务的合法形式和必要条件。程序具有正当性与正义性的价值，程序正义包含的两个原则是：任何人不能审理自己或与自己有利害关系的案件，即“自己不做自己的法官”；任何一方的诉词都要被听取。正当程序与程序正义紧密联系，正当的程序是法律创制、法律的权威、法律执行、法律时效的保障。

【刘某诉北京某大学不授予博士学位案】1996 年初，北京某大学无线电电子学系刘某的博士论文通过博士论文答辩委员会和系学位评定委员会后，报请学校学位评定委员会审查，根据审查结果，北京某大学认为赞成未过半数，决定不授予刘某博士学位，只授予其博士结业证书而非毕业证书。并且这一决定结果未正式、书面通知刘某，刘某为此曾多次向系、校有关部门询问未获得学位的原因，也曾向教育部反映情况，均未得到答复，遂以学校缺乏“程序正义”向海淀法院提出上诉。一审败诉、二审胜诉。

本案是一起传达行政正当程序理念的案例，双方争执的焦点是关于程序公正的问题。本章认为案件中被告在授予学位的过程中缺乏程序正义。第一，学位评定委员会评审机制不合理。首先体现在学位评定委员会的人员构成不合理上。对学位申请者的资格评价具有高度的专业性，应由本专业领域的专家进行评定。但被告方的学位评定委员会的构成人员有来自其他领域的专家，让“外行”评价“内行”的这种评价机制是极其不合理的。其次，学位评定委员会在行使自由裁量权时没有遵循谨慎性和利益衡量的原则。《学位条例》规定：学位评定委员会负责审查通过学士学位获得者的名单；负责对学位论文答辩委员会报请授予硕士学位或博士学位的决议做出是否批准的决定，决定以不记名投票方式，经全体成员过半数通过。由于被告把“全体成员过半”理解为“到会人员的半数”，认为其到会的 16 位投票委员中只有 6 位投赞成票未达到半数，因此做出拒绝授予博士学位的决定是合法的。但假设未到场的委员全都投赞成票，那么原告就能获得学位，虽然这种情况发生的概率很小，但被告没有遵循谨慎原则就轻易否定其存在的可能性。此外，学位关乎申请者巨大利益甚至对今后的发展有重大影响，学位委员会在没有充分考虑原告的利益就莽撞判定原告论文不通过，其决定行为又与利益衡量原则相冲突。

第二，被告方忽视了程序法中的听证制度。听证制度指当事人对涉及自己权利的决定有权进行发言维护自己的利益。案件中被告对原告做出不授予其博士学位的决定并没有及时正面通知原告，也没有给予机会让其申辩，这无疑使整个程序活动缺乏公正。

2. 学位撤销纠纷

学生学位撤销纠纷是指学生对学位授予单位撤销自己已获学位的决定采取的相对行为。学位撤销纠纷的类型主要分为以下两种：一是学术不端引发的学位撤销纠纷；二是学籍资格假引发的学位撤销纠纷。

(1)因学生学术不端产生的学位撤销纠纷。

【于某诉北京某大学撤销学位案】北京某大学女博士于某在取得学位证书18天后公开发表的论文经北京某大学认定存在严重抄袭，并撤销其博士学位。于某将北京某大学诉至法院。北京市一中院判决认定北京某大学做出的撤销于某博士学位的决定程序违法，亦缺乏明确法律依据，撤销之前北京某大学做出撤销学位的决定。北京市一中院同时驳回了于某要求恢复其博士学位证书法律效力的诉讼要求，认为这一诉请不属于本案受理范围。

本案中涉案论文是否属于在校期间发表成为双方争论的焦点。本章认为，涉事论文不属于在校期间发表的成果。不应混淆了“发表权”与“发表”的概念。《中华人民共和国著作权法》将“发表权”界定为“决定作品是否公之于众的权利”，“公之于众”是指著作权人自行或者经著作权人许可将作品向不特定的人公开，并不以公众知晓为构成条件。发表权行使的结果有两种情况，一是发表，二是不发表，发表权与发表构成因果关系。若把稿件投递出去的行为被视为发表完成，是将发表权与发表混为一谈。涉案论文是否存在抄袭？本章认为涉事论文存在抄袭，因为文章所涉及的抄袭段落是不争的事实，于某声称的引用失误也应纳入学术抄袭的范畴。

论文抄袭等学术不端行为需要引起高度重视和进行严肃处理，但高校在做出撤销学位等行政行为时应当遵循必要的正当程序原则，充分保障涉事人的合法权利，唯如此才能在学术治理中贯彻法治原则。

(2)因学籍资格作假引发的学位撤销纠纷。

【陈某诉广东某大学案】1994年陈某伪造大专毕业证书以同等学力身份报考广东某大学研究生考试，取得入学资格，并完成学业取得硕士学位。2005年该大学经调查后做出撤销陈某硕士学位的决定。陈某随后向该大学申请行政复议，该大学不予以受理。最终大学胜诉。

本案的争议焦点在于学位撤销行为是否属于行政处罚？学位授予权是国家法律法规赋予学位授予单位的行政权力，学位撤销权属于授予权的一部分，即学位撤销行为是一种行政行为。学位授予单位收回违法授予的学位，是对事前违法授予行为的纠正。就此而言，学位撤销行为实质上属于一种行政撤销。《行政处罚法》与《教育行政处罚暂行实施办法》两部法律均没有把撤销学位纳入其中。

本章认为该大学做出的学位撤销行为违背了相关法律规定。《国家教育考试违规处理办法》规定伪造证件、证明、档案及其他材料获取考试资格和考试成绩的属于考试作弊行为。对于考试作弊获得的学位证书、学历证书、其他学业证书、入学资格、资格资质证书，颁发单位应该宣布无效并收回。对于已经入学的情况，要取消录取资格或学籍。原告伪造证书的行为属于考试作弊的范畴，但获得学位符合《学位条例》的相关规定，作弊行为并不是获取学位的直接原因。因此，该大学应依法按照取消其学籍的情况处置，直接撤销原告的学位证书违反了《国家教育考试违规处理办法》的相关规定。并且《普通高等学校学生管理规定》规定了违反国家招生规定的入学者，学校不得发放毕业证与学位证，已经发放的学校可以追回，但要报教育行政部门，由教育行政部门来宣布证书无效。本案中陈某的学位撤销并不是由教育行政部门宣布而是直接由该大学决定，大学的行为属于越权行为。

四、高校学生人身伤害事故纠纷

从《学生伤害事故处理办法》第二条的规定中可以看出，学生伤害事故是指“在学校实施的教育教学活动或者组织的校外活动中，以及由学校负责管理责任的校舍、场地、其他教育教学设施、生活设施内发生的，造成在校学生人身损害后果的事故”。根据上述定义，学生人身伤害事故纠纷可以理解为，学生伤害事故发生后，学生、学生家长与学校或其他第三人就事故责任、事故处置、伤害赔偿等事宜产生的利益对抗的行为。

（一）学生人身伤害事故中责任划分产生的纠纷

学生人身伤害事故中责任划分产生的纠纷主要表现在责任主体、责任人之间关系的划分以及划分责任的原则与依据的认定。这些纠纷存在于事故纠纷的整个过程，是学生人身伤害事故解决的关键。以下从具体的司法案例中来看学生人身伤害事故的纠纷。

【龚某与新疆某大学人身损害赔偿纠纷上诉案】2005 年 1 月 8 日晚上新疆某大学学生龚某在喝酒回寝室后上卫生间摔倒（卫生间照明灯损坏），次日凌晨被同学发现呼吸急促并伴有呕吐现象。经医院初步诊断为特重型颅脑损伤等。龚某要求大学赔偿医疗费、护理费、交通费、住宿费等款项。新疆乌鲁木齐市天山区法院认为该大学北校区宿舍楼内存在安全隐患（卫生间照明灯损坏）未及时修理，导致龚某摔伤，新疆某大学应承担主要过错责任，即 70%。龚某摔倒致伤与其喝酒有关，其应承担次要责任，即 30%。

此案例为一起典型的高校学生人身伤害事故，事故责任主体的不确定是纠纷中很常见的一种。在很多学生伤害事故中，各个责任主体都尽量推脱自身的责任，避免自身利益受损，利用法律空白或主观判断来推卸责任，造成责任主体无法确认，引起纠纷。《学生伤害事故处理办法》第八条规定了在学生伤害事故责任认定时，应依据过错责任原则来分担责任，各方根据行为过错程度的比例及其与损害后果之间的因果关系承担相应的责任。但对过错如何判定呢？这就需要分析伤害事故中高校是否履行了校方应尽的责任和义务。高校有保障在校大学生生命健康安全的责任,需要尽到合理注意义务。若尽到了,则高校无过错。因此高校应做好事前教育、事中监督、事后紧急救护与密切联系等工作,履行合理注意义务后,则可认定为无过错。

(二)学生人身伤害事故中责任赔偿产生的纠纷

【昆明某大学与李某、王某人身损害赔偿纠纷案】李某某是李某与王某之子,系昆明某大学学生,2007 年 5 月 25 日凌晨 3:40 左右,李某某在起夜时不慎摔倒致闭合性重型颅脑外伤,于次日 11:30 分死亡。事故发生当晚宿舍卫生间没有电灯照明。原告李某、王某向一审法院提起诉讼,请求法院判令该大学赔偿丧葬费、死亡赔偿金、交通费及精神损害抚慰金。法院认为该大学公寓未提供卫生间必要的照明条件,明显存在安全隐患,未尽安全保障义务,应当对李某某摔伤致死的损害后果承担相应的赔偿责任。同时,李某某作为成年人,明知卫生间没有灯光照明,但不够小心谨慎,以致摔伤,自身也存在过失,可以减轻被告的赔偿责任。最终法院判决由该大学赔偿李某、王某经济损失(包括丧葬费 6000 元、死亡赔偿金 201400 元)共计 207400 元的 60%即 124440 元。

赔偿纠纷是由于在补偿过程中出现的不满等原因而不能达到协同处理而引起的事情。学生人身伤害事故发生后,对于事故赔偿需要就赔偿范围与赔偿标准进行明确,虽然《最高人民法院关于审理人身损害赔偿案件适用法律若干问题的解释》第十七、十八条等法律条文对于人身损害赔偿内容进行了规定,但不同法律法规在规定上存在差异。这就给了执法者很大的自由裁量权,致使同一案件根据不同的法律审判出现不同的结果,从而引发纠纷。

学生人身伤害赔偿一般采用民法中的赔偿标准,但对于具体数额又出现了争议。《最高人民法院关于审理人身损害赔偿案件适用法律若干问题的解释》中规定赔偿标准一切根据当地居民的平均水平。由于我国地区、城乡经济发展的不平衡,城市居民和农村居民发生同一案件就会出现赔偿标准的不统一,在许多案例中就出现了同命不同价的问题。而现有赔偿立法做出的规定是原则性的,赔偿的范围、标准都是严格按照法律规定的,因而在处理赔偿问题时,会遇到操作困难。

(三)学生人身伤害事故中责任赔偿执行产生的纠纷

学生人身伤害事故纠纷的解决途径一般有三种方式,即协商、调解和诉讼。双方当事人可以自愿协商,协商不成的,可以向学校所在地的区县教育行政部门寻求调解,也可以依法向人民法院提出诉讼。在纠纷解决的过程中,执行是最后也是最关键的一环。我国《民事诉讼法》第一百条规定:“调解书经双方当事人签收后,即具有法律效力。”由于在调解协议达成后,法院从制作调解书再到调解书的送达需要一定的时间,在这段时间里有的当事人经过考虑或由于其他因素的干扰,拒绝签收调

拓展内容

高校学生法律纠纷的救济途径

解书，使得调解无法生效，纠纷再次出现。此外，在学生人身伤害事故纠纷中，有些调解或判决由于现实中各种原因而无法执行，造成受害方手拿一纸判决而无法得到赔偿，导致纠纷依然存在，未能得到解决。

主要参考文献

[1]劳凯声，蒋建华. 教育政策与法律概论[M]. 北京：北京师范大学出版社，2015.

[2]余雅风，蔡海龙. 中国教育改革开放 40 年(政策与法律卷)[M]. 北京：北京师范大学出版社，2019.

[3]江平. 法人制度论[M]. 北京：中国政法大学出版社，1994.

[4]谢晖. 法学范畴的矛盾辨思[M]. 济南：山东人民出版社，1999.

[5]吴忠魁. 私立学校比较研究——与国家关系角度的分析[M]. 北京：北京师范大学出版社，1999.

[6]谢安邦. 高等教育学[M]. 第 2 版. 北京：高等教育出版社，1999.

[7]胡卫. 民办教育的发展与规范[M]. 北京：教育科学出版社，2000.

[8]李化德，李春茹. 教育考试立法问题研究[M]. 北京：法律出版社，2005.

[9]刘立. 教育法学通论[M]. 武汉：湖北教育出版社，2003.

[10]沈恒斌. 多元化纠纷解决机制原理与实务[M]. 厦门：厦门大学出版社，2005.

[11]范愉. 非诉讼程序(ADR)教程[M]. 北京：中国人民大学出版社，2002.

[12]江伟. 民事诉讼法学原理[M]. 北京：中国人民大学出版社，1998.

[13]范愉，李浩. 纠纷解决——理论、制度与技能[M]. 北京：清华大学出版社，2010.

[14]王利明. 民法学[M]北京：法律出版社，2000.

[15]教育部人事司. 高等教育法规概论[M]. 北京：北京师范大学出版社，2000.

[16]邵金荣. 中国民办教育立法研究[M]北京：人民教育出版社，2001.

[17]陈永明. 教师教育研究[M]. 上海. 华东师范大学出版社，2002.

[18]黄藤、阎光才. 民办教育引论[M]. 北京：中国社会科学出版社，2003.

[19]许安标、刘松山.《中华人民共和国民办教育促进法》释义及实用指南[M]. 北京：中国民主法制出版社，2003.

[20]房剑森. 中国民办教育发展报告[M]. 北京：中国社会科学出版社，2003.

[21]马陆亭. 高等学校的分层与管理[M]. 广州：广东教育出版社，2004.

[22]陈厚丰. 中国高等学校分类与定位问题研究[M]. 长沙：湖南大学出社，2004.

[23]教育部政策研究与法制建设司，国务院法制办公室，教科文卫法制司.《民办教育促进法实施条例》释义[M]. 北京：中国青年出版社，2004.

[24]王剑波. 跨国高等教育与中外合作办学[M]. 济南：山东教育出版社，2004.

[25]段兴民，张志宏. 中国人力资本定价研究[M]. 西安：西安交通大学出版社，2005.

[26]徐绪卿.新时期中国民办高等教育发展研究[M]杭州:浙江大学出版社,2005.

[27]贾少华.民办大学的战略[M]杭州:浙江大学出版社,2005.

[28]杨艳玲.高等职业教育发展历程溯源与发展趋势展望[J].武汉工程职业技术学院学报,2006,18(1).

[29]刘旺洪.教育法教程[M].南京:南京师范大学出版社,2006.

[30]明航.民办学校办学模式——产权配置与治理机制研究[M].北京:教育科学出版社,2008.

[31]卢彩晨.危机与转机:从民办高校倒闭看民办高等教育发展[M].广州:广东高等教育出版社,2009.

[32]吴坚.当代高等教育国际化发展[M].北京:人民出版社,2009.

[33]浙江大学课题组.中国高等学校的分类问题[M].北京:高等教育出版社,2009.

[34]张民选,等.中外合作办学认证体系的构建与运作[M].北京:高等教育出版社,2010.

[35]林金辉,刘志平.高等教育中外合作办学研究[M].广州:广东高等教育出版社,2010.

[36]李青.民办高校政府管制模式重构研究[M].北京:北京师范大学出版社,2011.

[37]夏季亭.民办高等教育的发展与创新[M].济南:山东大学出版社,2011.

[38]邱双成.当代中国民法与民事纠纷热点问题研究[M].长春:吉林人民出版社,2017.

[39]解瑞卿.行政纠纷的非正式解决方式研究[M].兰州:甘肃民族出版社,2014.

[40][英]沃克.牛津法律大辞典[M].李双元,等,译,北京:法律出版社,2003.

[41]程燎原,王人博.赢得神圣——权利及其救济通论[M].济南:山东人民出版社,1993.

[42]李军锋.转型背景下高校人事、劳动争议判解研究[M].北京:法律出版社.2011.

[43]邹瑜,顾明.法学大辞典[M].北京:中国政法大学出版社,1991.

[44]杨海坤,章志远.行政法学基本论[M].北京:中国政法大学出版社,2004.

[45]颜世伟,柴晓娟.文献检索与利用实用教程[M].南京:南京大学出版社,2015.

[46]李维.国际教育百科全书(第3卷)[M].贵阳:贵州教育出版社,1991.

[47]杨礼宾,成云雷.简明廉政文化词典[M].济南:山东人民出版社,2015.

[48]张文显.法理学[M].北京:高等教育出版社,1999.

[49]屈崇丽.中国程序法[M].北京:北京工业大学出版社,2003.

[50]奚晓明.人身损害赔偿纠纷[M].北京:法律出版社,2010.

[51]李虔.民办高校分类管理政策的可接受性研究[J].现代教育管理,2018(09).

[52]贾娜.中外合作办学机构财务管理制度研究[D]北京:首都经济贸易大学,2003.

[53]昌晓莉.中外合作办学研究[D].上海:华东师范大学,2005.

[54]赵显洲.中外合作办学机构治理问题研究[D].郑州:郑州大学,2005.

[55]赵婵.中外合作办学的立法研究[D].湘潭:湘潭大学,2007.

[56]赵霄鹏.GATS下我国教育服务贸易发展及相关法律的研究[D].大连:大连海事大学,2008.

[57]屈海宏.高等教育中外合作办学法律问题研究[D].重庆:重庆大学,2010.

[58]毛德权.中外合作办学法律问题研究[D].沈阳:辽宁大学,2011.

[59]李璐璐.中外合作办学机构行政管理问题及对策研究[D].郑州:郑州大学,2011.

[60]黄洪兰.非营利性民办高校支持政策研究[D].长春:东北师范大学,2019.

[61]余兴凤.民办高校教师权利保障研究[D].重庆:西南政法大学,2017.

[62]白勤.高校教师学术不端行为治理研究[D].重庆:西南大学,2011.

[63]丰硕.中国公立高校内部治理体系研究[D].长春:吉林大学,2016.

[64]叶强.改革开放四十年高等教育法治研究的梳理与前瞻[J].法学教育研究,2019,25(02).

[65]刘永林.新中国成立70年来高等教育法治建设的回顾与展望[J].中国高教研究,2020(01).

[66]申素平,邓雨薇.我国高等教育法治70年发展史[J].教育发展研究,2019,39(17).

[67]王敬波.大学治理的法治与自治之维——写在《中华人民共和国高等教育法》修改之际[J].中国高教研究,2016(06).

[68]朱杰,吴晔.浅析高等教育的公益性[J].湖南人文科技学院学报,2009(4).

[69]樊本奎.主要发达国家教育考试管理状况及发展趋势[J].教育改革,1996(04).

[70]严彦,杨朝晖.权利与权力平衡:高校学生管理法治化的基石[J].教育学术月刊,2008(7).

[71]方芳.高校管理权与学生权利之冲突与平衡[J].北京教育(高教版),2016(12).

[72]董立山.析论高校受惩戒学生权利救济机制之构建[J].社会科学家,2008(04).

[73]崔英楠.论发达国家高等教育法制特征及原则[J].重庆邮电学院学报(社会科学版),2004,16(4).

[74]蔡国春,胡仁东,潘震鑫.寻根问路:高校章程建设之省思——基于文献研究的评述[J].江苏高教,2018(11).

[75]张德祥.我国大学治理中的若干关系[J].高等教育研究,2018,39(07).

[76]陈大兴.论大学章程实施评估的价值基准及其指标体系[J].复旦教育论坛,2018,16(2).

[77]于安.公立高等学校的依法治理问题——基于公益服务原则的制度性观察和思考[J].华东师范大学学报(教育科学版),2018,36(2).

[78]贺彦芳.我国教师的法律地位问题探讨[J].教育科学论坛,2010(2).

[79]周洪宇.加强教师队伍建设的制度保障[J].教育研究,2008(5).

[80]谷昆鹏,秦惠民.基础教育与高等教育公立学校教师法律地位辨析——事业单位改革背景下的探讨[J].中国人民大学教育学刊,2015(1).

[81]申素平.对我国公立学校教师法律地位的思考[J].高等教育研究,2008(9).

[82]劳凯声,蔡金花.教师法律地位的历史沿革及改革走向[J].中国教育学刊,2009(9).

[83]石正义.公立学校教师法律地位新探[J].湖北社会科学,2012(12).

[84]劳凯声.教师职业的专业性和教师的专业权力[J].教育研究,2008(2).

[85]杨挺.论公立学校教师聘任合同的法律性质[J].中国教育学刊,2007(4).

[86]孙文桢.论私法与公法的区分标准[J].中南大学学报(社会科学版),2013(4).

[87]王真,王华.改革开放40年我国民办高等教育发展回顾与展望[J].高教探索,2019(3).

[88]靳晓光,巩丽霞.民办高校内部治理模式探究[J].现代教育管理,2016(4).

[89]李晓华,刘静芳."一带一路"建设背景下西北地区高等教育中外合作办学研究——基于利益相关者视角[J].民族教育研究,2019,30(6).

[90]张庆晓.论中外合作办学的生态化发展[J].山东高等教育,2019,7(6).

[91]林金辉.中外合作办学的政策目标及其实现条件[J].教育研究,2018,39(10).

[92]李阳.区域高等教育中外合作办学:现状、特点与发展定位[J].重庆高教研究,2018,6(2).

[93]林金辉.新时代中外合作办学的新特点、新问题、新趋势[J].中国高教研究,2017(12).

[94]孔峰,李志文.浅析中外合作办学机构的法律性质[J].山西大学学报(哲学社会科学版),2009,32(4).

[95]谢晖.独立的司法与可诉的法[J].法律科学(西北政法学院学报),1999(1).

[96]何挺.刑事纠纷:一个概念的解析[J].法学论坛,2011,26(1).

[97]刘明禹,王景斌.教育纠纷的法律属性及解决机制[J].长白学刊,2006(5).

[98]于宏.英美法上“救济”概念解析[J].法制与社会发展,2013,19(3).

[99]潘剑锋.论民事纠纷解决方式与民事纠纷的适应性[J].现代法学,2000(6).

[100]施建辉.行政救济中的和解与调解[J].法学论坛,2008(3).

[101]洪萍,颜三忠.高校学术纠纷的性质、类型、及解决[J].四川理工学院学报,2014(6).

[102]珊珍.全国首例高校招生纠纷案[J].法律与生活,1997(1).

[103]吴鹏,李辉东,林伟斌.国内首例博士生招生录取案评析[J].法律适用,2007(3).

[104]孙霄兵.我国高等学校办学自主权的发展及其运行[J].中国高教研究,2014(9).

[105]朱峰.从刘燕文诉北大案看行政正当程序的评判标准[J].政治与法律,2000(5).

[106]湛中乐.于艳茹诉北京大学案的法律评析[J].行政法学研究,2016(3).

[107]汪国伦.试析我国教师应当享有的权利和履行的义务[J].西华师范大学学报(哲学社会科学版),2004(6).

[108]杨咏梅.大学生的权利及其实现[J].教育发展研究,2005,25(9).

[109]朱新瑞,王丽.国际教育服务市场开拓[J].教育发展研究,2005(3).

[110]洪雪辉.高校招生制度改革的整体思路[J].黑龙江高教研究,2005(4).

[111]杨洁,陈牛则.我国成人高等教育制度的历史回顾与展望[J].成人教育.2005(4).

[112]朱玉苗,赵伯祥.高校与学生:两种法律关系的法理分析[J].学术界,2005(1).

[113]周志进,熊雷.对江苏省成人高等教育发展问题的分析和思考[J].扬州大学学报,2005,9(2).

[114]崔浩.论我国高校与学生之间的行政法律关系及其规范管理[J].高教探索,2006(4).

[115]罗朝猛.日本职业教育立法的嬗变及其特色[J].职业教育研究,2006(6).

[116]楚红丽.营销视角下的高等教育消费行为及其特点分析[J].煤炭高等教育,2007,25(1).

[117]王铁志.高校招生考试的优惠政策与民族平等[J].中央民族大学学报(哲学社会科学版),2007,34(1).

[118]黄爱成,谭杰.论大学章程在依法治校中的作用[J].法制与社会,2008(03).

[119]王春黎.试析高等学校与学生之间法律关系的复杂性[J].无锡商业职业技术学院学报,2008,8(6).

[120]喻恺.模糊的英国大学性质:公立还是私立[J].教育发展研究,2008(13).

[121]杨际军.改革开放以来影响成人高等教育发展的政策法规探析[J].成人教

育,2008(10).

[122]范媛吉.高校自主招生的法律思考[J].湖南医科大学学报(社会科学版),2008,10(6).

[123]段海蜂,吕速,李秋萍.大学章程的作用分析[J].长江大学学报(社会科学版),2008,31(05).

[124]徐元俊.论我国高等职业教育法制的完善[J].长春工业大学学报(高教研究版),2009,30(4).

[125]张运书,李志远.英国成人教育法律体系建构及对我国的启示[J].长春工业大学学报(高教研究版)2009,30(4).

[126]唐丽.我国高职教育的国际比较[J].湖北成人教育学院学报,2009,15(1).

[127]李文英,史景轩."二战"后日本职业教育的发展趋势[J].教育与职业,2010(12).

[128]刁玉华.民办高等学校管理问题探析[J].郑州大学学报(哲学社会科学版),2010,43(04).

[129]黄蘋.从相关法案看美国职业教育的发展[J].海外职业教育,2010(4).

[130]孙艳丽.高等学校与学生之间的法律关系探究[J].中国电力教育,2011(2).

[131]邓诚.重庆市成人高等教育改革发展战略构想[J].高等函授学报(哲学社会科学版),2011(1).

[132]黄玉芬.论我国职业教育法律制度的完善[J].职业与教育,2011(8).

[133]梁京华,赵平.浅议高校与学生的法律关系[J].中国高教研究,2001(9).

[134]湛中乐,高俊杰.大学章程:现代大学法人治理的制度保障[J].国家教育行政学院学报,2011(11).

[135]吴开华.论建立我国私立学校财团法人制度[J].教育科学研究,2000(6).

[136]张建邦,白岩.论教师权益的法律保护[J].高等师范教育研究,2000,12(3).

[137]冯建军.私立、民办学校的概念、类型与特色[J].民办教育动态,1998(10).

[138]尹琦,李如森,徐铸.公立高等学校的组织特征及其管理理念[J].辽宁教育研究,2004(02).

[139]张蕾,杨艳,张淑玲.中外合作办学实践中的法律问题及法律建议[J].高等教育研究,2001,22(3).

[140]于亨利.高校学生管理中的法律关系探析[J].西安电子科技大学学报(社会科学版),2001,11(4).

[141]尹力.试论学校与学生的法律关系[J].北京师范大学学报(人文社科版),2002(2).

[142]朱孟强,文辅相,黎宇宁.高校与大学生法律关系研究综述[J].清华大学教育研究,2002(6).

[143]赵霖平.焦爱梅.公立高校的产权及效率[J].高等工程教育研究,2003(5).

[144]潘懋元.教育主权与教育产权关系辨析[J].中国高等教育,2003(6).

[145]劳凯声.世纪之交的中国教育改革走向:教育与市场的关系问题[J].北京大学教育评论,2003(3).

[146]何诗杨,中外合作办学税收管理存在问题及对策[J].南方论刊,2013(7).

[147]蔡海龙.学校法律地位变迁中的教师身份与教师社会经济地位[J].中国教育法制评论,2008,6(00).

[148]王国文,王大敏.学校章程的法律分析[J].中国教育法制评论,2003(00).

[149]劳凯声.变革社会中的教育权与受教育权:教育法学基本问题研究[M].北京:教育科学出版社,2003.

[150]湛中乐.论学位撤销权的法律规制——陈颖诉中山大学案的分析与思考[J].中国教育法制评论,2011(00).

[151]本报评论部.坚持全面依法治国[N].人民日报,2019-11-12(09).

[152]本报评论员.以制度建设开创全面依法治国新局面——论学习贯彻党的十九届四中全会精神[N].经济日报,2019-11-04(001).

[153]秦虹.从依法治国到依法治教——深入学习贯彻党的十八届四中全会精神的思考[N].中国教育报,2014-11-07(07).

[154]王乐.调查显示逾九成考生和家长希望改革自主招生制度,高考公平问题最受公众关注[N].文汇报,2014-05-31.

[155]湛中乐.中国大学章程建设的法治缺失[N].中国社会科学报,2012-6-20.